하나님의 시선으로
ReFocus

김한요 목사의 사사기 강해

하나님의 시선으로
ReFocus

김한요 지음

추천사

혼돈과 무질서, 반복되는 실패와 회복의 이야기로 가득한 사사기는 오늘을 살아가는 우리 현실을 비추는 거울과도 같습니다. 현시대가 그렇습니다. 영적 리더는 부재하고, 사람들은 저마다 자기 소견에 옳은 대로 살아갑니다. '삼손이 여호와께서 이미 자기를 떠나신 줄을 깨닫지 못하였더라'(삿 16:20)는 말씀처럼 이 땅에도 무감각한 신앙인들이 넘쳐납니다. 김한요 목사님의 사사기 강해는 이러한 전쟁 같은 시대 속에서 결코 우리를 포기하지 않으시는 하나님의 사랑을 보여 줍니다. 그 사랑의 시선을 따라, 사사기처럼 어둡고 죄악 된 시대 가운데 우리는 환난이 주제가 되고, 성경이 교과서가 되고, 성령이 스승 되어 삶을 해석하며 나아가야 합니다.

이 책은 사사기를 큐티하는 모든 이에게 하나님의 눈으로 자신의 삶을 '다시 바라보게' 하는 "ReFocus"의 통로가 될 것입니다. 각 챕터를 채운 깊이 있는 강해와 적용 질문들은 거룩한 전쟁터에 선 우리에게 '어떻게 하나님 편에 설 것인가?'라는 화두를 끊임없이 던집니다. 김 목사님의 메시지처럼, 이 사사기 강해를 통해 고정관념이라는 '박스(box)' 바깥에서 일하시는 하나님의 시선을 배우며 하나님의 눈으로 세상을 바라보는 은혜가 모든 독자에게 임하기를 소망합니다. 다시 말씀 앞에 서고, 예수 그리스도께서 내 인생의 참된 왕이 되시는 은혜를 누리시길 축복합니다.

김양재 | 우리들교회 담임목사, 큐티엠 대표

김한요 목사님의 사사기 강해서가 나왔습니다. 사사기라고 하면 '또'라는 단어가 떠오르지 않습니까? 하나님의 백성이 약속의 땅에 들어가서 하나님을 버리고 언약의 말씀을 거역하자 하나님께서 주변의 적을 일으켜 그들을 치셨습니다. 이에 백성이 너무 괴로워 하나님을 찾으면 하나님은 사사를 세워 그들을 건져 주셨습니다. 한동안 편안하면 하나님의 백성이 '또' 죄를 짓고, 하나님께서 '또' 사랑의 채찍으로 백성을 치시고, 하나님의 백성이 '또' 부르짖고, 그러면 하나님께서 '또' 건져 주시고…… 이런 패턴이 반복되는 것을 보며 참으로 안타깝지는 않습니까? 지루하지는 않습니까? 그런데 이것이 사사 시대만의 문제입니까? 지금 우리 시대, 우리, 아니 나의 문제는 아닙니까?

김한요 목사님은 사사 시대의 문제가 이 시대의 문제임을 직시하고 사사기의 메시지를 '톡톡' 튀게 오늘에 적용해서 우리의 가슴과 뇌리에 '쏙쏙' 들어오게 함으로 우리가 그대로 살도록 도전합니다. 김한요 목사님은 본문의 문맥과 당시 역사의 사맥, 그것을 오늘에 연결하는 생맥을 관찰하는 동시에, 깊은 기도와 묵상으로 여호와의 회의에 동참하여 그리스도 중심의 영맥과 경맥을 잡아냅니다. 나아가 설교를 듣는 이로 하여금 그리스도 중심의 은혜에 감격하고 감사하게 하면서 동시에 그리스도 중심의 윤리에 각성되고 도전받게 합니다.

하나님의 시선으로 사사기 메시지의 초점을 다시 맞추게(ReFocus) 함으로써 우리로 예수 생명과 능력을 체험하게 하는 김한요 목사님의 사사기 강해를 기쁜 마음으로 추천합니다.

권성수 | 대구동신교회 원로목사,
미국 웨스트민스터신학교 특훈겸임교수,
백석대학교 석좌교수

탁월한 설교자로 정평 난 김한요 목사님으로부터 『하나님의 시선으로 ReFocus』라는 사사기 강해서 추천사를 부탁받았을 때 저는 흔쾌히 수락했습니다. 첫째는 제가 사사기 삼손 스토리의 구조를 분석하여 박사학위 논문을 썼기에, 김한요 목사님이 사사기를 어떻게 주해했을지 궁금했기 때문입니다. 둘째는 김 목사님이 과연 3,000년 전 사사들의 이야기, 특별히 이스라엘의 배도와 남은 가나안 땅 정복에 실패한 스토리가 반복되는 이야기들을 어떤 방식으로 현대 성도들의 삶에 적용해 냈는지 직접 보고 싶은 호기심이 생겼기 때문입니다.

이런 궁금증과 호기심을 가지고 책을 읽어 가는 내내, 김한요 목사님이 왜 출중한 설교자라 말하는지 알 수 있었습니다. 주해, 설교 작성, 설교 전달이라는 3가지 강해 설교의 원리들을 어떻게 사사기 본문에 적용하는지를 멋지게 보여 주었기 때문입니다.

우선 김한요 목사님은 성경 본문의 주해를 통해 설교 메시지를 발견해 내는 일에 소홀함이 없었습니다. 어떤 설교자들은 일상에서 얻은 통찰이나 깨달음을 성경 본문 안으로 끌어들여 성경을 읽어 나가곤 합니다. 이런 설교는 인간 삶의 지혜나 권면이 될 수 있을지 모르지만, 하나님의 계시를 선포하는 것은 아닙니다. 이에 반해 김 목사님은 사사기 본문을 문자적으로 주해하고, 그 안에서 우리가 순종해야 할 하나님의 음성을 듣게 하는 일에 소홀히 하지 않았습니다.

특별히 김한요 목사님은 주해의 결과를 가지고 설교로 작성하는 데 있어서 '들리는 설교'로 만드는 일에 조예가 있음을 보여 줍니다. 설교의 제목부터 성도들의 호기심을 자극합니다. 책에 담긴 22개의 제목은 독자로 하여금 단지 지적인 호기심만 아니라, 실천적인 호기심을 자아내기에 충분합니다. 이런 제목을 정하는 데는 선천적 은사도 있겠지만, 설교자로서 청중을 배려하려는 후천적인 노력의 결과로 보입니다. 저는 설교 제목이 설교 전달의 성패를 결정하는 중요한 요인이라고 봅니다. 그뿐 아니라 김 목사님은 고대 성경 본문과 현대 성도들의 삶 사이에 접촉점을 만들기 위해 끊임없이 예화와 삶의 경험을 설교 안에 끌어들이고 있습니다. 이런 점에서 설교자들은 김 목사님이 청중에게 '들리는 설교'를 하기 위해 어떤 고민과 배려를 하는지 주목할 필요가 있습니다.

또한 김한요 목사님은 성경 본문 안에 드러나 있는 실존적인 문제를 제기한 후 이를 해결해 가는 '과정을 중시하는' 설교자임을 알 수 있습니다. 특별히 사사기에는 암울한 문제가 많아, 자칫하면 본문을 가지고 현재 성도들이 가진 여러 문제점을 지적하는 데만 치우치기 십상입니다. 그래서 사사기를 전하는 몇 달간 '비판적인' 설교만 주로 하는 분도 적지 않습니다.

그러나 김한요 목사님은 사사기 속의 문제들을 어떻게 실존적으로 해결해야 하는지 중점적으로 다룹니다. 나아가 성도들을 세우려는 목적으로 '건설적인' 설교를 한다는 점이 매우 인상적입니다.

그러나 무엇보다 탁월한 점은 김한요 목사님이 고대 성경 본문을 현대 성도들의 삶에 적용하는 모습입니다. 설교자들이 성경 본문을 주해한 후 멋진 권면을 하고 동기부여를 잘해도 그것을 실제 삶에 적확하게 적용시키지 못하면 성도 삶의 변화와 실천을 이끌어 내기가 어렵습니다. 따라서 고대 성경 본문을 현대 성도들의 삶에 구체적으로 적용시키는 방법론과 기술과 경험은 모든 설교자가 갖추어야 할 자격 요건입니다. 그런 점에서 김한요 목사님이 사사기를 삶에 적용하는 모습은 사사기를 전공한 저로서도 놀랄 때가 여러 번 있었습니다.

사사기에 관한 강해 설교집이 시중에 많이 나와 있지만, 김한요 목사님의 『하나님의 시선으로 ReFocus』는 성경 본문을 주해하여 '들리는 설교'로 만들어 성도들로 하여금 하나님의 은혜를 경험하고 삶의 변화를 일으키게 한다는 점에서 가장 탁월한 강해서입니다. 따라서 모든 설교자와 신학생은 물론 사사기를 묵상하며 은혜받기를 원하는 모든 성도에게 이 책을 기쁨으로, 강력하게 추천하는 바입니다.

김지찬 | 현(現) 수영로교회 협동목사,
총신대학교 신학대학원 은퇴 교수,
전 8대 한국복음주의 구약학회 회장

우리 시대를 가리켜 '혼돈의 시대', '자기중심적 시대', '하나님의 권위를 인정하지 않는 시대' 등 여러 가지 말로 표현합니다. 그런데 정확히 사사 시대가 바로 그런 시대였습니다. 사사기의 저자는 "그 때에 이스라엘에 왕이 없으므로 사람이 각기 자기의 소견의 옳은 대로 행하였더라"(삿 21:25)라는 결론으로 핵심을 선언합니다.

이런 시대를 위한 해결책은 무엇일까요? 무수한 제안을 할 수 있겠지만 무엇보다 중요한 해결책은 하나님의 왕권을 회복하는 것입니다. 주권적 섭리로 세상을 다스리시는 하나님을 인정하면서 오직 그분의 권위와 말씀에 겸손하게 순종할 때, 그 사회와 시대는 올바른 길을 되찾을 수 있습니다. 하나님을 향한 새로운 시선과, 하나님의 시선으로 세상을 새롭게 볼 수 있는 "ReFocus"가 필요할 것입니다.

탁월한 강해 설교가로 이미 잘 알려진 김한요 목사님은 바로 이런 메시지를 이 책에 담았습니다. 한 편, 한 편의 설교가 시대를 초월하는 절대적 진리인 하나님의 말씀을 잘 담아내면서도 동시에 우리가 사는 현세대에 적실하게 적용됩니다. 단순히 이론적 신학으로서의 메시지가 아니라, 삶의 현장에서 치열한 믿음의 씨름을 하는 성도들과 함께 고민하면서 매 주일 강단에서 선포한 현실적 메시지입니다. 치밀한 말씀 연구와 치열한 목회 실현을 통해서 다듬어지고 선포된 정갈한 메시지입니다. 이 책을 읽는 이들의 삶에 새로운 변화가 일어날 것을 확신하고 기대합니다.

김태권 | PCM 공동대표, City to City Korea 코칭 디렉터

저자 김한요 목사님은 제가 대학생이던 시절 미숙했던 신앙과 신학이 성장하는 데 지대한 영향을 끼치신 분입니다. 대학 입학을 위해 낯선 땅 매사추세츠 애머스트에 도착해 김한요 목사님이 섬기시던 교회에 출석하며 로마서를 배웠습니다. 목사님이 온 힘과 마음을 다해 준비하신 주일 말씀을 통해 놀랍고 은혜로운 하나님을 만나게 된 것이 제 삶의 큰 복입니다. 이후로도 목사님의 목회를 사모하며 멀리서도 때마다 말씀을 찾아 들으면서 숨은 제자로 지냈습니다.

김한요 목사님의 사사기 강해서 『하나님의 시선으로 ReFocus』를 읽으면서 사사기를 좀 더 깊이 알고자 하는 사람, 특별히 말씀과 씨름하고 있는 목회자에게 탁월한 선택이 될 수 있겠다고 생각했습니다. '만일 내가 사사기 강해 설교를 하기 전에 이 책을 만났더라면 새로운 관점(ReFocus)으로 더욱 풍성하고 날이 선 말씀을 전할 수 있었을 텐데……'라는 아쉬움도 들었습니다. 역사를 전공하고 몇 년간 강의한 입장에서, 역사는 재해석이 필요하며 새로운 관점(ReFocus)으로 조명해 주는 지속적인 노력이 필요하다고 생각합니다. 그런데 이 책이 바로 그런 역할을 하고 있습니다.

사사기는 많은 신학자가 말하듯이 타락과 구원이 반복되는 역사입니다. 김한요 목사님이 쓰신 이 특별한 강해서는 그 반복의 역사가 지금 시대에도 계속되고 있음을, 우리가 여전히 안락함이라는 우상을 섬기며 사사기의 혼돈과 다양한 도전 속에서 살아가고 있음을 보여 줍니다. 동시에 사사기의 전개를 다양한 방식으로 모으고 헤쳐서 독자들로 하여금 사사들의 통치 시대를 보는 시각을 좀 더 새롭고 풍성하게 합니다. 무엇보다 이 책 안에는 영적인 명료함(clarity)과 깊은 깨달음(insight)이 있어서, 다양한 스펙트럼의 신앙인들에게 영적인 도전을 주리라고 확신합니다. 이 책을 통해서 만나는 사사기 속 인물들과 하나님이 이끌어 가시는 사건은 확실히 "다릅니다".

언젠가 누군가에게 성경의 역사적 배경을 설명하는데 옆에 계신 목사님이 "듣는 사람들이 어려워하는 것 같아요……"라고 말씀하셔서 무척 죄송했던 기억이 있습니다. 역사를 다루는 사람들이 오히려 역사의 보편성과 대중성을 간과할 때가 많습니다. 그래서 역사학자들이 가장 악필이요, 졸필이라는 얘기를 많이 듣습니다. 하지만 이 새로운 사사기 강해서는 누구보다 친절하게 성경의 이야기를 분명히 이해하도록 돕고 지도해 주며, 새롭게 생각할 수 있도록 인도해 줍니다. 너무나 읽고 싶은 책, 갖고 싶은 책을 써 주셔서 참 감사합니다.

김하나 | 명성교회 담임목사

사랑하고 존경하는 김한요 목사님의 사사기 강해서가 발간된 데 큰 갈채를 보냅니다. 설레는 마음으로 책을 펼쳐 읽으며 하나님께서 저자에게 큰 지혜와 통찰력을 주셨음을 느낄 수 있었습니다. 저자는 하나님께서 사사기를 통해 우리에게 하고자 하시는 말씀을 현대적 감각으로 담담히 풀며 하나님의 뜻이 무엇인지를 소개합니다. 또한 사사기에 등장하는 여러 인물을 통해 우리 안에 숨겨져 있는 수많은 모습을 보게 합니다.

책을 통해 부족하고 연약한 인간이지만 '그럼에도 불구하고' 인간을 택하여 놀라운 일을 행하시는 하나님의 방법을 보면서 '은혜'가 무엇인지를 다시금 생각하게 됐습니다. 나아가 '그럼에도 불구하고' 하나님의 은혜를 금세 망각하고 무너지는 인간의 어리석음을 보면서 삶의 자세를 교정하고 미래의 방향을 재설정하게 됐습니다.

귀한 글을 읽으며 저자의 깊은 영성과 더불어 하나님 앞에 고뇌하며 기도하는 숨결이 느껴졌습니다. '어떻게 하면 더욱 하나님의 말씀 앞으로 나아가 하나님의 뜻에 합당한 삶을 살아갈 수 있을까' 고민하시는 모습도 떠올랐습니다. 지금도 여전히 당신의 사람을 세우시고 세계 역사를 주관하시는 하나님의 큰 그림을 생각하면서 하나님의 뜻이 이루어지길 기도하는 저자의 마음이 이 책을 통해 느껴졌습니다.

저도 기회가 되면 사사기를 강해하고 싶다는 마음이 생겼습니다. 말씀의 의미만 전달하는 것이 아니라 삶 속에서 하나님의 말씀을 적용할 수 있도록 만드는 김한요 목사님의 탁월한 강해 덕분입니다. 개인의 영성생활뿐 아니라 소그룹 모임에서도 잘 활용될 책이라고 생각합니다. 빨리 읽어 나가기보다는 천천히 말씀을 음미하면서 내 삶을 조명해 보면 더 큰 은혜가 될 것입니다.

귀한 글을 써 주신 저자에게 감사의 마음을 전합니다. 글을 통해 저자가 평소 어떤 목회를 지향해 왔는지 조금은 느낄 수 있었습니다. 앞으로도 김한요 목사님의 글이 더 많이 소개되기를 소망하며 책을 읽는 모든 분에게 하나님의 은혜와 평강이 충만하시기를 기도합니다.

박동찬 | 일산광림교회 담임목사

사사기는 우리의 삶 속에서 하나님의 뜻을 거역했을 때 어떤 결과를 초래하는지, 하나님의 용서와 구원이 어떻게 이루어지는지 배울 수 있는 매우 소중한 책입니다. 또한, 우리에게 하나님과 바른 관계를 맺고 사는 것이 얼마나 중요한지 깨닫게 해 주기도 합니다. 이처럼 모든 성도에게 필수 과목이라 할 수 있는 사사기는 설교집이 꽤 많이 나왔지만 설교자들에게 소개하고 싶은 책이 없어서 아쉬움이 많았습니다.

그런데 쌍수를 들어 환영하고 자랑하고 싶은 사사기에 관한 설교집이 한 권 등장했습니다. 바로 어바인 베델교회를 담임하는 김한요 목사님이 쓴 강해서입니다. 김 목사님은 이민 교회에서 손꼽히는 탁월한 설교가입니다. 수년 전 제가 집회 강사로 가서 확인한 바도 있지만, 그가 담임하는 교회는 이민 교회에 모범이 될 만한 은혜와 감동이 넘치는 공동체입니다. 그것은 전적으로 김 목사님의 은혜롭고 감동적인 설교에 기인한다고 봐도 무방할 것입니다.

설교학 교수로서 그의 설교를 몇 가지로 특징짓자면, '본문에 충실하고', '적용에 강하며', '감동적인 예화 활용에 능하고', '언어 재담(才談, Word play)에 남다른 재능'을 발휘합니다. 재미는 있으나 본문의 콘텐츠가 빈약한 설교가 있는가 하면, 콘텐츠는 우수하나 따분한 설교가 있습니다. 김한요 목사님의 설교는 재미도 있고, 감동도 있고, 의미 또한 심장(深長)해서 남녀노소 누구에게나 어필하는 장점이 있습니다.

사사기에 관한 베스트 강해서 한 권을 추천하라면 주저 없이 소개할 책이 세상에 나와 기쁜 마음을 금할 수가 없습니다. '하나님과의 바른 관계 정립'에 관심 있는 모든 분에게 김한요 목사님의 사사기 강해서를 강력하게 추천합니다.

신성욱 | 아신대학교 설교학 교수

김한요 목사님의 사사기 강해는 다음과 같은 강점이 두드러져 강력히 추천합니다.

1. 역사와 현실의 조우

첫째로, 성경의 역사와 현실의 조우가 이 책을 통해 펼쳐집니다. 혼동과 갈등으로 갈 길을 잃은 현시대에 성경적 원인과 해결책을 제시합니다. 사사 시대의 현상과 오늘날의 다양한 통계와 인문학적 자료들을 중첩하여 그 일치성을 보여 줍니다. 이런 논술 방식은 독자들로 하여금 자신의 경험을 통해 사사 시대를 입체적으로 이해하고 경험하도록 인도합니다.

2. 영적 원리

둘째로, 물리적 사건 속에 숨은 영적 원리를 찾아내고 있습니다. 단순히 사건을 분석하는 것에 머물지 않고, 그 속에 담긴 성경적 원리를 뽑아내어 현실에 절실히 필요한 보편적 진리를 독자들에게 선사합니다.

3. 복음의 진수

셋째로, 사사기에 나오는 모든 사건 속에서 그리스도 예수를 만나게 하여 복음의 진수를 맛보게 합니다. 약속의 땅에서 누리는 복을 예수 그리스도 안에 체화시키는 능력이 이 책의 복음적 요소를 잘 보여 줍니다.

4. 실천적 믿음

넷째로, 진리를 뽑아낼 뿐 아니라 그것을 통해 생활이 예배가 되게 합니다. 매 강해 마무리에 실천적 덕목들을 강조하여 지식에 머물지 않고 행함으로 믿음을 현실화하는 방법을 제시해 줍니다. 약 3,300년 전 그들의 이야기가 오늘 나의 일기장에 스며들게 하는 매력이 있습니다.

5. 토론의 장

다섯째, 주제마다 적용 질문을 만들어 교회 소그룹 모임이나 가정예배 시 나눔을 위한 교재로의 활용이 가능합니다. 교회의 소그룹 성장이 중요하나 마땅한 교재가 없는 시대에 효율적인 소그룹 토론의 장을 마련해 주는 귀한 책입니다.

조동천 | 예수뿐인교회 담임목사

어느 때보다 종말의식이 팽배해진 시대입니다. 나라들은 각자도생하기에 바쁘고, 사람들은 극도의 개인주의에 빠져 살아가는 시대입니다. 이때 김한요 목사님의 사사기 강해서 출간되었다니, 이보다 시의적절한 일은 없다고 생각합니다.

저자인 김한요 목사님은 '자기 소견에 옳은 대로' 행하며 사는 우리에게 사사 사대를 반면교사 삼아 '다시 하나님께 집중'(ReFocus)하여 '말씀에 지배를 받는' 삶으로 돌아서라고 담백하고도 단호하게 호소합니다. 이런 저자의 모습을 보면서 '이 시대를 위해 보내심을 받은 선지자' 같다고 생각했습니다.

저자의 강해는 성경 원문 해석에 충실하지만 지나치게 학구적이지 않습니다. 교인들이 쉽게 이해할 수 있도록 관련 자료를 풍부히 제시하며 글의 품격을 높이고 있습니다. 또한 독자들을 위해 강해 말미에 적용 질문까지 실은 저자의 세심한 배려는, 본서가 또 하나의 설교집이 아닌 성도의 신앙훈련을 위한 교재로 사용해도 전혀 손색없는 책이라는 걸 보여 줍니다.

저자는 강해 제목에서도 번뜩이는 역발상의 기지를 보여 줍니다. '따 놓은 당상은 없다', '별로지만 큰 용사(Not-So Mighty Warrior)', '교회의 가장 큰 문제는 교회다', '구백 냥 눈의 오작동', '스캔들 같은 은혜(Scandalous Grace)', '인간 기준을 깨는 은혜의 떡밥' 등 모든 제목이 아주 흥미롭고 특별합니다. 사사기라는 성경 자체가 딱딱하고 거리감이 느껴지기도 하는데, 저자는 천편일률적이고 뻔한 제목이 아닌 '톡톡 튀는' 제목으로 독자들의 호기심을 자아냅니다. 저자만이 가진 특별한 은사라고 생각합니다.

또한 이민자의 아들로서 겪은 슬픔을 주저함 없이, 아주 진솔하게 담아낸 저자의 자유함 덕분에 책을 읽는 내내 편안함과 감동을 깊이 느낄 수 있었습니다. 이 한 권의 책을 통해 한 민족의 부침(up and down)의 역사를 조감하게 될 뿐만 아니라, '김한요'라는 한 개인의 가슴 저리는 삶의 간증도 겸하여 접하게 되니 일거양득이 아닐 수 없습니다.

본질상 진노의 자녀였던 우리의 마음과 눈은 관성의 법칙을 따라 세상으로 향하려는 경향이 있습니다. 이럴 때 다시 하나님께 집중하는(ReFocus) 삶을 살고 싶다면, 본 사사기 강해서를 강력히 추천합니다. 우리 삶을 하나님의 시선에 맞춰 조정(alignment)하는 데 본서가 해답임을 의심치 않기 때문입니다.

황성철 | 총신대 실천신학 은퇴 교수

모든 것은 시각의 문제입니다. 시선과 관점, 곧 사물을 어떻게 바라보고 어떻게 해석하는가에 따라 우리가 처한 상황이 색다른 모습으로 보이기도 합니다. 사실 시선의 문제는 방향의 문제입니다. 방향이 일그러지면 결코 목적지에 이르지 못하기 때문입니다. 김한요 목사님의 사사기 강해는 우리로 하여금 새로움에 눈뜨게 합니다. 그의 책은 우리를 새롭게 빚으시려는 하나님의 목적에 맞춰져 있습니다. "Re, Focus" 다시, 새롭게 변화된 방향으로 우리를 집중하게 합니다. 올바른 방향으로 몰입하게 합니다. 놀랍게도 한 편, 한 편의 글이 성경을 바라보는 우리의 시선을 새롭게 합니다. 하나님께만 집중하게 합니다. 이런 김 목사님의 탁월한 은혜의 메시지를 만나는 일은 기쁨이요, 부러움입니다.

황형택 | 새은혜교회 담임목사

이 책을 펴내며

사사 시대는 이스라엘이 영적으로 가장 어두웠던 때라고 할 수 있습니다. 여호수아의 죽음부터 사울 왕의 즉위까지 나름 '자기의 소견에 옳은 대로 행하던 시대'였지만, 약 400년 동안 나라의 주권을 빼앗기고 되찾기를 반복하던 암울한 시간이기도 했습니다. 1776년 독립선언 후 2026년이면 미국은 250년이란 역사를 가진 나라가 되고, 우리의 선조인 고려는 475년간 존속됐습니다. 이를 생각하면 이스라엘이 매우 기나긴 영적 슬럼프에 빠져 있었다고 해도 지나친 말은 아닙니다.

대한민국은 비참한 한국전쟁을 겪고도 전쟁이 발발한 지 75년 만에 세계 경제 10위권에 드는 나라가 되었습니다. 미국은 건국 이후 250년 만에 경제적으로도 군사적으로도 세계 최강국이 되었습니다. 더욱 자랑스러운 것은 미국은 외국에 선교사를 가장 많이 파송하는 1위 나라이고, 그다음인 2위 나라가 한국이라는 사실입니다. 미주 디아스포라 한인으로서, 지난 시간 최선을 다해 소신껏 살며 우리가 "잘 살아왔다" 고백할 수 있는 것은 오직 하나님의 은총 덕분임을 확신합니다.

그럼에도 불구하고 우리는 여전히 불안합니다. 세계 경제가 조석으로 바뀌며 우리 삶을 위협합니다. 미국발 관세 전쟁으로 전 세계가 요동치고, 미국 수출에 전적으로 의지하고 있는 한국 경제는 미래를 짐작할 수 없게 됐습니다. 날로 어려워지는 장바구니 경제에 소비자들의 한숨은 늘어 가고, 갈수록 치솟는 가솔린 가격에 운전자들의 눈은 휘둥그레집니다. 전보다 편한 형편, 감사할 것밖에 없는 환경에 사는데도 걱정이 태산처럼 쌓여만 갑니다. 어떻게 된 일인지 모르겠습니다.

사사기는 어쩌면 이스라엘이 약속의 땅에 비로소 정착한 후 먹고살 만해진 시대, 소신껏 자기가 믿는 바대로 잘 살았던 시대가 배경이라 할 수 있습니다. 당시 이스라엘에도 이웃 나라들처럼 왕이 없었습니다. 얼마나 자유롭게 살 수 있는 환경입니까? 무엇보다 하나님께서 이스라엘의 왕이 되어 주시겠다고 약속하셨습니다. 그러나 사사 시대는 이스라엘이 애굽에서 종살이할 때보다도, 광야를 유리할 때보다도 영적으로 더더욱 소용돌이친 시대였습니다. 백성은 왕의 간섭이 없는 편안함을 좋아하고, 왕 되시는 하나님 망각하기를 반복하며 구원자 하나님을 의지하지 않았습니다. 혼란과 악순환을 반복하며, 스스로 왕이 되어 자기 소견에 옳은 대로 행하는 삶의 결말이 무엇인지 사사기가 보여 줍니다. 마치 판박이와도 같이, 약 3000년 전 과거의 이야기가 우리 모습과 아주 유사하다는 생각을 해 봅니다. 그러나 현실이 아무리 혼란스러워도 사사기 말씀을 하나님의 렌즈로 다시 초점을 맞추어 조명하면, 3000년의 장벽을 뛰어넘어 하나님께서 오늘을 살아갈 지혜와 믿음을 주시리라 믿습니다.

　결코 만만치 않은 도전 앞에서 믿음으로 살아내고자 발버둥 치는 베델의 성도들과 매 주일 목 놓아 나누었던 말씀을 책으로 펴내게 되어 하나님께 감사드립니다. 이 책이 나오기까지 열과 성의를 다해 도와주신 QTM 관계자분들과 원고를 정성껏 읽어 주시며 주옥같은 추천서를 써 주신 목사님들에게도 고개 숙여 감사의 말씀을 전합니다. 그리고 주일 강단이 마르지 않게 함께 울며, 기도하며, 말씀으로 결단하며 마음을 같이해 주신 베델의 성도님들께도 감사를 드립니다.

어바인 목회실에서
2025년 8월
김한요

Contents

추천사 04
이 책을 펴내며 19

---

chapter 1
약속의 땅을 바라보는 네 가지 초점 (삿 1:1) ········ 26

chapter 2
'따 놓은 당상'은 없다! (삿 1:1~2:5) ········ 42

chapter 3
죄의 사슬 끊어 내기 (삿 2:6~23) ········ 56

chapter 4
전쟁을 알지 못하는 자들에게 (삿 3:1~6) ········ 68

chapter 5
언더독(underdog) 효과 (삿 3:7~31) ······ 82

chapter 6
남자와 여자, 여자와 남자가 공존하는 세상 (삿 4:1~24) ······ 96

chapter 7
듀엣에서 합창으로! (삿 5:1~31) ······ 112

chapter 8
별로지만 큰 용사(Not-So Mighty Warrior) (삿 6:1~24) ······ 126

chapter 9
도로 표지판인가, 가이드인가? (삿 6:25~40) ······ 140

chapter 10
외로이 남겨진 300명 (삿 7:1~25) ······ 156

chapter 11
성공이 최악이 되는 경우 (삿 8:1~35) ···· 172

chapter 12
여인의 맷돌에 맞아 죽은 왕 (삿 9:1~10:5) ···· 188

chapter 13
하나님이 참지 못하시는 두 가지 (삿 10:6~11:11) ···· 202

chapter 14
잘못된 서원도 지켜야 하는가? (삿 11:12~12:7) ···· 216

chapter 15
교회의 가장 큰 문제는 교회다! (삿 12:1~15) ···· 236

chapter 16
구백 냥 눈의 오작동 (삿 13:1~25) ···· 250

chapter 17
눈먼 사랑, 눈뜬 사랑 (삿 14:1~20) ········· 262

chapter 18
스캔들 같은 은혜(Scandalous Grace) (삿 15:1~20) ········· 284

chapter 19
여자에게 넘어진 남자 (삿 16:1~22) ········· 298

chapter 20
인간 기준을 깨는 은혜의 떡밥 (삿 16:22~31) ········· 310

chapter 21
반전의 베들레헴 스토리 (삿 17~18장) ········· 324

chapter 22
결론, 토막 시체 배달 사건 (삿 19~21장) ········· 344

Chapter

1

약속의 땅을 바라보는
네 가지 초점

사사기 1장 1절

사사기 강해를 시작하면서 역사적 배경부터 살펴보는 것이 중요하다고 믿습니다. 사사기는 이렇게 시작됩니다.

여호수아가 죽은 후에……_삿 1:1a

이때가 언제일까요? 잠시 성경과 도표를 보면서 역사적으로 어느 때였는지 파악해 보겠습니다. 이때 한국은 어느 시대였는지 함께 살펴보는 것도 유익할 것입니다. 날짜와 연도를 추측할 수 있는 성경의 두 기록을 근거로 아래와 같은 시간표를 그려 보았습니다.

이스라엘이 헤스본과 그 마을들과 아로엘과 그 마을들과 아르논 강가에 있는 모든 성읍에 거주한 지 **삼백 년이거늘** 그 동안에 너희가 어찌하여 도로 찾지 아니하였느냐_삿 11:26

이스라엘 자손이 애굽 땅에서 나온 지 **사백팔십 년**이요 솔로몬이 이스라엘 왕이 된 지 사 년 시브월 곧 둘째 달에 솔로몬이 여호와를 위하여 성전 건축하기를 시작하였더라_왕상 6:1

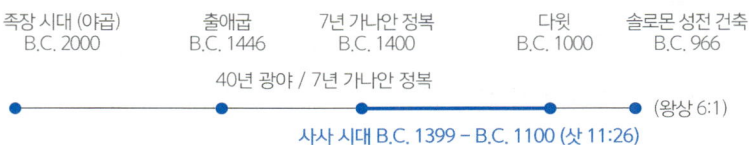

약속의 땅을 바라보는 네 가지 초점

서문에서 언급한 것처럼 저는 몇 해 전에 일어난 이스라엘과 하마스의 전쟁을 보면서 '풀기 힘든 딜레마'라는 생각이 들었습니다. 도표에서 보다시피 B.C. 1446년에 출애굽한 이스라엘은 하나님이 주신 가나안 땅을 약속대로 취했습니다. 그리고 로마에 빼앗길 때까지 1000년 동안 그 땅에서 살았습니다. 또한 1000년이 지난 20세기 중반에는 제3차 중동전쟁 끝에 그 땅을 되찾습니다.

반면에 가나안의 원주민이던 블레셋, 즉 팔레스타인의 입장은 어떤가요? 그들로서는 잘 살던 땅을 출애굽한 이스라엘에 빼앗긴 셈입니다. 그 후 되찾기는 했지만 1000년이 지난 후 또다시 이스라엘이 팔레스타인 민족을 몰아내는 바람에 그 땅을 또다시 빼앗겼습니다.

그러니 약속의 땅을 두고 이스라엘과 팔레스타인이 '닭이 먼저냐, 달걀이 먼저냐?' 하는 딜레마에 빠질 수밖에 없지 않겠습니까? 그렇다고 해서 제가 "하나님이 주신 땅이니 팔레스타인이 떠나야 한다"라든지 혹은 "이스라엘이 믿음을 저버렸으니 더는 그 땅을 차지할 권리가 없다. 그러니까 팔레스타인에 그 땅을 주고 떠나야 한다"라는 주장을 하려는 게 아닙니다.

만약 이런 식으로 적용한다면 미국은 누구의 땅이었나요? 원래 인디언들의 땅이었으니 영국에서 메이플라워호를 타고 미국으로 건너온 청교도 후예에게 "너희가 살던 땅으로 다시 돌아가라"라고 말할 수 있을까요? 지금의 튀르키예도 그렇습니다. 원래는 오스만제국의 투르크족이 살던 땅이 아닙니까? 그러나 사도 바울이 복음화한 그 민족은 이제 튀르키예에 살지 않습니다. 더구나 지금은 여러 민족이 뒤

섞여 살고 있습니다.

저는 그저 이 약속의 땅에도 두 민족이 서로 잘 어우러져 살았으면 하는 바람입니다.

하나님이 우리에게 주신 '약속의 땅'의 의미

신명기를 보면 하나님께서 이스라엘 백성에게 "이 땅을 너희에게 기업으로 주리라"라고 약속하시는 말씀이 30번 정도 나옵니다. 신명기 5장 31절 말씀이 대표적입니다.

"너는 여기 내 곁에 서 있으라 내가 모든 명령과 규례와 법도를 네게 이르리니 너는 그것을 그들에게 가르쳐서 **내가 그들에게 기업으로 주는 땅**에서 그들에게 이것을 행하게 하라 하셨나니."

그렇다면 이스라엘 백성에게 그 땅을 주시는 이유가 무엇입니까? 그 답은 다음 말씀에 나옵니다.

"그러므로 네가 알 것은 네 하나님 여호와께서 네게 이 아름다운 땅을 기업으로 주신 것이 네 공의로 말미암음이 아니니라 너는 목이 곧은 백성이니라"(신 9:6)라고 하십니다.

약속의 땅은 이스라엘 백성의 힘과 능력으로는 결코 차지할 수 없는 땅이었습니다. 민수기 13장에 가나안 땅을 정탐하고 돌아온 열두 정탐꾼의 보고만 들어 보아도 그 사실을 알 수 있습니다. 그런데 가나안 족속이 심히 강하다며 핑계하고 정탐한 땅을 악평하는 이스라엘의 불순종에도 불구하고 하나님께서 그 땅을 차지하게 해 주신 것입니다. 이것이 은혜입니다. 우리 역시 그리스도 안에서 은혜의 삶을 거저 누리고 있습니다.

> 죄의 삯은 사망이요 하나님의 은사는 그리스도 예수 우리 주 안에 있는 영생이니라 _롬 6:23

> 너희는 그 은혜에 의하여 믿음으로 말미암아 구원을 받았으니 이것은 너희에게서 난 것이 아니요 하나님의 선물이라 _엡 2:8

그러면 지금부터 '사사기를 보는 안경'을 쓰고 사사기 말씀을 살펴보겠습니다. 하나님이 우리에게 주신 '약속의 땅'의 의미가 무엇인지, 오늘을 사는 우리에게 주시는 교훈을 네 가지 초점으로 맞추어 보겠습니다.

첫째, 약속의 땅은 '하나님의 축복'입니다

> 내가 내려가서 그들을 애굽인의 손에서 건져내고 그들을 그 땅에서 인도하여 아름답고 광대한 땅, **젖과 꿀이 흐르는 땅** 곧 가나안 족속, 헷 족속, 아모리 족속, 브리스 족속, 히위 족속, 여부스 족속의 지방에 데려가려 하노라 _출 3:8

젖과 꿀이 흐르는 가나안 땅은 **두 가지, 곧 풍요와 쉼**(안식)이 약속된 땅입니다.

7b ……그 곳은 골짜기든지 산지든지 시내와 분천과 샘이 흐르고 **8** 밀과 보리의 소산지요 포도와 무화과와 석류와 감람나무와 꿀의 소산지라 _신 8:7b~8

그 땅은 고센 땅과 애굽 땅보다 아름답고 뛰어났습니다. 또한 안식과 평안의 약속이 있는 곳입니다.

너희가 요단을 건너 너희 하나님 여호와께서 너희에게 기업으로 주시는 땅에 거주하게 될 때 또는 여호와께서 너희에게 **너희 주위의 모든 대적을 이기게 하시고 너희에게 안식을 주사 너희를 평안히 거주하게 하실 때에** _신 12:10

……내가 온 것은 양으로 생명을 얻게 하고 더 풍성히 얻게 하려는 것이라 _요 10:10b

찬송하리로다 하나님 곧 우리 주 예수 그리스도의 아버지께서 그리스도 안에서 하늘에 속한 모든 신령한 복을 우리에게 주시되 _엡 1:3

성경은 우리가 그리스도 안에서 누리는 삶을 젖과 꿀이 흐르는 가나안 땅에서 이스라엘 백성이 누리는 삶에 빗대어 설명합니다.

> 수고하고 무거운 짐 진 자들아 다 내게로 오라 내가 너희를 쉬게 하리라 _마 11:28

> 9 그런즉 안식할 때가 하나님의 백성에게 남아 있도다 10 이미 그의 안식에 들어간 자는 하나님이 자기의 일을 쉬심과 같이 그도 자기의 일을 쉬느니라 _히 4:9~10

둘째, 약속의 땅은 '믿음으로 들어가는 땅'입니다

오직 여호수아와 갈렙만이 믿음의 정탐에 나섰습니다(민 14:6~9). 그리고 출애굽한 백성 중에 여호수아와 갈렙만 그 땅에 들어갔습니다. 우리도 그들처럼 믿음으로 그리스도의 삶에 들어갑니다. 다음의 두 말씀이 이를 증거합니다.

> 영접하는 자 곧 그 이름을 믿는 자들에게는 하나님의 자녀가 되는 권세를 주셨으니 But as many as received Him, to them He gave the right to become children of God, even to those who believe in His name, [NASB] _요 1:12

내가 진실로 진실로 너희에게 이르노니 내 말을 듣고 또 나 보내신 이를 믿는 자는 영생을 얻었고 심판에 이르지 아니하나니 사망에서 생명으로 옮겼느니라 Truly, truly, I say to you, he who hears My word, and believes Him who sent Me, has eternal life, and does not come into judgment, but has passed out of death into life. [NASB]_요 5:24

언젠가 제가 과테말라에서 열린 이사회에 참석한 후 돌아오는 길에 비행기 안에서 기장이 다음과 같은 기내 방송을 했습니다.

"Good morning, ladies and gentlemen, this is your captain speaking. Welcome to Flight 1246, nonstop from Guatemala City to Los Angeles(LAX Airport). Today, we will be flying at 35,000 feet, at approximately 500 miles per hour······ flying time is approximately four and a half hours······ it's going to be a smooth ride!"

"안녕하십니까, 여러분. 저는 오늘 비행을 맡은 기장입니다. 현재 여러분은 과테말라시티를 출발하여 로스앤젤레스(LAX)까지 논스톱으로 운항하는 1246편에 탑승하셨습니다. 오늘 저희 항공기는 약 35,000피트 상공을 시속 약 800km로 비행할 예정이며, 총 비행 시간은 약 4시간 30분이 될 것입니다. 순조로운 비행이 될 것으로 예상됩니다. 편안하게 여행하시기 바랍니다."

우리가 비행기를 타면 익숙하게 듣게 되는 방송입니다. 승객은 오로지 기장의 말을 믿고 비행을 시작합니다. 우리는 주님을 믿는 믿음으로 그 땅에 들어갑니다.

셋째, 약속의 땅은 '거룩한 땅'입니다

너희는 너희가 거주하는 땅 곧 내가 거주하는 땅을 더럽히지 말라 나 여호와는 이스라엘 자손 중에 있음이니라_민 35:34

하나님께서는 거룩한 땅을 "더럽히지 말라"고 명하십니다. 영어로는 "Do not defile"(NIV 성경)입니다. 바다에 일어나서는 안 될 기름 유출 사고가 일어나면 해변에 죽은 물고기들이 밀려옵니다. 바닷새들도 기름으로 더럽혀진 바닷물 때문에 기름 범벅이 되고 맙니다. TV 뉴스를 통해 그런 현장을 접하면 너무 속이 상합니다. 깨끗한 바다가 인간의 실수로 오염되고, 수많은 바다 생물이 겪는 피해를 보면 얼마나 가슴 아픕니까?

하나님은 출애굽기 34장 11~12절에서 이렇게 명하셨습니다.

"너는 내가 오늘 네게 명령하는 것을 삼가 지키라 보라 내가 네 앞에서 아모리 사람과 가나안 사람과 헷 사람과 브리스 사람과 히위 사람과 여부스 사람을 쫓아내리니 너는 스스로 삼가 네가 들어가는 땅의 주민과 언약을 세우지 말라 그것이 **너희에게 올무가 될까 하노라.**"

거룩하게 구별된 땅이 더러운 이방 문화에 오염되면 하나님을 섬기는 일에 올무가 되니 이방의 것을 주의하라는 뜻입니다. 레위기에도 이와 비슷한 맥락의 말씀이 나옵니다.

> **3** 너희는 너희가 거주하던 애굽 땅의 풍속을 따르지 말며 내가 너희를 인도할 가나안 땅의 풍속과 규례도 행하지 말고 You shall not do what is done in the land of Egypt where you lived, nor are you to do what is done in the land of Canaan where I am bringing you; you shall not walk in their statutes. [NASB] **4** 너희는 내 법도를 따르며 내 규례를 지켜 그대로 행하라 나는 너희의 하나님 여호와이니라_레 18:3~4

크리스천 작가이자 국제적 강연가인 레베카 피펏은 자신의 저서 『빛으로 소금으로(Out of the Saltshaker & Into the World)』에서 다음과 같이 주창했습니다.

"우리를 지배하는 것이 무엇이든지 그것이 우리의 신입니다……. 권력을 추구하는 사람은 권력에 지배당합니다. 인정을 추구하는 사람은 자신이 기쁘게 하려는 사람들에게 지배당합니다. 우리가 우리 자신을 지배하는 것이 아닙니다. 우리는 우리 삶의 주인에게 지배당합니다. Whatever controls us really is our god……. The person who seeks power is controlled by power. The person who seeks acceptance is controlled by the people he or she wants to please. We do not control ourselves. We are controlled by the lord of our life."

구약시대 이스라엘 백성은 전쟁에 나갈 때 언약궤를 메고 나갔습니다. 그것으로 하나님이 함께하심을 증거했습니다. 또한 성막에는 하나님이 구름과 불로 임재하셨습니다. 그러나 예수님이 이 땅에 오신 신약시대에는 하나님이 특정 장소에 머무르지 않으십니다. 주의 성도도 그리스도 안에서 하나님을 봅니다.

예수님은 하늘을 우러러 "아버지여, 아버지께서 내 안에, 내가 아버지 안에 있는 것 같이 그들도 다 하나가 되어 우리 안에 있게 하사 세상으로 아버지께서 나를 보내신 것을 믿게 하옵소서"(요 17:21)라고 말씀하십니다. 우리에게 거룩한 땅은 예수 그리스도이십니다. 내 안에 그리스도께서 사시는 삶입니다.

넷째, 약속의 땅은 '차지해야' 합니다

물론 약속의 땅은 하나님이 우리에게 선물로 주셨습니다. 그럼에도 그 땅의 주민을 쫓아내고 차지해야 하는 사명이 있습니다.

> 31 내가 네 경계를 홍해에서부터 블레셋 바다까지, 광야에서부터 강까지 정하고 그 땅의 주민을 네 손에 넘기리니 네가 그들을 네 앞에서 쫓아낼지라 32 너는 그들과 그들의 신들과 언약하지 말라 33 그들이 네 땅에 머무르지 못할 것은 그들이 너를 내게 범죄하게 할까 두려움이라 네가 그 신들을 섬기면 그것이 너의 올무가 되리라
>
> _출 23:31~33

그런데 사사기에서 문제가 발생합니다. 사사기 기자는 마지막에 사사 시대를 한마디로 정리합니다.

"……사람이 각기 자기의 소견에 옳은 대로 행하였더라"(삿 21:25).

……everyone did as he saw fit. [NIV]

……what was right in his own eyes. [NASB]

말씀이 지배하는 시대가 아니라 자기 소견이 지배하는 시대였다는 것입니다. 이 얼마나 비극입니까?

우리가 그리스도 안에 들어갈 때는 오직 믿음으로 들어갑니다. 그러나 그 후에는 반드시 정복해야 할 일이 있습니다. 그러지 않고는 약속의 땅을 차지할 수 없습니다.

여러분은 지금 어느 땅에 들어와 계십니까? 하나님의 약속 안에서 누리는 풍성함과 안식이 있습니까? 아니면 여전히 불안하십니까? 지금 무엇을 그 땅에 세우려고 하십니까? 나의 아성입니까 아니면 내 욕심의 바벨탑입니까?

그리스도가 우리의 땅이요, 그리스도가 우리의 자리입니다. 그리스도가 우리의 안식이요, 풍요입니다. 예수님은 "세례 요한의 때부터 지금까지 천국은 침노를 당하나니 침노하는 자는 빼앗느니라"(마 11:12)라고 하셨습니다. 하나님 나라는 침노하는 자의 것입니다. 약속의 땅은 기도로 정복합니다. 연합하여 정복합니다. 차지하는 것입니다.

비행기나 기차 안에 있는 화장실에 사람이 들어가면 '사용 중(occupied)'이라는 표시등이 켜집니다. 누군가가 그 공간을 차지하고 있으니 다른 사람은 들어갈 수 없다는 뜻입니다. 우리가 예수님을 믿어도 그렇습니다. 예수님이 우리를 차지하셨으니, 다른 무엇이 우리 안에 들어오지 못하도록 결단해야 합니다.

마틴 로이드 존스 목사님은 "침노하는 자의 이미지는 불난 집에서 탈출구를 찾는 자의 모습과 같다"라고 말했습니다. 불난 집에서 탈출하려면 황급히 서둘러야 합니다. 어디로 탈출할지 결정도 빨라야 합니다. 느긋한 성격이라고 여유 부릴 수 없습니다. 평소 성격과 상관없이 빨리 결단하고 빨리 행동해야 합니다. 말씀에 순종하는 것도 마찬가지입니다. 즉시 결단해야 합니다. 말씀이 가라고 하면 즉시 가고, 서라면 즉시 서야 합니다.

우리도 더는 내 성격, 내 성품을 탓해서는 안 됩니다. 히브리서 4장 11절에 "그러므로 우리가 저 안식에 들어가기를 힘쓸지니 이는 누구든지 저 순종하지 아니하는 본에 빠지지 않게 하려 함이라"라고 합니다. 가만있는다고 안식에 들어가는 것이 아닙니다. 힘써야 할 부분이 있습니다. 무엇에 힘써야 할까요? 5분이고, 10분이고 시간을 더 내어 기도에 힘써야 합니다. 우리 주님이 겟세마네 동산에서 땀방울이 핏방울같이 되기까지 기도에 힘쓰셨듯이 말입니다. 우리도 기도 중에 역사하시는 하나님의 나라를 체험해 봅시다. 그리하면 내 인생에 천국을 누리는 역사가 충만할 것입니다.

그리스도가 우리의 땅이요,
그리스도가 우리의 자리입니다.
그리스도가 우리의 안식이요, 풍요입니다.

적용질문

† 지금 우리가 사는 시대가 사사 시대와 비슷하다고 합니다. 어떤 면에서 그럴까요(삿 21:25)?

† "여호수아가 죽은 후에"는 역사적으로 어느 때인지 아래 도표에서 사사 시대를 찾아 표시해 봅시다(삿 1:1; 왕상 6:1). 그때 한반도는 어느 시대였을까요?

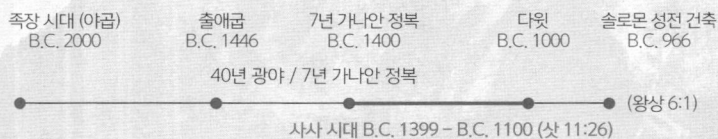

† 사사기는 이스라엘 백성이 약속의 땅에 들어간 후 왕이 없던 시대, 하나님이 보내신 사사들(Judges)이 다스린 시기입니다. 여호수아가 정복한 가나안 땅의 의미를 아래 빈칸을 채우며 정리해 봅시다(신 5:31, 9:6).

- _____ (출 3:8; 신 7:7~8, 12:10; 요 10:10)
- _____ (요 1:12, 5:24)
- _____ (민 35:34; 레 18:3~4)
- _____ (출 23:31~33; 마 11:12; 히 4:11)

† 절박한 기도로 차지하는 천국의 모습은 어떠합니까? 우리 가정과 소그룹에서 천국을 누리기를 소망하며 합심해서 기도합시다.

Chapter
2

'따 놓은 당상'은 없다!

사사기 1장 1절 ~ 2장 5절

여전히 애써서 차지해야 할 땅

> 여호수아가 죽은 후에 이스라엘 자손이 여호와께 여쭈어 이르되 우리 가운데 누가 먼저 올라가서 가나안 족속과 싸우리이까 _삿 1:1

앞 장에서 약속의 땅을 네 가지 초점으로 바라보았습니다. 그런데 1절에 보니 여호수아 때 끝날 것 같던 가나안 정복이 여전히 숙제로 남아 있습니다. 여호수아가 죽은 후라면 이스라엘이 가나안 정복 전쟁을 마쳤을 무렵 아닙니까? 지파별로 땅을 다 분배했습니다(수 21~22장). 가나안은 이미 정복한 땅이요, 차지한 땅입니다. 마치 '**따 놓은 당상**' 처럼 이제는 누가 가져갈 수도 없는, 확실한 이스라엘의 땅이 되었습니다.

그런데 사사기 기자는 첫 절부터 그 약속의 땅이 '**여전히 애써서 차지해야 할 땅**'이라고 말합니다. 아직 사명이 완수되지 않았다는 것입니다.

그렇다면 사사기는 언제 쓰였을까요? 학자들은 이스라엘의 왕권이 사울에서 다윗으로 넘어가던 즈음으로 추정합니다. 본문에 유다 지파가 먼저 나오는 것도 그 근거 중 하나입니다. 다윗은 유다 지파입니다. 그래서 다윗 왕을 사모하는 마음에 유다가 먼저 등장하고, 나라를 망친 사울 왕의 베냐민 지파가 그다음에 나오는 게 아닌가 합니다. 어쨌든 이런 기록을 통해 사사기가 쓰인 시대 배경을 어느 정도 추측할 수 있습니다. 또한 일부 학자들은 다음 말씀들처럼 **'신명기적 사관**(Deuteronomic historical view)**'**으로 사사기를 보아야 한다고 주장합니다.

> 2 네 하나님 여호와께서 그들을 네게 넘겨 네게 치게 하시리니 그 때에 너는 그들을 진멸할 것이라 그들과 어떤 언약도 하지 말 것이요 그들을 불쌍히 여기지도 말 것이며 …… 5b ……그들의 제단을 헐며 주상을 깨뜨리며 아세라 목상을 찍으며 조각한 우상들을 불사를 것이니라 …… 12 너희가 이 **모든 법도를 듣고 지켜 행하면** 네 하나님 여호와께서 네 조상들에게 맹세하신 언약을 지켜 **네게 인애를 베푸실 것이라**_신 7:2, 5b, 12

> 네가 만일 **네 하나님 여호와를 잊어버리고 다른 신들을 따라 그들을 섬기며 그들에게 절하면** 내가 너희에게 증거하노니 너희가 **반드시 멸망할 것이라**_신 8:19

아홉 지파의 '어긋난' 정복 이야기

여호와께서 이르시되 **유다가 올라갈지니라** 보라 내가 이 땅을 그의 손에 넘겨 주었노라 하시니라_삿 1:2

2절 말씀을 보아도 하나님은 약속의 땅을 이스라엘의 손에 다 넘겨주었다고 하십니다. 그럼에도 이스라엘은 시작부터 어긋난 길로 갑니다. 여기에서 **아홉 지파의 '어긋난' 정복 이야기**를 살펴보겠습니다.

1. **유다**는 계속 영토를 확장하며 땅을 차지합니다.

2 여호와께서 이르시되 **유다가 올라갈지니라** 보라 내가 이 땅을 그의 손에 넘겨 주었노라 하시니라 3 유다가 그의 형제 **시므온에게 이르되** 내가 제비 뽑아 얻은 땅에 **나와 함께 올라가서 가나안 족속과 싸우자** 그리하면 나도 네가 제비 뽑아 얻은 땅에 함께 가리라 하니 **이에 시므온이 그와 함께 가니라** _삿 1:2~3

유다 지파는 제비 뽑아 얻은 땅, 자신들에게 맡겨진 땅으로 올라가면서 뭐가 그리 겁이 났는지 시므온과 함께 갑니다. 온전한 순종을 하지 않은 것입니다. 이뿐만이 아닙니다.

4a 유다가 올라가매…… 5 또 베섹에서 아도니 베섹을 만나 그와 싸워서 가나안 족속과 브리스 족속을 죽이니 …… 7a **아도니 베섹이 이르되** 옛적에 칠십 명의 왕들이 그들의 엄지손가락과 엄지발가락이 잘리고 내 상 아래에서 먹을 것을 줍더니 **하나님이 내가 행한 대로 내게 갚으심이로다** 하니라……_삿 1:4a, 5, 7a

유다는 가나안 족속을 잔인하게 도륙합니다. 그런데도 정작 당사자들은 자업자득으로 받아들입니다.

> 12 갈렙이 말하기를 기럇 세벨을 쳐서 그것을 점령하는 자에게는 내 딸 악사를 아내로 주리라 하였더니 13 갈렙의 아우 그나스의 아들인 옷니엘이 그것을 점령하였으므로 갈렙이 그의 딸 악사를 그에게 아내로 주었더라 14 악사가 출가할 때에 그에게 청하여 자기 아버지에게 밭을 구하자 하고 나귀에서 내리매 갈렙이 묻되 네가 무엇을 원하느냐 하니 15 이르되 내게 복을 주소서 아버지께서 나를 남방으로 보내시니 샘물도 내게 주소서 하매 갈렙이 윗샘과 아랫샘을 그에게 주었더라 _삿 1:12~15

이어서 갈렙과 그의 사위 옷니엘이 가나안을 정복하는 이야기가 나옵니다(삿 1:12~15). 18절까지 보면 가나안 정복이 잘 마무리된 듯해 보입니다. 그런데 19절부터 상황이 달라집니다.

> 여호와께서 유다와 함께 계셨으므로 그가 산지 주민을 쫓아내었으나 골짜기의 주민들은 **철 병거가 있으므로 그들을 쫓아내지 못하였으며** _삿 1:19

그 땅을 다 정복한 줄 알았지만, 골짜기 주민들은 쫓아내지 못했습니다. 인간적으로 '그럴 수도 있지' 싶지만, 믿음 없는 모습이 여실히 드러납니다. 결국 이렇게 남겨진 가나안 족속은 하나님이 경고하신 대로 훗날 그들에게 올무가 되고 맙니다. 그런데 이런 믿음 없는 유다의 모습은 다른 지파에게 급속도로 영향을 끼칩니다.

2. **베냐민 지파**는 여부스 족속을 쫓아내지 못합니다.

베냐민 자손은 예루살렘에 거주하는 **여부스 족속을 쫓아내지 못하였으므로**…… _삿 1:21a

3. **요셉 지파**는 가나안 족속을 다 몰아내지 않고, 그들의 노동력을 이용합니다.

22 요셉 가문도 벧엘을 치러 올라가니 여호와께서 그와 함께 하시니라 23 요셉 가문이 벧엘을 정탐하게 하였는데 그 성읍의 본 이름은 루스라 24 정탐꾼들이 그 성읍에서 한 사람이 나오는 것을 보고 그에게 이르되 청하노니 이 성읍의 입구를 우리에게 보이라 그리하면 우리가 네게 선대하리라 하매 25 그 사람이 성읍의 입구를 가리킨지라 이에 그들이 칼날로 그 성읍을 쳤으되 오직 **그 사람과 그의 가족을 놓아 보내매** 26 그 사람이 헷 사람들의 땅에 가서 성읍을 건축하고 그것의 이름을 루스라 하였더니 오늘까지 그 곳의 이름이 되니라

_삿 1:22~26

4. 므낫세 지파도 가나안 족속에게 노역을 시키고 다 쫓아내지 않습니다.

27a 므낫세가…… 28 이스라엘이 강성한 후에야 **가나안 족속에게 노역을 시켰고 다 쫓아내지 아니하였더라**_삿 1:27a, 28

5. 에브라임 지파도 가나안 족속을 다 쫓아내지 못합니다.

에브라임이 게셀에 거주하는 **가나안 족속을 쫓아내지 못하매**……_삿 1:29a

6. 스불론 지파 역시 가나안 족속을 쫓아내지 않고 노역을 시킵니다.

스불론은 기드론 주민과 나할롤 주민을 **쫓아내지 못하였으므로 가나안 족속이** 그들 중에 거주하면서 **노역을 하였더라**_삿 1:30

7. 아셀 지파도 가나안 족속을 온전히 쫓아내지 못합니다.

아셀이 악고 주민과 시돈 주민과 알랍과 악십과 헬바와 아빅과 르홉 **주민을 쫓아내지 못하고**_삿 1:31

8. **납달리 지파** 역시 가나안 족속을 온전히 쫓아내지 못합니다.

납달리는 벧세메스 주민과 벧아낫 **주민을 쫓아내지 못하고**……
_삿 1:33a

9. **단 지파**는 아모리 족속에 의해 수세에 몰리기까지 합니다.

34 아모리 족속이 단 자손을 산지로 몰아넣고 골짜기에 내려오기를 용납하지 아니하였으며 …… 36 **아모리 족속의 경계는** 아그랍빔 비탈의 바위부터 위쪽이었더라_삿 1:34, 36

특히 단 지파는 아모리 족속을 쫓아내기는커녕 도리어 산지로 몰려서 꼼짝 못 합니다. 이스라엘이 약속의 땅을 온전히 차지하지는 못했음을 의미합니다. '아모리 족속의 경계'라는 말도 그렇습니다. 이는 곧 하나님이 주신 땅의 경계를 이스라엘이 아니라 가나안 족속이 정했다는 뜻입니다. 압록강과 두만강이 백두산에서 흘러내린다고 이야기하지 않고, 중국인처럼 장백산에서 흘러내린다고 이야기하는 것과 같습니다. 이런 표현이 뜻하는 바가 무엇입니까? 이스라엘이 주도권을 빼앗겼다는 것입니다. 약속의 땅을 차지한 이스라엘 백성의 영적 현주소가 여실히 드러납니다. 강력한 군사력과 무기를 가진 자도 아니요, 더 열심 있고, 끈질기고, 월등한 용기를 가진 자들이 영토를 차지했다는 결론입니다.

우리는 어긋난 정복 전쟁을 통해 두 가지 교훈을 얻을 수 있습니다.

첫째, 이스라엘 백성보다 가나안 족속이 더 열심입니다.

이는 곧 믿지 않는 자들이 우리 믿는 자들보다 더 열심이라는 것입니다. 선한 사람보다 악한 사람들이 더 열심을 냅니다. 교회를 허물려는 여우가 교회를 지키려는 자들보다 더 열심입니다. 심지어 **도둑도 얼마나 열심히 일하는지 모릅니다. 저는 도둑의 열심에 관한 다음의 글을 읽고 적잖이 도전받았습니다.**

"밤늦도록 일한다. 목표한 일을 끝내지 못하면 다음 날 밤에 또다시 도전한다. 함께 일하는 동료의 행동을 자기 자신의 일처럼 느낀다. 적은 소득에도 목숨을 건다. 시련과 위기를 견뎌 낸다. 그런 건 아무런 문제가 안 된다. 지금 자기가 무슨 일을 하고 있는지 잘 알며, 그 일에 최선을 다한다."

그렇다면 믿음의 사람들이 이들보다 열심히 하지 않는 이유가 무엇입니까? '하나님이 다 알아서 해 주시겠지'라는 잘못된 믿음으로 교묘하게 소극적인 태도를 보이기 때문입니다.

둘째, 편안함이 순종을 짓밟는다는 것입니다.

가나안 정복에 나선 이스라엘은 가나안 족속을 몰아내는 것보다 **경제적 이익**을 얻기에 급급했습니다. 그들을 쫓아내지 않고 노예로 삼아 그들의 노동력을 착취했습니다. 그들을 진멸하라는 하나님의 명령에 순종하지 않았습니다. 그저 옆에 두고 필요할 때 노동을 시키는 편안함을 택했습니다. 편함을 선택하느라 말씀을 거역했습니다.

미국 기독교계 여론조사 기관인 라이프웨이 리서치(Lifeway Research)가 2021년에 목회자 대상으로 조사한 이 시대의 가장 큰 잠재적 우상은 '안락함'이었습니다. 돈이 55%, 권력이나 보장이 56%였는데, 안락함이 67%였습니다. '안락함'이 성도를 유혹하는 가장 큰 힘으로 등장한 것입니다.

[그림] 교회에 영향을 미칠 수 있는 이 시대의 가장 큰 잠재적 우상 (중복응답, %)

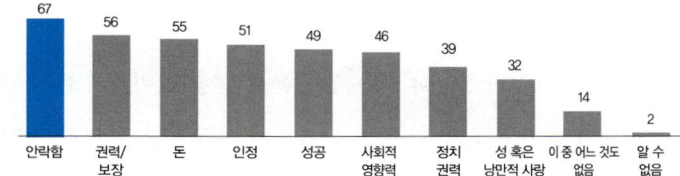

* 자료 출처 : Lifeway research, Pastors' Views on Modern Day Idols, 2022.08.09 (미국인 개신교 목회자 1,000명 대상, 전화조사, 2021.09.01~30)

열심을 품고 순종의 길, 믿음의 길을 가야 합니다

여호와의 사자가 길갈에서부터 보김으로 올라와…… _삿 2:1a

길갈은 이스라엘이 요단강을 건너고, 할례를 행하고, 유월절을 지킨 곳입니다. 무엇보다 여호수아가 하나님의 명령을 받고 가나안 점령을 이끈 곳입니다. 승리와 축복과 순종을 상징하는 곳이 길갈입니다. 반대로 보김은 눈물과 통곡의 현장입니다(삿 2:4~5).

그렇다면 여호와의 사자는 왜 은혜의 땅 길갈에서 눈물의 땅 보김으로 올라왔을까요? 이스라엘이 자기 소견에 옳은 대로 행했기 때문입니다. 그들의 불순종이 가시와 올무가 되어서 이스라엘이 눈물을 흘리며 후회할 수밖에 없음을 의미합니다.

너희는 이 땅의 주민과 언약을 맺지 말며 그들의 제단들을 헐라 하였거늘 너희가 내 목소리를 듣지 아니하였으니 **어찌하여 그리하였느냐**_삿 2:2

"어찌하여 그리하였느냐"라는 말씀은 불순종한 이스라엘 백성을 향한 하나님의 탄식입니다. 이 또한 하나님의 딜레마입니다. 자기 백성을 살리자니 하나님의 공의가 설 수 없고, 공의를 세우자니 자기 백성을 심판해야 하는 상황입니다. 그러니 하나님이 얼마나 안타까우셨겠습니까?

그러므로 내가 또 말하기를 내가 **그들을 너희 앞에서 쫓아내지 아니하리니 그들이 너희 옆구리에 가시가 될 것이며 그들의 신들이 너희에게 올무가 되리라** 하였노라_삿 2:3

하지만 하나님은 어떤 분이신가요? 제가 호세아서 말씀을 묵상할 때 주셨던 본문입니다.

5 그들은 애굽 땅으로 되돌아가지 못하겠거늘 내게 돌아 오기를 싫

어하니 앗수르 사람이 그 임금이 될 것이라 6 칼이 그들의 성읍들을 치며 빗장을 깨뜨려 없이하리니 이는 그들의 계책으로 말미암음이니라 …… 8 에브라임이여 **내가 어찌 너를 놓겠느냐** 이스라엘이여 **내가 어찌 너를 버리겠느냐** 내가 어찌 너를 아드마 같이 놓겠느냐 어찌 너를 스보임 같이 두겠느냐 내 마음이 내 속에서 돌이키어 나의 긍휼이 온전히 불붙듯 하도다 …… 11 그들은 애굽에서부터 새 같이, 앗수르에서부터 비둘기 같이 떨며 오리니 내가 그들을 그들의 집에 머물게 하리라 나 여호와의 말이니라 _호 11:5~6, 8, 11

하나님은 이 딜레마를 어떻게 푸셨습니까? 결국 십자가입니다. 십자가를 통해 우리의 죄를 예수님에게 전가(imputation)하시고, 대신 그분의 의를 우리에게 돌리셨습니다. 예수님의 십자가로 이 딜레마를 해결하신 것입니다.

하나님이 죄를 알지도 못하신 이를 우리를 대신하여 죄로 삼으신 것은 우리로 하여금 그 안에서 하나님의 의가 되게 하려 하심이라
_고후 5:21

따라서 우리는 그분 앞에서 다시 길갈로 돌아가는 결단을 해야 합니다. 용기 내어 열심을 품고 부흥을 꿈꾸며 순종의 길, 믿음의 길을 갑시다.

적용질문

† 다 이긴 게임을 망친 적이 있습니까?

† 사사기를 신명기적 사관으로 해석해야 한다는 말은 무슨 뜻입니까 (삿 2:1~2; 신 7:2, 5, 12, 8:19)?

† 아홉 지파의 가나안 정복 이야기를 정리해 봅시다.
  ① 유다(삿 1:8, 18~19) _____
  ② 베냐민(삿 1:21) _____
  ③ 요셉(삿 1:22) _____
  ④ 므낫세(삿 1:28) _____
  ⑤ 에브라임(삿 1:29) _____
  ⑥ 스불론(삿 1:30) _____
  ⑦ 아셀(삿 1:31) _____
  ⑧ 납달리(삿 1:33) _____
  ⑨ 단(삿 1:34) _____

† 하나님의 딜레마를 사사기 2장 2절에서 어떻게 표현하고 있습니까 (호 11:5~6)?

† 예수님은 이 딜레마를 어떻게 푸십니까? 그 은혜를 함께 나누어 봅시다 (삿 2:3~5; 고후 5:21).

Chapter
3

죄의 사슬 끊어 내기

사사기 2장 6~23절

역사가 아놀드 토인비(Arnold Toynbee)는 『역사의 연구』에서 "지난 세계의 역사 속에 23개의 문명이 발생했다"라고 말했습니다. 그리고 그 문명들의 성장과 쇠퇴, 해체에 대한 과정을 언급하면서, "19개의 문명이 현재의 미국과 같은 도덕 수준에 도달했을 때 멸망했다"라고 지적했습니다. 그러면서 '자기 우상화'를 창조성의 가장 큰 적으로 보았습니다.

"자기 우상화는 생명의 본질인 도전과 응전을 거쳐 다시 새로운 도전을 향해 끝없이 계속되어 가는 운동 가운데 어떤 정지된 국면에서 취하는 자기 인격 또는 사회의 우상화라고 할 수 있다."

저는 토인비가 말하는 '자기 우상화'야말로 자기 소견에 옳은 대로 행하던 사사 시대의 특징이라고 생각합니다. 이것이 '죄의 악순환(evil cycle)'이 되어 각각의 문명들이 멸망하게 된 것이 아닌가 합니다. 토인비는 이 책에서 이스라엘의 역사도 언급하며 다음과 같이 비판했습니다.

"유대 지도자들이 선민의식으로 말미암아 자기 우상화에 빠져서 성전과 율법 중심의 사회를 변화시키고자 한 예수의 도전에 창조적인 반응을 하지 못했다. 그래서 망했다."

그렇다면 유대 지도자들은 왜 자기 우상화에서 빠져나오지 못했을까요? 저는 본문에서 세 가지 이유를 찾았습니다.

첫째, '배도(apostasy)'입니다.

11 이스라엘 자손이 여호와의 목전에 악을 행하여 바알들을 섬기며 12 애굽 땅에서 그들을 인도하여 내신 그들의 조상들의 하나님 여호와를 버리고 다른 신들 곧 그들의 주위에 있는 백성의 신들을 따라 그들에게 절하여 여호와를 진노하시게 하였으되 _삿 2:11~12

사사기에는 "여호와를 '버리고(abandoned, forsook)' 다른 신들을 '따랐다(went after, followed)'"라는 표현이 계속 등장합니다. 이스라엘 자손이 망하는 길인 줄도 모르고 이런 악순환을 반복했다는 것입니다. 사사기가 바로 이 역사의 기록입니다.

둘째, '안락(complacency)'입니다.

앞서 이스라엘은 가나안 정복을 마치 '따 놓은 당상'으로 여겼습니다. 그러면서 이 핑계, 저 핑계를 대며(자기 소견에 옳은 대로) "몰아내라"는 가나안 족속을 진멸하지 않았습니다. 오히려 그들을 곁에 두고 노예로 부리면서 자기들은 안락을 추구했습니다. 안락함을 선택하고 말씀에 불순종한 것입니다.

셋째, '방치(neglect)'입니다.

그 세대의 사람도 다 그 조상들에게로 돌아갔고 **그 후에 일어난 다른 אַחֵר 세대הַדּוֹר는** 여호와를 알지 못하며 여호와께서 이스라엘을 위하여 행하신 일도 알지 못하였더라_삿 2:10

이스라엘 자손이 하나님을 버렸으니(forsook), 그 자녀들 역시 하나님을 버렸다는 것입니다. 내가 다른 신을 따르면 내 자녀가 바알과 아세라에 매혹되는 것은 너무나 당연한 일입니다. 그런데 사사기는 그 후에 일어난 세대를 일컬어 '다음 세대(next generation)'가 아니라 '다른 세대(another generation)'라고 기록하고 있습니다. 부모와는 결이 다른 별개의 세대가 되었다는 것입니다.

교회에 잘 다니던 아이들이 성인이 되면서 교회를 떠나는 경우가 많습니다. 라이프웨이 리서치에서 23~30세 미국의 청년을 대상으로 '교회를 떠난 이유'에 대해 다음과 같이 조사한 결과를 발표했습니다.

"교회 출석을 중단한 미국 젊은이들 대부분이 생활의 변화(96%)를 그 이유로 꼽았다. 그다음은 교회나 목사 문제(73%), 종교, 윤리, 정치적 신념(70%)이 뒤따랐다. 교회 출석을 그만두는 가장 흔한 이유는 대학 진학(34%)이었고, 교회 구성원의 정죄와 위선적인 모습(32%), 교회 구성원과 연결되어 있다는 느낌을 받지 못해서(29%), 정치·사회 문제에 대한 견해 차이(25%), 직업 및 근무 여건상(24%) 등으로 나타났다.

하지만 모든 청소년이 성인이 된다고 해서 교회를 떠나는 것은 아니다. 34%는 22세까지 한 달에 두 번 이상 꾸준히 교회에 참석했다. 교회에 남은 청년들은 교회를 삶의 중요한 부분으로 여겼다. 교회에 남은 이유로 절반 이상이 교회가 하나님과의 관계에서 중요한 부분이라서(56%), 일상생활에서 교회의 인도를 받기 원해서(54%)라고 응답했다. 43%는 부모나 다른 가족의 모범을 따르고 싶다고 답했다."

미국 최대 기독교 리서치 기관인 바나 그룹(Bana Group)도 젊은 크리스천들이 교회를 떠나는 6가지 이유에 대한 설문 조사 결과를 발표한 적이 있습니다.

"첫째, 교회가 세상에 지나치게 방어적이기 때문이다. 둘째, 청년들이 기독교에 대한 경험이 얕기 때문이다. 셋째, 교회가 과학에 대해 적대적이기 때문이다. 넷째, 성(性)과 관련한 인식이 단순하거나 율법적이기 때문이다. 다섯째, 기독교의 배타성 때문이다. 여섯째, 교회는 신앙을 의심하는 사람에게 우호적이지 않기 때문이다."

그래서 제가 사역하는 베델교회는 다음 세대 사역에 더욱더 힘을 기울이고 있습니다. 이질적인 비신앙의 '다른 세대', 곧 하나님을 모르고 배반하는 다른 세대가 아니라 하나님을 사랑하고 두려워하는 '다음 세대'를 일으키기 위해 부단히 애쓰고 있습니다. 코로나19 팬데믹 때도 다음 세대를 위한 온라인 예배와 성경 공부에 중점을 두었습니다. 당시 적지 않은 교회들이 이런저런 이유로 온라인 예배를 드리지 못했는데, 타 교회 교인들이 베델교회 온라인 예배를 많이 찾았다고 들었습니다.

그때 저희는 '다음 세대를 위한 학교'를 시작했습니다. 교육관 시설이 부족해서 교회 식당을 유년부 예배실로 개조했습니다. 팬데믹 이후 자녀를 둔 젊은 성도들이 교회에 왔을 때 가장 좋아한 것이 '널찍한 예배실'이었다고 했습니다. 그리고 성가대 연습실을 중등부 예배실로 꾸몄습니다. 이로써 중등부와 고등부가 따로 예배할 수 있는 공간이 마련되었습니다.

이 일을 위해 어른 세대는 불편을 감수하기도 했습니다. 식당이 없어지는 바람에 교회에서 식사를 못 하게 되었는데, 대신 카페 문화에 잘 적응해 주셨습니다. 또 성가대 연습실이 없어져서 큰 어려움이 있었지만, 각부 성가대와 오케스트라를 통폐합해서 연습에 차질이 없게 했습니다. 또한 예배 때 찬양 순서와 내용을 각 세대에 맞추어 바꿨습니다. 이를 위해 교회 리더십이 큰 결정을 내리고, 애를 많이 써 주었습니다. 이후 주위에서 저희 교회 2, 3부 주일예배를 벤치마킹했다는 이야기도 들었습니다.

교회 안에 넓은 식당이 있으면 얼마나 좋습니까? 예배 때마다 화려한 성가대가 서면 좋을 것입니다. 그러나 저는 담임목사로서 그보다 다음 세대를 선택했습니다. 다음 세대에게 올바른 신앙 가치관을 심어 주기 위해 최선의 결정을 내린 것입니다. 교회 리더십도 이에 동의해 주어서 가능한 일이었습니다.

그래서일까요? 코로나19 펜데믹 직후 2년간 출석 통계를 보면 성인은 12.5% 감소했지만, 교회 학교 참석 인원은 45% 증가했습니다. 정말 놀라운 일입니다.

16 여호와께서 사사들을 세우사 노략자의 손에서 그들을 구원하게 하셨으나 17 그들이 그 사사들에게도 순종하지 아니하고 오히려 **다른 אֱלֹהִים 신들을 따라가** 음행하며 그들에게 절하고 여호와의 명령을 순종하던 그들의 조상들이 행하던 길에서 속히 치우쳐 떠나서 그와 같이 행하지 아니하였더라 _삿 2:16~17

우리의 다음 세대가 다른 신들을 따르는 다른 세대가 되지 않게 하려고 베델교회는 다음 세대를 위한 결정을 하고 여기까지 왔습니다. 좀 불편해졌지만, 이 일을 감내했습니다. 다음 세대를 위해 안락을 택하기보다는 믿음을 택하는 성도들이 자랑스럽습니다. 우리는 계속 믿음의 선택을 하기 위해 부단히 노력할 것입니다.

러시아의 저명한 작가이자 옛 소련의 반체제 인사인 알렉산드르 솔제니친을 아실 것입니다. 1978년, 그는 하버드대학교 졸업식 연설자로 나서서 이런 말을 했습니다.

"50년 전, 내가 아직 어릴 적에 어른들이 '왜 러시아가 망했는지' 그 이유를 설명해 주던 것을 기억한다. 어른들은 '사람들이 하나님을 망각했다. 그것이 우리가 망한 이유이다'라고 하셨다. 그 이후 나는 50년 역사 속에서 수백 권의 책을 읽고, 수백 명의 기록을 모으고, 8권의 책에 그것들을 정리했다. 그러나 누가 오늘 나에게 '6천만의 백성을 삼켜버린 파괴적 혁명의 주요 원인이 무엇이었느냐?'라고 질문한다면, 나는 50년 전 나이 드신 어른들에게 들었던 '사람들이 하나님을 망각했기 때문'이라는 말씀보다 더 정확하게 말할 수 없을 것 같다."

하나님을 망각한다면 망할 수밖에 없습니다. 사사기는 이 사실을 열두 사사를 통해 반복해서 알려 줍니다. 죄의 악순환을 어떻게 끊어 낼 수 있을까요? **하나님은 이 백성을 과연 어떻게 구원하실까요?** 16절에 "여호와께서 **사사들을 세우사** 노략자의 손에서 그들을 구원하게 하셨으나"라고 했습니다. 하나님이 세우신 열두 명의 사사는 완벽한 사람들이 아니었습니다. 삼손을 생각해 봐도 부족하기 짝이 없는 사람입니다. 하지만 하나님께서 이들을 통해 보여 주시는 예표(prototype message)가 있습니다. 멸망으로 가는 이들을 회복하기 위해 사사를 보내셨던 것처럼, 우리를 구원하시기 위해 하나님께서 아들 예수 그리스도를 보내기로 결정하셨습니다.

> 아들을 낳으리니 이름을 예수라 하라 이는 그가 자기 백성을 그들의 죄에서 구원할 자이심이라 하니라_마 1:21

> 그가 우리를 흑암의 권세에서 건져내사 그의 사랑의 아들의 나라로 옮기셨으니_골 1:13

우리가 하나님을 버릴지라도 하나님은 결코 우리를 버리지 않으십니다. 이것이 사사를 보내시는 하나님의 마음입니다. 하나님은 우리와 끝까지 함께하십니다.

부모의 마음을 한번 생각해 보십시오. 아무리 말을 안 듣는 자식이라도 자녀가 아프면 밤에 잠을 못 자고 옆을 지키는 게 부모입니다.

한번은 새벽기도를 드리는 데 제 뒤에서 암에 걸린 아들을 위해 한 어머니가 부르짖으며 기도하는 소리가 들렸습니다. "하나님, 제가 대신 아플게요. 우리 아들 살려 주세요. 저에게 남은 생명이 5년 있으면 아들에게 주세요. 차라리 저를 데려가세요!" 제가 그 기도를 듣다가 눈물이 났습니다. 하나님의 마음이 이와 같습니다. 우리 대신 아파하시고 우리를 낫게 해 주십니다. 우리는 대신 죽고 싶어도 할 수 없지만, 하나님이 그 일을 하십니다.

> 그가 찔림은 우리의 허물 때문이요 그가 상함은 우리의 죄악 때문이라 그가 징계를 받으므로 우리는 평화를 누리고 그가 채찍에 맞으므로 우리는 나음을 받았도다 _사 53:5

이 말씀이 악순환이 반복되는 사사기의 사슬을 끊어내는 유일한 방법입니다. 우리의 구원자 예수 그리스도가 그 일을 하신다는 것입니다.

미국의 포크 록 듀오 '사이먼 앤 가펑클(Simon And Garfunkel)'이 부른 〈Patterns〉이라는 노래에 이런 가사가 있습니다.

"······Like a rat in a maze, the path before me lies, and the pattern never alters until the rat dies(미로 속 쥐처럼 내 앞에 길이 놓여 있고, 그 길의 패턴은 쥐가 죽을 때까지 변하지 않네)."

생쥐는 죽기 전에 자기 악순환의 길(pattern)을 바꾸지 못합니다. 우리 인생도 마찬가지입니다. 우리에게는 바뀌지 않는 죄성이 있습니다. 이것을 어떻게 끊어 낼까요? 생쥐가 죽어야 그 패턴이 바뀐다고 합니다. 그 일을 우리 주님이 하신 것입니다. 우리에게는 예수 그리스도가 있습니다. 예수님은 우리 죄를 대신 담당하시고, 십자가에 그 죄를 못 박으십니다. 죄가 죽어야 악순환의 패턴을 바꿀 수 있습니다. 그 역사가 십자가 사건 아닙니까? 십자가로 그 악순환의 패턴을 끊어 버린 것입니다.

> 그럴 수 없느니라 죄에 대하여 죽은 우리가 어찌 그 가운데 더 살리요_롬 6:2

우리 주 예수 그리스도의 이름으로 잘못된 패턴을 끊어 낼 수 있습니다. 이 믿음으로 사사 시대를 방불하는 죄악의 악순환을 끊어 낼 줄 믿습니다. 가정과 공동체에서 끊임없이 반복되는 악순환의 사슬을 다음 세대를 위해 예수 그리스도의 이름으로 끊어 내길 원합니다. 그래서 이 시대 구원의 방주로, 우리 모두 주님이 오실 때까지 진리의 빛을 발하는 진리의 기둥이 되기를 축복합니다.

적용질문

† 교훈을 얻고도 반복해서 나타나는 죄악의 모습은 없습니까? 가정과 공동체에 스며든 죄악 된 습관이 있다면 무엇입니까?

† 사사기에 나타나는 반복되는 죄의 모습을 세 가지로 정리하고, 반성과 회개로 하나님 앞에 나아갑시다.
- _____ (삿 2:11~12)
- _____ (삿 1:19~21, 26)
- _____ (삿 2:10~12)

- 교회가 다음 세대를 위해 결정한 일이 주의 은혜를 힘입어 믿음의 세대를 일으키도록 기도합시다.

† 죄악의 사슬을 끊어 내기 위해 하나님은 사사를 보내 백성을 구원하려고 하셨습니다. 다음 구절을 보면서 우리의 구원에도 적용해 봅시다.

- "아들을 낳으리니 이름을 예수라 하라 이는 그가 자기 백성을 그들의 죄에서 (   )할 자이심이라 하니라"(마 1:21).
- "그가 우리를 흑암의 권세에서 (   ) 그의 사랑의 아들의 나라로 옮기셨으니"(골 1:13).
- "그가 찔림은 (   )의 허물 때문이요 그가 상함은 (   )의 죄악 때문이라 그가 징계를 받으므로 (   )는 평화를 누리고 그가 채찍에 맞으므로 (   )는 나음을 받았도다"(사 53:5).

Chapter

4

전쟁을 알지 못하는
자들에게

사사기 3장 1~6절

시험의 목적

저는 이민자의 아들입니다. 제가 어릴 적 부모님이 미국 이민을 오실 때 함께 왔습니다. '형제 사랑의 도시(City of Brotherly Love)'라는 별명을 가진 필라델피아에 이민을 와서 다른 가족은 아직 그곳에 살고 있습니다. 저희 부모님은 소위 음악인이십니다. 아버지는 성악을 하시고 어머니는 피아노를 전공하셔서 저는 체르니와 하농을 입으로 뗄 정도로 음악이 친숙한 환경에서 자랐습니다. 부모님은 교회에서도 평생 성가대를 섬기셨습니다.

당시 부모님은 삼 남매를 한국에서 교육하기가 만만치 않으셔서 이민을 결심하셨다고 합니다. 물론 낯선 땅 미국에 정착하기란 정말 녹록지 않았습니다. 음악을 하시던 부모님이 돈을 벌기 위해 봉제공장에 들어가 밤낮없이 일하셨습니다. 그렇게 푼푼이 모은 돈으로 조그만 아이스크림 가게를 열었는데, 권총 강도를 만나기도 했습니다. 그 트라우마로 가게 문을 닫을 때마다 경찰에게 에스코트를 받는 등 헤아릴 수 없는 아픔을 겪었습니다.

그뿐만이 아닙니다. 밤늦게까지 가게를 운영하시느라 늦은 저녁을 먹고 그제야 가정예배를 드리기 위해 피곤한 몸을 이끌고 모이던 시절도 있었습니다. 부모님은 새벽에 가게 문을 열고 공휴일에도 가게를 여는 성실함으로 일하셨습니다. 하루하루 힘겹게 살다 보니 눈물 없이는 찬송과 기도를 드릴 수가 없었습니다. 시험에 들지 않은 날이 하루도 없었습니다. 하지만 몸과 마음이 무너질 것 같은 상황에서도 눈물로 예배하며 다시 일어난 기억들이 생생합니다. 이렇게 하나님께서 한국 이민자들에게 아픔과 슬픔을 통해 훈련하시던 날들이 있었습니다. 만만치 않은 전쟁과 같은 시간이었습니다.

사사 시대도 마찬가지였습니다. 하나님이 낯선 땅, 가나안에 들어간 이스라엘 백성에게 허락하신 환경과 시험이 있었습니다. 하나님은 "나도 여호수아가 죽을 때에 남겨 둔 이방 민족들을 다시는 그들 앞에서 하나도 쫓아내지 아니하리니 이는 이스라엘이 그들의 조상들이 지킨 것 같이 나 여호와의 도를 지켜 행하나 아니하나 **그들을 시험하려 함이라**"(삿 2:21~22)고 하셨습니다. 이스라엘의 반쪽짜리 신앙과 헌신에 하나님이 이방 민족을 그대로 두겠다고 하십니다. 그것이 가시요, 올무가 될 거라고 하십니다. 그런데 그 이유가 이스라엘을 시험하기 위함이라고 하십니다. 합력하여 선을 이루시는 하나님의 작전이 있다는 것입니다. 그래서 가시와 올무의 용도변경이 일어납니다. 그렇다면 이 시험의 목적은 무엇일까요?

첫째, 전쟁을 알지 못하는 다음 세대들의 믿음을 '시험하기 위함'입니다

여호와께서 가나안의 모든 전쟁들을 알지 못한 이스라엘을 시험하

려 하시며_삿 3:1

하나님께서 "이방 민족들을 다시는 그들 앞에서 하나도 쫓아내지 아니하리니"(삿 2:21)라고 말씀하신 것은 이스라엘 백성에게 이방인을 데리고 잘 먹고 잘살라는 것이 아닙니다. 그들을 통해 이스라엘 백성의 진짜 중심을 확인하고 훈련하시기 위함입니다. 하나님은 우리의 시험 출제자이십니다. 우리에게도 이 같은 시험을 내십니다. 결코 면제시켜 주지 않으십니다. 우리는 반드시 시험을 치르고 통과해야 합니다.

하지만 이스라엘 백성이 볼 때는 어떻습니까? 이왕이면 나보다 나은 사람을 통해 훈련받으라면 달게 받겠는데, 저런 형편없는 이방 족속을 통해 훈련을 받으라니요? 할례도 받지 않은 나라를 통해 훈련받는 것이 이해되겠습니까?

앞선 신명기에도 시험에 관한 말씀이 나옵니다. 출애굽 이후 광야 길을 가는 이스라엘 백성에게 주신 말씀입니다.

2 네 하나님 여호와께서 이 사십 년 동안에 네게 광야 길을 걷게 하신 것을 기억하라 이는 너를 낮추시며 너를 시험하사 **네 마음이 어떠한지** 그 명령을 지키는지 지키지 않는지 알려 하심이라 You shall remember all the way which the LORD your God has led you in the wilderness these forty years, that He might humble you, testing you, to know what was in your heart, whether you would

keep His commandments or not. [NASB] 3 너를 낮추시며 너를 주리게 하시며 또 너도 알지 못하며 네 조상들도 알지 못하던 만나를 네게 먹이신 것은 사람이 떡으로만 사는 것이 아니요 여호와의 입에서 나오는 모든 말씀으로 사는 줄을 네가 알게 하려 하심이니라
_신 8:2~3

하나님은 믿음의 조상 아브라함도 시험하셨습니다.

1 그 일 후에 하나님이 아브라함을 시험하시려고 그를 부르시되 아브라함아 하시니 그가 이르되 내가 여기 있나이다 2 여호와께서 이르시되 네 아들 네 사랑하는 독자 이삭을 데리고 모리아 땅으로 가서 내가 네게 일러 준 한 산 거기서 그를 번제로 드리라_창 22:1~2

여러분은 하나님이 무엇으로 아브라함을 시험하셨는지 아실 것입니다. 하나님은 아브라함에게 100세에 얻은 아들 이삭을 번제의 제물로 바치라고 하십니다. 여러분은 이런 하나님의 명령이 이해됩니까? 하나님은 "생사람을 잡아 제물로 드리라"고 명하시는 분이 아니지 않습니까? 하지만 이 명령은 이삭을 번제물로 받으시려는 것이 목적이 아닙니다. 아브라함의 중심을 확인하기 위해서입니다. 이해되지 않는 일을 마주하면 하나님의 시험이란 것을 알아야 합니다. 여러분의 마음이 어디에 있는지 테스트하시려는 것입니다. 아브라함에게 이 일은 부활을 믿게 하시려는 시험 문제입니다.

2022년 다니엘 기도회에서도 이 말씀을 전한 적이 있습니다. 아브라함이 '네 독자(only son) 이삭을 제물로 바치라'는 시험을 받았듯이 우리 안에도 하나님께 바쳐야 할 저마다의 '독자(only son)'가 있습니다. 하나밖에 없는 나의 소유, 절대 끊지 못하는 나의 우상과 집착과 아집을 번제로 드려야 합니다. 그리하면 하나님이 반드시 "네가 네 아들 네 독자까지도 내게 아끼지 아니하였으니 내가 이제야 네가 하나님을 경외하는 줄을 아노라"(창 22:12)고 하실 것입니다. 하나님이 우리를 시험하시는 목적이 여기에 있습니다.

한 목사님이 이런 간증을 나누셨습니다. 어느 날 이웃이 운전하다가 잘 주차되어 있던 목사님 차를 들이받았다고 합니다. 차가 제법 망가지는 바람에 수리하는 데 시간이 꽤 걸린다고 했습니다. 그래서 차가 없는 동안 렌터카도 이용했습니다. 그런데 몇 주 후였습니다. 사고 낸 이웃이 다짜고짜 전화해서는 "사람이 양심이 있지, 얼마나 청구했길래 보험료가 이렇게 올라갔냐!" 버럭 성질을 부리고 야단을 치더랍니다. 처음에는 왜 이러나 싶어 당황스러웠습니다. 하지만 그때 '마음을 연단하시는 하나님'께서 주시는 감동이 있어서 이 목사님이 "얼마나 보험료가 올랐나요?" 하고 차분히 물었습니다. 그랬더니 그 이웃이 "1,000달러 올랐다"고 해서 "그러면 제가 보내 드리겠습니다"라고 했답니다.

그런데 그때부터 갑자기 그 이웃의 말투가 바뀌었습니다. "네? 선생님, 꼭 그러시라는 말은 아니고요······." 하지만 이 목사님은 그 이웃에게 "오른 보험금의 반이라도 보내 드리겠습니다"라고 했습니다

다. 그랬더니 그 돈은 바로 받더랍니다.

　신앙인의 고민이 바로 여기에 있습니다. 하박국 선지자 역시 '왜 하나님은 이스라엘보다 더 패역한 갈대아 사람, 바벨론을 들어서 하나님의 택한 백성을 힘들게 하실까?'라는 의문을 품었습니다. 그때 하나님이 주신 말씀이 무엇입니까?

　　보라 그(바벨론)의 마음은 교만하며 그 속에서 정직하지 못하나 의인은 그의 믿음으로 말미암아 살리라 _합 2:4

　그렇습니다. "잘못한 것 하나 없고 억울해도 악을 악으로 갚지 말자. 선으로 갚자!" 이것이 믿음으로 말미암아 사는 것입니다.
　그 목사님도 피해 본 것만 생각하면 1,000달러든 500달러든 왜 자신이 부담합니까? 가해자인 이웃과 똑같이 싸웠더라면 500달러를 안 줬을 것입니다. 하지만 이 목사님은 500달러 때문에 신앙인의 위엄을 무너뜨리지 않았습니다. 내 마음을 연단하시는 하나님 앞에서 믿음으로 사는 길을 택한 것입니다. 하나님은 이처럼 우리의 믿음 수준을 보려고, 우리가 얼마나 순종하는지 알기 위해 시험하십니다.

둘째, 전쟁을 알지 못하는 세대에게
하나님을 의지하는 '믿음을 가르치기 위함'입니다

이스라엘 자손의 세대 중에 아직 전쟁을 알지 못하는 자들에게 그것을 가르쳐 알게 하려 하사 남겨 두신 이방 민족들은_삿 3:2
1 There are the nations the LORD left…… 2 (he did this only to teach warfare to the descendants of the Israelites who had not had previous battle experience). [Judges 3:1~2, NIV]

아직 전쟁을 알지 못하는 이스라엘 자손의 세대에게 하나님이 가르쳐 주신다는 '그것'이 무엇입니까? 전쟁 기술이 담긴 손자병법이 아닙니다. 전쟁 가운데 하나님을 의지하는 믿음입니다. 다시 말해, 이것은 순종 테스트입니다.

남겨 두신 이 이방 민족들로 이스라엘을 시험하사 여호와께서 모세를 통하여 그들의 조상들에게 이르신 **명령들을 순종하는지 알고자** 하셨더라_삿 3:4

출애굽 후 광야에서 훈련받았던 이스라엘 백성입니다. 그리고 전적으로 하나님을 의지하여 얻은 승리가 가나안 땅 정복의 첫 관문인 여리고 성 전투였습니다. 그때 이스라엘이 어떤 명령에 순종했습니까? 난공불락의 여리고 성을 "하루에 한 바퀴씩, 7일째는 일곱 바퀴를 돌라"는 것이었습니다.

출애굽해서 요단강을 넘어온 백성이 적어도 200만 명, 싸울 능력을 갖춘 장정들만 성 주위를 돌았다고 해도 그 수가 엄청났을 것입니다. 그런데 여호수아 6장에 어떻게 기록되어 있습니까?

> 10 여호수아가 백성에게 명령하여 이르되 너희는 외치지 말며 너희 음성을 들리게 하지 말며 **입에서 아무 말도 내지 말라** 그리하다가 내가 너희에게 명령하여 외치라 하는 날에 외칠지니라 하고 11 여호와의 궤가 **그 성을 한 번 돌게 하고 그들이 진영으로 들어와서 진영에서 자니라**_수 6:10~11

이것이 가능한 일입니까? 물론 대부분 하나님의 명령대로 순종하며 하나님을 의지했을 것입니다. 하지만 자기 생각을 버리지 못하고 "말도 안 돼!", "정신 나갔군!" 하고 불평한 사람이 있지 않았을까요?

그럼에도 결국에는 불평하는 자를 다독이고 "쉿! 조용히!" 하면서 모두가 합심하여 하나님의 명령에 순종했을 것입니다. 그리고 마지막 날 일곱 바퀴를 돌고 함성을 지르는 순간, 여리고 성이 무너지는 모습을 보면서 '순종이 제사보다 낫구나. 순종하니까 하나님이 싸워 주시는구나!' 하지 않았겠습니까. 이처럼 하나님의 약속이 성취되는 것을 보면서 나름 믿음으로 가나안을 정복했던(occupying) 이스라엘입니다.

그런데 사사기가 시작되는 시점, 곧 '여호수아가 죽은 후에' 그 믿음이 어느새 시들해졌습니다. 그래서 하나님은 남겨 둔 이방 민족을 사용하셔서 이스라엘이 더욱 하나님을 의지하게 하십니다. 이방 민족을 그대로 두신 이유가 여기에 있습니다. 남겨 놓은 가시와 올무인 이방인을 통해 내 안에 숨어 있는 우상들을 보게 하시고, 우상과 싸워 이길 수 있는 믿음을 가르치시기 위함입니다.

저는 한국전쟁을 겪지 않은 세대입니다. 그러니 전쟁을 모르는 세대라고 할 수 있을 것입니다. 당연히 우리 다음 세대도 전쟁을 모르는 세대입니다. 제 친구 목사가 제일 듣기 싫은 얘기가 자신의 아버지가 "나 6·25 때 말이야……"라고 운을 떼우며 하는 말이랍니다. 그런데 오늘 말씀을 보니까 전쟁을 모르는 세대에게 전쟁을 알려 준다고 합니다. 우리에게도 끝나지 않은 전쟁이 있기 때문입니다. 오늘도 우리가 맞닥뜨려야 할 영적 전쟁이 우리 앞에 살벌하게 벌어지고 있습니다.

여러분, 전쟁을 치러 본 적도 없고, 눈으로 본 적도 없고, 그래서 전쟁이 뭔지 모른다고 해서 우리 인생에 전쟁이 없습니까? 끊임없이 잃고 싶지 않은 나의 '독자(only son)'에 대한 전쟁이 있습니다. 이 전쟁은 혈과 육을 상대하는 게 아닙니다. 사도 바울은 "어둠의 세상 주관자들과 하늘에 있는 악의 영들을 상대함이라"(엡 6:12)고 했습니다. 그러니 하나님의 말씀으로 이겨야 합니다. 우리 대신 시험을 통과하신 예수 그리스도의 순종을 따라 오늘 마주하는 우상과의 전쟁을 믿음으로 승리합시다.

영국의 버나드 로 몽고메리 장군은 제2차 세계대전 연합군 사령관으로 롬멜이 이끄는 독일군을 꺾어 연합군의 승리에 결정적 계기를 마련했습니다. 그 유명한 노르망디 상륙작전도 그가 지휘한 것입니다. 그는 『전쟁의 역사』의 서문에 이런 글을 남겼습니다.

"전쟁사에는 (단순히 피로 얼룩진 역사가 아니라) 인간의 품성과 문화, 정치, 종교, 과학, 한 시대를 지배한 그 시대 정신과 시대의 흐름이 담겨 있다. ……그러나 이 방대한 전쟁사(9천 년 역사를 아우르며 도요토미 히데요시와 이순신 장군도 나온다)를 통해 결코 전쟁을 찬양하고자 하는 것이 아니다. 인간과 인간의 역사를 깊이 이해하기 위해서는 전쟁을 이해해야 하며, 이 전쟁에 대한 이해를 바탕으로 결국 도달하고자 하는 것은 '평화'라는 이상이다. ……진정한 군인은 타인을 적으로 삼지 않고, 인간 내면의 야수를 적으로 삼는다. 한 군인으로서 나는 희망한다. 황금빛 노을이 지고, 반목과 싸움을 잠재우는 소등나팔 소리가 울리는 그 날이 오기를, 이윽고 찬란한 태양이 솟아오르며 세계 온 나라의 친선과 평화를 깨우는 기상나팔이 울리는 그 시대가 오기를……."

결국 전쟁의 이유가 '평화'라는 이상에 도달하기 위해서라고 밝힌 것입니다. 그런 의미에서 하나님이 치열한 영적 전쟁에서 승리하라고 하시는 이유를 생각해 볼 수 있습니다. 우리 대신 싸워 이겨 주신 예수 그리스도로 말미암아 우리에게 약속하신 '샬롬'이라는 나라에 입성하기 위함이라는 것을 분명히 가르쳐 줍니다.

크리스천의 삶에 중립은 없습니다. "천국은 침노를 당하나니 침노하는 자는 빼앗느니라"(마 11:12)고 했습니다. 천국은 점령하지 않으면 빼앗기고 맙니다. 이것이 오늘 우리가 맞닥뜨린 치열한 영적 전쟁입니다. 그러면 이 전쟁을 어떻게 이끌어야 합니까? 기도로 이끌어야 합니다. 기도를 쉬지 말아야 합니다. 하나님이 우리에게 허락하신 영적 전쟁을 넉넉히 이길 힘은 기도에서 나옵니다. 기도는 타이어가 펑크 났을 때 쓰는 스페어타이어가 아닙니다. 기도는 여러분의 차를 운전하는 핸들입니다. 운전대입니다. 기도로 우리 삶을 운전해 가는 것이지, 일이 터지고 나서 기도라는 스페어타이어로 모면하는 것이 아닙니다. 기도의 키를 절대 놓지 마십시오.

지난해 니카라과 단기 선교팀이 겪은 일입니다. 출국일에 공항에 갔는데 갑자기 기내에 생긴 문제로 출발이 지연되었습니다. 한시가 급한데 대체할 방법을 찾지 못하다 결국 이튿날 13명의 팀원이 뿔뿔이 흩어져 니카라과로 가야 할 상황에 놓이고 말았습니다. 교회에서 그 소식을 듣고 목회자들이 합심으로 기도했습니다.

"하나님, 지금 길이 없다고 합니다. 그래도 갈 수 있도록 길을 열어 주세요."

그러나 결국 단기 선교팀은 그날 출발하지 못했습니다. 그래서 부득이 모두 집으로 돌아갔다가 다음 날 니카라과로 가는 비행편에 빈자리가 생기는 대로 각자 떠나기로 했습니다. 그런데 주님은 다음 날 13명이 한 비행기를 타고 가는 더 나은 방법을 열어 주셨습니다. 단기 선교팀에 짐이 많아서 걱정하며 기도했는데, 뜻밖에 전세기가 마련된 것입니다. 그 비행기 한 대에 단기 선교팀 13명만 타고 갔습니다. 다른 승객이 없어서 누워 가도 자리가 남았다고 합니다.

기도는 운전대입니다. 기도하는 자 앞에 말이 안 되는 비합리적인 문제가 출제되어도 예수 그리스도가 우리 대신 시험을 통과하신 그 믿음으로 통과할 수 있기를 주의 이름으로 축복합니다.

적용질문

† 지금 정착한 곳에 처음 왔을 때 어떤 일을 하셨습니까? 직장에서 겪은 에피소드를 나눠 봅시다.

† 하나님은 가나안 땅에 남겨 둔 이방 민족을 통해 무엇을 하기 원하십니까(삿 2:21~22, 3:2)?

† 하나님이 이스라엘을 '시험하시는(testing)' 목적이 무엇일까요? 다음 성경 구절을 참고하면서 우리가 받은 시험과 현재 진행 중인 시험에 적용해 봅시다(삿 3:1; 신 8:2; 창 22:1; 합 2:4).

† 전쟁을 알지 못하는 세대에게 무엇을 가르쳐 주기 위해 시험하십니까(삿 3:2, 4; 수 6:10~11)?

† 아브라함은 하나님의 시험을 통과했습니다. 이때 하나님이 아브라함에게 주신 말씀은 "내가 이제야 네가 하나님을 경외하는 줄을 아노라"(창 22:12)입니다. 각자의 시험을 어떻게 통과했나요? 우리가 시험을 끝내고 할 수 있는 말은 무엇일까요?

Chapter
5

언더독(underdog) 효과

사사기 3장 7~31절

'언더독'(underdog)은 원래 투견장에서 '밑에 깔린 개'를 일컫던 말입니다. 그런데 1948년 미국 대선 때 여론조사에서 크게 밀리던 해리 트루먼(Harry Truman)이 모두의 예상을 뛰어넘고 토머스 듀이(Thomas Dewey) 후보를 이기고 당선되면서 언론들이 이 말을 쓰기 시작했다고 합니다. 이후 '밑에 깔려 있던' 약자가 강자를 이기는 드라마틱한 현상을 일컬어 '언더독 효과'라고 부릅니다.

언젠가 TV에서 전(前) 농구 선수 서장훈 씨와 코미디언 이수근 씨가 씨름하는 장면을 본 적이 있습니다. 안 봐도 승부는 뻔했습니다. 키가 월등히 크고 선수 출신인 서장훈 씨가 이길 게임이었습니다. 그러나 결과는 이수근 씨의 승리였습니다. 모두의 예상을 깨고 언더독이 승리하자 엄청난 함성이 일어났습니다.

이처럼 사사 시대에도 하나님이 사용하신 언더독, 12명의 사사가 있었습니다. 그들은 당대 최고의 엘리트가 아니었습니다. 오히려 뭔가 좀 부족한 사람들이었습니다. 그럼에도 하나님께서 이스라엘 백성을 구원해 내시는 일에 쓰임받았습니다. 사사기에 배교(apostasy)하고 고난(servitude)을 겪다가 애원(supplication)하여 구원(salvation)에 이르는 사이클이 반복되는 가운데 '구원 타자'로 쓰임받은 언더독 같은 사사들을 '1번에서 3번 타자까지' 살펴봅니다.

1번 타자 옷니엘: 없는 것(Nothing)

9 이스라엘 자손이 여호와께 부르짖으매 여호와께서 이스라엘 자손을 위하여 한 구원자를 세워 그들을 구원하게 하시니 그는 곧 갈렙의 아우 그나스의 아들 옷니엘이라 10 여호와의 영이 그에게 임하셨으므로 그가 이스라엘의 사사가 되어 나가서 싸울 때에 여호와께서 메소보다미아 왕 구산 리사다임을 그의 손에 넘겨 주시매 옷니엘의 손이 구산 리사다임을 이기니라 11 그 땅이 평온한 지 사십 년에 그나스의 아들 옷니엘이 죽었더라_삿 3:9~11

우리말에 "착해 빠졌다"라는 말이 있습니다. 이는 칭찬하는 말이 아닙니다. 누군가가 예의 없이 굴어도 뭐라고 하지 않고, 무슨 일을 당해도 가만히 있는 사람, 맨날 당하기만 하는 사람을 무시해서 하는 말입니다. 세상에서는 착하기만 하면 사람들에게 무시당하기 십상입니다.

죄다 자기 소견에 옳은 대로 행했던 사사 시대에는 더욱 그랬을 것입니다(삿 17:6). 착한 자는 'nothing!' 없는 자, 약한 자로 간주되었습니다. 하지만 그 유약하고 착해 빠진 '아무것도 아닌' 착한 신앙인이 결국은 승리합니다.

첫 사사 옷니엘이 그랬습니다. 제가 보기에 사사기에 등장하는 12명의 사사 중에서 옷니엘만큼 착하고 모범적인 사람도 없는 것 같습니다. 옷니엘은 갈렙의 아우 그나스의 아들, 즉 갈렙의 조카입니다.

나중에는 그가 갈렙의 사위가 됩니다. 제가 굳이 두 사람의 관계를 언급하는 이유는 그만큼 옷니엘이 믿음 좋은 갈렙의 영향을 많이 받았기 때문입니다. 그렇다면 갈렙은 어떤 사람입니까? 그는 가나안 땅을 정탐하고 온 12명의 정탐꾼 중에서 여호수아와 함께 '긍정의 리포트'를 낸 자였습니다. 그리고 훗날 갈렙과 여호수아만이 가나안 땅에 들어갑니다.

이러한 사실은 우리에게 중요한 교훈을 안겨 줍니다. 긍정적이면 구원받고, 부정적이면 구원을 못 받는다는 말을 하려는 게 아닙니다. 하루하루를 긍정적으로 사느냐, 아니면 부정적인 태도로 지지고 볶으며 사느냐에 따라 삶의 질은 달라질 수밖에 없습니다. '천국을 사느냐, 지옥을 사느냐'가 여기에 달려 있다고 생각합니다. 어느 집단이든 그 안에 부정적인 사람이 있기 마련이고, 교회도 예외가 아닙니다. 하지만 부정적인 생각을 습관적으로 하는 사람은 교회 공동체 안에 있어도 천국이 아닌 지옥을 살 수밖에 없습니다.

약속의 땅, 가나안을 향해 그토록 열심히 달려오다가 고지가 바로 눈앞인데, 가나안 정복 전쟁에 뛰어들어야 할지 말지 주저합니다. 자신은 요단강을 건너가지도 않으면서, 말씀에 순종하여 가나안 정복을 하기 위해 칼을 뽑아 들고 나아가는 사람들을 향해 "왜 저래?", "바보같이……" 하며 비판하고, 부정적인 말을 쏟아 냅니다. 그래서 결국은 약속의 땅, 가나안 땅을 차지하는 기쁨과 영광을 전혀 누리지 못하는 안타까운 분들이 바로 우리 곁에 있습니다.

반면에 옷니엘은 갈렙의 영향을 받아 매사에 긍정적이었습니다.

갈렙이 "기럇 세벨을 쳐서 그것을 점령하는 자에게는 내 딸 악사를 아내로 주리라"(삿 1:12) 했을 때도 '긍정의 마인드'로 용감하게 나서서 기럇 세벨을 정복합니다. 그리하여 믿음의 뿌리가 있고, 그 가치를 지키는 갈렙의 집안, 믿음의 전통이 있는 집안에 장가갔습니다. 이런 것만 보아도 옷니엘은 믿음 있는 자가 틀림없습니다.

마태복음에 **씨 뿌리는 비유**가 나옵니다(마 13:1~9). 길가, 흙이 얕은 돌밭, 가시떨기 위, 그리고 좋은 땅에 뿌려진 씨에 대한 비유입니다. ① 길가에 뿌려진 씨는 악한 자(사탄)에게 그 말씀을 빼앗긴 자입니다. ② 얕은 돌밭에 뿌려진 것은 믿음의 뿌리가 없어서 조금 불편하고 어려운 일에도 넘어지는 자이고, ③ 가시떨기에 뿌려진 것은 세상의 염려와 재물의 유혹 때문에 결실하지 못하는 자라고 주님이 직접 해석해 주십니다. 말씀을 받긴 받았는데, 자신의 염려, 유혹…… 사사기의 표현을 빌리면 자기 소견에 옳은 것 때문에 말씀의 열매를 맺지 못하는 자입니다.

마지막으로 ④ 좋은 땅에 뿌려진 것은 말씀을 듣고 깨닫는 자를 가리키는데, 그는 30배, 60배, 100배의 결실을 맺습니다. '듣고 깨닫는 자'는 말씀에 순종하는 자입니다. 착해 빠져서 없는 사람 취급을 받아도 말씀에 순종하는 사람이 좋은 밭이며, 오직 좋은 밭만이 열매를 맺습니다. 그리고 주님은 "귀 있는 자는 들으라……"고 하십니다. 이것이 씨 뿌리는 비유의 결론입니다.

2번 타자 에훗(왼손잡이): 멸시받는 것(Despised)

12 이스라엘 자손이 또 여호와의 목전에 악을 행하니라 이스라엘 자손이 여호와의 목전에 악을 행하므로 여호와께서 모압 왕 에글론을 강성하게 하사 그들을 대적하게 하시매 13 에글론이 암몬과 아말렉 자손들을 모아 가지고 와서 이스라엘을 쳐서 종려나무 성읍을 점령한지라 14 이에 이스라엘 자손이 모압 왕 에글론을 **열여덟 해** 동안 섬기니라 15a 이스라엘 자손이 여호와께 부르짖으매 여호와께서 그들을 위하여 한 구원자를 세우셨으니 그는 곧 베냐민 사람 게라의 아들 왼손잡이 אֲשֶׁר יַד־יְמִינוֹ 에훗이라……_삿 3:12~15a

사사기의 악순환 사이클이 또 나옵니다. 이스라엘 자손이 여호와의 목전에 악을 행하자 하나님은 이스라엘을 모압 왕 에글론의 손에 붙이십니다. 18년 동안 모압에서 이스라엘 자손이 에글론 왕을 섬기고 종살이하며 부르짖자, 하나님은 사사 에훗을 이스라엘의 구원자로 세우십니다.

그런데 에훗이 '베냐민 사람 게라의 아들 왼손잡이'라고 합니다(15절). '왼손잡이(אֲשֶׁר יַד־יְמִינוֹ; itter yad yeminow)'란 문자 그대로 표현하면 '오른손이 불편한 자(hindered in the right hand)'입니다. 예전에는 왼손잡이들이 멸시를 받았습니다. 그래서 왼손으로 숟가락질하거나 글을 쓰면 혼을 내고, 오른손으로 하는 법을 가르쳤습니다.

영어 단어 'dexterous'는 '민첩하다'라는 뜻인데, '오른손잡이'

라는 뜻을 가진 라틴어가 그 어원입니다. 따라서 그 반대 개념인 왼손잡이는 '약하고 육체적인 핸디캡이 있는 자'라는 의미가 될 수도 있습니다. 그래서 어느 학자의 주장처럼 에훗은 멸시받는 '장애인(handicapped)'이었을 수 있습니다. 그런데 참 아이러니한 것은 에훗이 '베냐민 지파'라는 점입니다. '베냐민'은 '오른손의 아들'이라는 뜻입니다.

또 한 가지 흥미로운 부분이 있습니다. 사사기 20장 15~16절을 보면 "그 때에 그 성읍들로부터 나온 베냐민 자손의 수는 칼을 빼는 자가 모두 이만 육천 명이요 그 외에 기브아 주민 중 택한 자가 칠백 명인데 이 **모든 백성 중에서 택한 칠백 명은 다 왼손잡이**라 물매로 돌을 던지면 조금도 틀림이 없는 자들이더라"고 합니다. 베냐민 지파가 다른 열한 지파와 싸울 때 합세한 기브아 주민 출신 군인이 모두 왼손잡이인 것을 알 수 있습니다.

"……나의 여러 약한 것들에 대하여 자랑하리니 이는 그리스도의 능력이 내게 머물게 하려 함이라 그러므로 내가 그리스도를 위하여 약한 것들과 능욕과 궁핍과 박해와 곤고를 기뻐하노니 이는 내가 약한 그 때에 강함이라"(고후 12:9~10).

세계 최초 시각장애인 대학교 총장(총신대학교)인 이재서 박사님은 어릴 적 심하게 앓은 열병의 후유증으로 15세에 시력을 잃었습니다. "몸이 백 냥이면 눈이 구십구 냥"이라는 옛말이 있듯이 실명 후 이 박사님은 '모든 걸 다 잃었다'는 절망에 빠져서 극단적인 생각도 했답니다. 그러다 문득 '죽기 전에 내가 죽는 이유라도 적고 죽자'라는 생각이 들었습니다. 그래서 점자를 배우기 위해 서울맹학교에 입학했다가 그곳에서 예수님을 만났습니다. 이후 '남은 1%'의 삶을 위해 학업에 매진하여 신대원을 졸업하고, 장애인을 위한 밀알선교단을 설립했습니다. 나아가 장애인 선교 사역을 더욱 확장하기 위해 미국으로 유학을 떠나 필라델피아 템플대학교를 거쳐 뉴저지주 럿거스대학교에서 박사과정까지 마쳤습니다. 이 박사님은 현재 세계밀알연합 총재로 섬기고 계십니다. 『내게 남은 1%의 가치』, 『아름다움은 마음의 눈으로 보인다』 등의 저서를 통해 "고난은 이메일로 오지만, 설명서는 배를 타고 온다"라는 명언을 남기기도 하셨습니다.

시편 73편 23절을 보면 "내가 항상 주와 함께 하니 주께서 내 오른손을 붙드셨나이다"라고 시인은 노래합니다. 하지만 내가 연약한 왼손잡이라고 할지라도 하나님은 우리의 든든한 오른손이 되어 주십니다.

> 15b ……이스라엘 자손이 그를 통하여 모압 왕 에글론에게 공물을 바칠 때에 16 에훗이 길이가 한 규빗 되는 좌우에 날선 칼을 만들어 그의 오른쪽 허벅지 옷 속에 차고 17 공물을 모압 왕 에글론에게 바쳤는데 에글론은 매우 비둔한 자였더라 18 에훗이 공물 바치기를 마친 후에 공물을 메고 온 자들을 보내고 19 자기는 길갈 근처 돌 뜨는 곳에서부터 돌아와서 이르되 왕이여 내가 은밀한 일을 왕에게 아뢰려 하나이다 하니 왕이 명령하여 조용히 하라 하매 모셔 선 자들이 다 물러간지라 20 에훗이 그에게로 들어가니 왕은 서늘한 다락방

에 홀로 앉아 있는 중이라 에훗이 이르되 내가 하나님의 명령을 받들어 왕에게 아뢸 일이 있나이다 하매 왕이 그의 좌석에서 일어나니 21 에훗이 왼손을 뻗쳐 그의 오른쪽 허벅지 위에서 칼을 빼어 왕의 몸을 찌르매 22 칼자루도 날을 따라 들어가서 그 끝이 등 뒤까지 나갔고 그가 칼을 그의 몸에서 빼내지 아니하였으므로 기름이 칼날에 엉겼더라 23 에훗이 현관에 나와서 다락문들을 뒤에서 닫아 잠그니라 24 에훗이 나간 후에 왕의 신하들이 들어와서 다락문들이 잠겼음을 보고 이르되 왕이 분명히 서늘한 방에서 그의 발을 가리우신다 하고 25 그들이 오래 기다려도 왕이 다락문들을 열지 아니하는지라 열쇠를 가지고 열어 본즉 그들의 군주가 이미 땅에 엎드러져 죽었더라 26 그들이 기다리는 동안에 에훗이 피하여 돌 뜨는 곳을 지나 스이라로 도망하니라 _삿 3:15b~26

에훗은 연약하고 멸시받는 왼손잡이였지만, 모압 왕 에글론에게 직접 조공할 만큼 중요한 인물이 되었습니다. 그에게 최신 무기는 없었지만, 18인치(한 규빗) 단검(double-edged sword, dagger)을 오른쪽 허벅지에 숨겨 들어가 단번에 에글론 왕을 해치울 만큼 용맹스럽습니다. 또한 에글론이 화장실에서 용변을 보는 틈을 노린 것과 문을 잠그고 퇴각로까지 확보해 둔 것을 보면 전술에도 아주 능합니다.

27 그(에훗)가 …… 나팔을 불매 이스라엘 자손이 산지에서 그를 따라 내려오니 …… 28b ……에훗을 따라 내려가 모압 맞은편 요단강 나

루를 장악하여…… 29b ……모압 사람 약 만 명을 죽였으니 모두 장사요 모두 용사라 한 사람도 도망하지 못하였더라_삿 3:27~29

또한 그는 이스라엘을 설득하여 같이 싸우게 하고, 모압인들이 요단강 나루를 통해 퇴각할 것을 예측할 만큼 지략이 뛰어납니다. 그래서 모압 사람 약 1만 명을 해치웁니다. 심지어 그 모압 사람들은 훈련을 제대로 받지 못한 오합지졸들이 아닙니다. 모압의 장사요, 용사들을 순식간에 멸한 것입니다.

3번 타자 삼갈(개천 출신): 천한 것(Lowly)

에훗 후에는 아낫의 아들 삼갈이 있어 소 모는 막대기로 블레셋 사람 육백 명을 죽였고 그도 이스라엘을 구원하였더라_삿 3:31

사사 삼갈은 한 절에 소개되고 있지만, 우리는 그의 아버지 이름에서 그가 어떤 사람인지 힌트를 얻을 수 있습니다. '아낫(Anath)'은 가나안 사람들이 섬기던 사랑과 전쟁 여신(god of sex and war)의 이름입니다. 따라서 삼갈은 가나안 사람이었을 것입니다. 이스라엘 사람이 아니라는 말입니다. 또 그의 무기가 '소를 모는 막대기'인 것으로 보아 그는 농부였을 것입니다. 몹시 열등한 사람 같지만, 그는 옷니엘, 에훗과 같이 사명을 수행했습니다. 삼갈이야말로 "개천에서 용 난다"라는 속담의 결정판입니다. 그런데 이 말은 이제 옛말이 되었습니다. 지금은 잘사는 집안의 자녀들이 공부도 잘한다고 합니다. 물론 평균적인 수치겠지만, '흙수저가 명문대에 진학하지 못할 확률이 최소 70%'라고 합니다. 하지만 하나님 나라는 다릅니다.

저희 교회에 시간만 되면 교회에 나와 화단을 가꾸시는 나이 지긋한 집사님이 계십니다. 구슬땀을 흘려가며 화단을 가꾸고, 나무를 돌보는 데 몸을 아끼지 않으십니다. 제가 "무리하지 마시라" 했더니 "성도들이 교회에 올 때 예쁜 꽃을 보면 얼마나 기분이 좋을까요? 예배를 더 잘 드렸으면 하는 마음에 몸이 힘들어도 할 뿐이에요" 하시며 이마에 흐른 땀을 닦으시는데, 그 마음이 꽃보다 더 아름답게 느껴졌습니다. 하나님은 약하고 비천해도 이처럼 그 마음에 주님을 깊이 사모하는 자를 쓰십니다.

"그는 주 앞에서 자라나기를 연한 순 같고 마른 땅에서 나온 뿌리 같아서 고운 모양도 없고 풍채도 없은즉 우리가 보기에 흠모할 만한 아름다운 것이 없도다 그는 멸시를 받아 사람들에게 버림 받았으며 간고를 많이 겪었으며 질고를 아는 자라 마치 사람들이 그에게서 얼굴을 가리는 것 같이 멸시를 당하였고 우리도 그를 귀히 여기지 아니하였도다"(사 53:2~3).

사도 바울도 고린도전서 1장에서 이렇게 말했습니다.

"하나님께서 세상의 **미련한 것**들을 택하사 지혜 있는 자들을 부끄럽게 하려 하시고 세상의 **약한 것**들을 택하사 강한 것들을 부끄럽게 하려 하시며 하나님께서 세상의 **천한 것**들과 **멸시 받는 것**들과 **없**

는 것들을 택하사 있는 것들을 폐하려 하시나니 이는 아무 육체도 하나님 앞에서 자랑하지 못하게 하려 하심이라"(고전 1:27~29).

이것이 하나님의 방법이며, 십자가의 방법입니다.

중국내지선교회(China Inland Mission)를 설립한 허드슨 테일러(Hudson Taylor) 선교사는 이런 말을 남겼습니다.

"하나님은 하나님의 일을 이렇게 하십니다······ 하나님이 나를 선택하신 이유는 내가 약하기 때문입니다. 하나님은 대단한 사람들을 통해 위대한 일을 행하지 않으십니다. 하나님은 누군가를 작게, 그리고 입 다물게 만든 한참 뒤에 그를 사용하십니다. God is sufficient for God's work······ God chose me because I was weak enough. God does not do his great works by large committees. He trains someone to be quiet enough and little enough, and then he uses him."

적용질문

† '언더독'이 승리한 이야기를 아는 것이 있다면 나누어 봅시다.

† 언더독 1번 타자 옷니엘은 메소보다미아 왕 구산 리사다임을 이기고 이스라엘 자손이 40년간 평온을 누리는 데 공헌합니다. 옷니엘 가문을 생각하면서 그가 어떤 면에서 언더독인지 나누어 봅시다(삿 3:8~9; 마 13:1~9).

† 언더독 2번 타자 에훗이 지략가임을 알 수 있는 이유를 다음 구절을 읽고 파악해 봅시다(삿 3:26~29).

- "그들이 기다리는 동안에 에훗이 피하여 돌 뜨는 곳을 지나 스이라로 도망하니라 그가 이르러 에브라임 산지에서 나팔을 불매 이스라엘 자손이 산지에서 그를 따라 내려오니 에훗이 앞서 가며 그들에게 이르되 나를 따르라 여호와께서 너희의 원수들인 모압을 너희의 손에 넘겨 주셨느니라 하매 무리가 에훗을 따라 내려가 모압 맞은편 요단 강 나루를 장악하여 한 사람도 건너지 못하게 하였고 그 때에 모압 사람 약 만 명을 죽였으니 모두 장사요 모두 용사라 한 사람도 도망하지 못하였더라"(삿 3:26~29).

† 에훗은 왼손잡이였습니다. 이것이 의미하는 바가 무엇입니까(삿 3:15; 고후 12:9~10; 시 73:23)?

† 삼갈은 그의 출신과 사용한 무기로 짐작해 볼 때, 어떤 언더독이라고 할 수 있을까요(삿 3:31)?

† 우리는 십자가로 구원받았습니다. 오늘 나에게 없는 99%가 아니라, 남아 있는 1%로 하나님의 뜻을 이루도록 다시 시작해 봅시다 (사 53:2~3; 고전 1:27~29).

Chapter
6

남자와 여자, 여자와 남자가 공존하는 세상

사사기 4장 1~24절

> ……이스라엘 자손이 또 여호와의 목전에 악을 행하매 Then the sons of Israel again did evil in the sight of the LORD……
> [NASB]_삿 4:1b

앞 장인 3장 12절에도 "이스라엘 자손이 또 여호와의 목전에 악을 행하니라"는 똑같은 말씀이 나옵니다. 4장이 시작됐지만 백성의 악행은 여전합니다. 악순환의 반복입니다.

> 야빈 왕은 철 병거 구백 대가 있어 **이십 년** 동안 이스라엘 자손을 심히 학대했으므로 이스라엘 자손이 여호와께 부르짖었더라_삿 4:3

이스라엘의 악행이 반복되니 하나님은 가나안 왕 야빈을 통해 그들을 손보십니다. 야빈 왕은 철 병거를 900대나 보유하고 있었습니다. 철 병거는 요즘의 전차(탱크)와 다름없습니다. 현재 한국 군대가 보유한 전차가 2천 2백여 대라고 하니, 3천 년 전 철 병거 900대는 엄청난 군사력을 상징합니다. 약 20~30만 명의 군사력과 견주는 수준입니다. 게다가 야빈 곁에는 탁월한 군대 장관 시스라가 있습니다(삿 4:7). 시스라는 '하로셋 학고임' 출신으로(삿 4:2), 지명부터가 '이방의 대장장이(smiths of the Gentiles)'라는 뜻입니다. 쉽게 말해 시스라는 을지문덕, 강감찬, 이순신 장군에 준하는 자라 할 수 있습니다.

가나안 왕은 막강한 무기와 명장 시스라를 앞세워 이스라엘을 꼼짝 못 하게 막고 압제했습니다. 하지만 이스라엘이 가나안 왕 야빈으로부터 20년간 학대당한 것은 '또 여호와의 목전에 악을 행한' 삶의 결론입니다. 옷니엘 때는 이스라엘이 메소보다미아 왕 구산 리사다임을 '8년' 섬기다가 부르짖더니, 에훗 때는 모압 에글론 아래서 '18년'을 고생하다가 하나님께 부르짖었습니다(삿 3:8~9, 14). 하지만 이번에는 야빈 왕에게 '20년' 동안 학대받다가 비로소 하나님을 찾습니다. 이렇듯 죄에도 내성이 생기는 것 같습니다.

드보라

> 그 때에 랍비돗의 아내 여선지자 드보라가 이스라엘의 사사가 되었는데_삿 4:4

드보라는 사사 중에 유일한 여자였습니다. 지금도 중동의 여성들은 히잡으로 얼굴을 가리며 살아가고, 차별을 받고 있습니다. 그러니 지금으로부터 3천 년 전 중동에 여성의 인권이 있었겠습니까? 그럼에도 하나님은 한 가정주부, 랍비돗의 아내 드보라를 통해 이스라엘을 가나안 족속의 야빈 왕으로부터 건져 내십니다.

당시 여성에 대한 편견을 감안할 때 하나님이 드보라를 택하신 것은 예사롭지 않습니다. 더구나 앞으로 보게 되겠지만, "아낫의 아

들 삼갈의 날에 또는 야엘의 날에는 대로가 비었고 길의 행인들은 오
솔길로 다녔도다 이스라엘에는 마을 사람들이 그쳤으니 나 드보라
가 일어나 이스라엘의 어머니가 되기까지 그쳤도다 무리가 새 신들
을 택하였으므로 그 때에 전쟁이 성문에 이르렀으나 이스라엘의 사
만 명 중에 방패와 창이 보였던가"(삿 5:6~8)라고 할 정도로 당시 이스
라엘은 심각한 위기에 처해 있었습니다.

이때 하나님께서 한 여인 드보라를 들어 쓰신 것입니다. 하나님
이 왼손잡이 에훗과 농사짓는 소몰이 삼갈을 세우셨을 때 '똑똑하고
잘난 사람은 다 어디에 갔나?' 싶었던 것처럼 드보라를 선택하신 것도
그렇습니다. '남자들은 다 어디에 갔나?' 싶습니다.

헤벨의 아내, 야엘

그런데 17절에 또 한 여인 야엘이 등장합니다.

17 시스라가 걸어서 도망하여 겐 사람 헤벨의 아내 야엘의 장막에
이르렀으니 이는 하솔 왕 야빈과 겐 사람 헤벨의 집 사이에는 화평
이 있음이라 18 야엘이 나가 시스라를 영접하며 그에게 말하되 나의
주여 들어오소서 내게로 들어오시고 두려워하지 마소서 하매 그가
그 장막에 들어가니 야엘이 이불로 그를 덮으니라 19 시스라가 그에
게 말하되 청하노니 내게 물을 조금 마시게 하라 내가 목이 마르다

하매 우유 부대를 열어 그에게 마시게 하고 그를 덮으니_삿 4:17~19

전쟁에서 열세에 몰린 가나안의 군대 장관 시스라는 도보로 달아나다가 헤벨의 아내 야엘의 장막에 이르게 됩니다. 헤벨이 하솔 성의 가나안 왕 야빈과 화평한 관계였기에 야엘이 시스라를 영접합니다. 편하게 거할 처소를 내주고, 마실 물도 주고, 먹을 것도 주고, 침대도 내어 줍니다.

20 그가 또 이르되 장막 문에 섰다가 만일 사람이 와서 네게 묻기를 여기 어떤 사람이 있느냐 하거든 너는 없다 하라 하고 21 그가 깊이 잠드니 헤벨의 아내 야엘이 장막 말뚝을 가지고 손에 방망이를 들고 그에게로 가만히 가서 말뚝을 그의 관자놀이에 박으매 말뚝이 꿰뚫고 땅에 박히니 그가 기절하여 죽으니라 22 바락이 시스라를 추격할 때에 야엘이 나가서 그를 맞아 그에게 이르되 오라 네가 찾는 그 사람을 내가 네게 보이리라 하매 바락이 그에게 들어가 보니 시스라가 엎드러져 죽었고 말뚝이 그의 관자놀이에 박혔더라_삿 4:20~22

야엘이 온갖 배려를 해 주니 시스라 장군이 경계를 풉니다. 얼마나 마음이 놓였는지 "만일 사람이 와서 여기 누가 있느냐 하거든 없다 하라"는 당부까지 하고 깊은 잠에 빠집니다. 야엘은 이때를 노려 장막 말뚝, 요즘으로 치면 '텐트 팩(tent pack)'을 잠든 시스라의 '관자놀이(temple)'에 대고 박아 버립니다. 시스라는 그 자리에서 즉사합니다.

이 말씀을 읽으며 당시 장면을 한번 상상해 보십시오. 어떤 생각이 듭니까? 일반적으로 힘이나 체력은 모자랄지 모르지만, 여자의 멘탈은 남자보다 훨씬 강한 것 같습니다. 더구나 시스라가 어떤 자입니까? 지금은 비록 도망자 신세지만, 그는 하늘에 나는 새도 떨어뜨릴 만큼 대단한 권세를 가진 적의 장군 아닙니까? 웬만한 남자들도 그 앞에선 벌벌 떨었을 것입니다. 말도 더듬었을 텐데 야엘은 담대하기가 그지없습니다. 행동도 민첩합니다. 시스라가 "내가 자는 동안 망 좀 봐 달라" 할 때도 "걱정하지 말라"며 능청을 떨 만큼 매우 침착하기도 합니다.

더구나 야엘이 시스라를 죽이는 데 사용한 무기인 말뚝은 당시 천막생활을 하던 유목민에게는 매우 익숙한 장비였습니다. 당시 천막을 치고 거두는 일은 여자들의 몫이었기에 야엘 역시 말뚝을 박는 일 정도는 눈감고도 할 수 있었을 것입니다.

여러분은 '남존여비(男尊女卑)'의 뜻을 아실 것입니다. '남자는 존귀하고 여자는 비천하다.' 그런데 요즘은 다르게 쓰이는 것 같습니다. '남자의 존재(存在) 이유는 여자의 비위(脾胃)를 맞추기(男存女脾) 위해서이다.' 음(音)이 같은 한자로 만들어 낸 말이지만, 한껏 높아진 현대 여성의 지위를 잘 보여 줍니다.

또 이런 이야기도 있습니다. 유치원에서 한 남자아이와 여자아이에게 '남자와 여자'를 주제로 그림을 그려 보라고 했습니다. 남자아이는 도화지에 하늘을 그렸습니다. 선생님이 "왜 하늘을 그렸어?"라고 물으니 남자아이가 알통을 보이며 말했습니다. "남자는 하늘!" 선생님은 귀엽다고 그 아이의 머리를 쓰다듬어 주었습니다.

그런데 옆에 있던 여자아이는 땅을 그리고 있었습니다. 선생님이 물었습니다. "왜 땅을 그리니?" 그러자 여자아이가 말했습니다. "남자가 하늘이라면, 여자는 땅이에요!" 선생님은 '얘가 유교 집안에서 자랐나?' 생각하며 여자아이의 머리도 쓰다듬었습니다. 그런데 그때 여자아이가 남자아이를 향해 이렇게 말했습니다.

"너 그거 알아? 하늘값보다 땅값이 더 비싸다는 거! 그러니까 나한테 잘해!"

아무튼 이스라엘을 학대하던 가나안의 적장을 죽이고 전쟁을 끝낸 이도 남자가 아니라 여자였습니다. 그것도 겐 사람, 즉 이방 여인 야엘이었습니다. 그렇다면 이 난국에 남자들은 다 어디로 갔습니까?

나타난 남자, 바락

6 드보라가 사람을 보내어 아비노암의 아들 바락을 납달리 게데스에서 불러다가 그에게 이르되 이스라엘의 하나님 여호와께서 이같이 명령하지 아니하셨느냐 너는 납달리 자손과 스불론 자손 만 명을 거느리고 다볼 산으로 가라 7 내가 야빈의 군대 장관 시스라와 그의 병거들과 그의 무리를 기손 강으로 이끌어 네게 이르게 하고 그를 네 손에 넘겨 주리라 하셨느니라 _삿 4:6~7

드보라는 여성으로서 직접 칼을 들고 전장에 나갈 처지가 아니었습니다. 그래서 바락에게 군대를 이끌고 나갈 것을 부탁합니다. 전쟁터에 나갈 준비가 잘된 자들을 데리고 가라는 것도 아닙니다. 징집하여 훈련까지 해서 데려가라고 합니다.

그런데 바락은 어떻게 반응합니까? 8절에 "당신이 나와 함께 가면 내가 가려니와 만일 당신이 나와 함께 가지 아니하면 나도 가지 아니하겠노라" 하며 드보라가 함께 갈 것을 요구합니다. 어떻게 보면 여자를 지나치게 의지하는 것으로 보입니다. 남자 체면을 다 구기는 것 같습니다.

그런데 성경의 믿음 장(章) 히브리서 11장에 "내가 무슨 말을 더 하리요 기드온, 바락, 삼손, 입다, 다윗 및 사무엘과 선지자들의 일을 말하려면 내게 시간이 부족하리로다"(히 11:32)라고 합니다. '믿음의 전당(Hall of fame)'에 바락은 나오는데, 드보라는 나오지 않습니다. 히브리서 기자가 보기에 바락에게 그만한 믿음이 있었다는 것입니다.

더구나 바락은 '여성에 대한 편견'을 깬 멋진 남자였습니다. 사람에게는 저마다 편견이 있습니다. 개인적 편견, 가정의 편견, 집안의 편견, 국가적 편견, 문화적 편견, 시대적 편견 등이 있습니다. 그런데 바락은 그런 편견을 깬 마음 넓은 남자였습니다.

2020년 유엔 보고서에 따르면 10명 중 9명은 여성에게 편견을 갖고 있다고 합니다. 또한 193개 유엔 회원국 중에 여성이 국가원수인 나라는 13개국에 불과합니다(2024년 기준). 수년 전 유엔개발계획(UNDP)이 정치, 교육, 경제, 신체 조건 등 네 가지 분야에서 각 나라 국민의 성평등 인식, 즉 젠더사회규범지수(Gender Social Norms Index, GSNI)를 조사해 발표한 적이 있습니다. 이 조사에서 '한 가지라도 성 편견이 있는 한국인'의 비율은 89.88%에 달했습니다. 이는 이라크, 러시아보다 높은 수치였습니다.

그리고 한 설문조사에 따르면 한국의 경우 조사 대상자의 54%가 "남성이 여성보다 직업에 대한 권리를 더 많이 가져야 한다"고 답했다고 합니다. 영국의 경우는 25%에 불과했지만, 인도는 69%가 "남자가 더 많은 봉급을 받아야 한다"라고 답했습니다.

또 2천 년대 초, 외국인들이 한국 사람의 편견을 이야기할 때 "왜 한국에는 여자 화장실에만 기저귀 교환대가 있느냐?"라고 했답니다. 남자 화장실에 기저귀 교환대가 아예 없었던 건 아니지만 외국인들의 시각이 그렇습니다.

교회도 마찬가지입니다. 미국의 C&MA 교단이 2023년 총회 때 여성 목사 안수를 결정했는데, 여러 교회의 담임목사와 교회 장로가 이를 허락하지 않았다고 합니다. 그 때문에 교단을 탈퇴한 교회도 있다는 이야기를 들었습니다.

그런데 사사기 시대에 바락이 그 편견을 깨고 나라를 존폐 위기에서 일으키는 것을 봅니다. 바락이 구체적으로 어떤 편견들을 극복했는지 살펴보겠습니다.

첫째, 남녀가 아니라 하나님의 말씀이 먼저였습니다.

8 바락이 그에게 이르되 만일 당신이 나와 함께 가면 내가 가려니와 만일 당신이 나와 함께 가지 아니하면 나도 가지 아니하겠노라 하니 9 이르되 내가 반드시 너와 함께 가리라 그러나 네가 이번에 가는 길에서는 영광을 얻지 못하리니 이는 여호와께서 시스라를 여인의 손에 파실 것임이니라 하고 드보라가 일어나 바락과 함께 게데스로 가니라 10 바락이 스불론과 납달리를 게데스로 부르니 만 명이 그를 따라 올라가고 드보라도 그와 함께 올라가니라 _삿 4:8~10

여자에게 "당신이 함께 가지 않으면 나도 안 가겠다"고 말하는 바락이 시시한 남자 같아 보입니다. 그러나 히브리서 기자의 시각으로 본다면 여자가 전한 말이라고 해도 그 말씀에 순종한 바락이야말로 위대한 믿음의 영웅입니다. 그러므로 드보라에게 함께 갈 것을 요청한 바락의 말은 곧 "하나님과 함께 가겠다"는 믿음의 결단이기도 합니다. 드보라를 통해 임하시는 하나님과 함께 가겠다고 고백한 것입니다.

특히 4절 드보라 앞에 붙은 수식어가 무엇입니까? '여선지자'입니다. 이는 곧 여자를 통해도 하나님께서 말씀하셨다는 것입니다. 드보라는 당시 수에도 들지 않는 여자였고, 대단한 집안 사람도 아니고, 가정주부였습니다. 하지만 바락은 그런 것을 문제 삼지 않았습니다.

예수님의 제자 나다나엘은 "나사렛에서 무슨 선한 것이 날 수 있느냐"(요 1:46)라고 했습니다. 나사렛 사람을 천히 여기던 당시 편견에서 나온 말입니다.

사사 시대는 여성이 열등한 존재라는 편견에서 벗어나지 못한 때였지만, 바락은 이를 극복했습니다. 여사사 드보라에게 순종했습니다. 다들 '여자는 밥이나 하고, 남자 앞에서 의견도 못 내는 열등한 존재'로 여겼는데, 바락은 그렇지 않았다는 것입니다. 그 누가 전했든 하나님의 말씀이면 그 말씀에 순종했습니다. 순종이 먼저였습니다. 어린아이가 전해도, 당나귀가 전해도 하나님의 말씀이면 순종이 먼저입니다.

둘째, 편견을 극복했을 뿐 아니라 믿음으로 두려움을 극복했습니다.

14절에 보면 바락의 군대는 1만 명입니다. 그런데 앞서 언급했듯이 가나안 왕 야빈은 철 병거를 900대나 보유하고 있었습니다. 시스라가 이끄는 군대가 정예 부대라면, 지금 바락이 이끄는 군대는 말이 1만 명이지 민방위대 정도에 불과합니다. 그런데 그 1만 명이 엄청난 군대에 맞서기 위해 다볼산에서 내려옵니다. 그 모습이 마치 기드온의 300 용사 같고, 여리고 성을 도는 이스라엘 백성 같습니다. 그들은 하나님의 손길이 역사하실 것을 믿고 나아갑니다.

그렇다면 그 결과는 어떻습니까? "기손 강은 그 무리를 표류시켰으니 이 기손 강은 옛 강이라 내 영혼아 네가 힘 있는 자를 밟았도다"(삿 5:21)라고 할 정도로 적을 완전히 쓸어 버렸습니다. 마치 고구려

을지문덕 장군의 살수대첩처럼 기적이 일어난 것입니다. 기손강이 갑자기 불어나 적의 철 병거가 제구실을 못 하고 병사들을 몰살시켰습니다. 즉, 하나님의 역사로 분명하게 승리했다는 것입니다.

하나님이 "가라"고 하셨으면, 그 명령에는 반드시 하나님의 대책이 있습니다. 바락에게도 하나님이 일으켜 주실 기손강의 기적이 기다리고 있었던 것입니다. 군대의 숫자가 문제가 아니었습니다. 아브라함도 갈 바를 알지 못하고 나아갔습니다. '어디'로 갈까가 중요한 것이 아니라, '누가' 명령하는가가 더 중요합니다.

바락의 믿음은 결정적인 순간에 일어나는 믿음이었습니다. 평안할 때는 다 믿음이 있어 보입니다. 그러나 정말 결정적인 순간에, 더구나 희생이 요구될 때면 믿음대로 결단하기가 어렵습니다. 5장에서 살펴보겠지만 르우벤 지파가 그랬습니다. 드보라가 바락을 불러 야빈과 싸우러 갈 때 스불론 지파는 죽음을 무릅쓰고 함께 갔고, 납달리 지파도 그랬습니다(삿 5:18).

그런데 르우벤은 바락에게 이런 소리를 듣습니다.

"네가 양의 우리 가운데 앉아서 목자의 피리 부는 소리를 들음은 어찌 됨이냐……"(삿 5:16).

장자인 르우벤이 시스라와의 전투에서 앞장서야 하지 않습니까? 그런데 양의 우리에 앉아서 피리 소리만 듣고 있었습니다. 바락과 함께 나가서 싸울 생각은 하지 않고, 눈치만 슬슬 살폈다는 것입니다. 바락이 칼을 들고 일어나는데, 바락과 함께 가자니 희생이 너무 클 것 같고, 안 나가자니 체면이 말이 아니고…… 그렇게 주저하고 있는 것입니다.

그리고 5장 17절에 보면 "길르앗은 요단 강 저쪽에 거주하며……"라고 합니다. 이들은 아마도 므낫세 반 지파인 것 같습니다. 다들 자기 동족의 일인데, 강 건너 불 보듯 하고 있다는 것입니다. 또 단 지파는 배에 머물렀다고 합니다. 아마 배를 타고 도주한 것이 아닌가 싶습니다. 어떤 주석 책을 보면 "장사하느라 바빴다"고도 합니다. 또 "아셀은 해변에 앉으며 자기 항만에 거주하도다"라고 합니다. 자기 일에만 집중했다는 표현입니다.

여자인 드보라는 나라를 지키자고 일어났는데, 다들 이런저런 핑계로 빠져나갔습니다. 왜 그랬을까요? 아마 이런 생각을 했을 것입니다.

'상대는 철 병거를 갖고 있는데, 싸워 봤자 승산이 있겠어?'

그리고 또 한 가지, 드보라가 여자라는 것도 무시하지 못할 이유였을 것입니다.

하나님은 위기의 때에 결정적으로 믿음 있는 사람들을 일으키십니다. 그들을 통해 위기에 처한 나라와 사회, 교회와 가정을 건져 내십니다. 여선지자 드보라와 이방 여인 야엘이 그 주인공입니다. 그리고 여성에 대한 문화적 편견을 뛰어넘었던 남자 바락이 그러했습니다. 만일 바락이 여성에 대한 편견을 뛰어넘지 못했더라면 이스라엘은 벌써 사라졌을지도 모를 일입니다.

우리 인생도 그렇습니다. 시스라의 철 병거에 맞서 싸워야 할 일이 너무나 많습니다. 점령해야 할 것이 한둘이 아닙니다. 하지만 우리의 대적은 시스라와 골리앗처럼 크고 높습니다. 만만한 것이 하나도 없습니다. 그렇지만 바락은 시스라를 물리쳤습니다. 다윗이 골리앗을 이겼습니다. 믿음이 이겼습니다. 우리에게 필요한 것이 바로 이 '믿음'입니다.

언젠가 미(美) 여군을 모집하는 잡지 광고를 보았습니다. 남자의 모습은 희미한데, 한 여자는 뚜렷이 클로즈업되어 있었습니다. 그리고 그 위에 이런 문구가 적혀 있었습니다.

"당신은 그녀에게 존경, 경의, 그리고 용기를 가르쳤습니다. 이제 그녀가 그걸 사용한다는데, 그것이 이상합니까? You taught her about respect, honor and courage. Is it any surprise that now she wants to use them? – U.S. Army."

사랑하는 성도 여러분, 이 세상은 남자와 여자, 여자와 남자가 공존하는 세상입니다. 믿음 있는 사람은 '여자는 약하고, 남자는 강하다'라는 편견에 사로잡히지 않습니다. 여자를 여자로 보지 않고, 그 뒤에 계신 하나님을 바라봅니다. 그리고 눈앞에 보이는 그 어떤 철 병거에도 굴하지 않습니다. 나와 함께하시는 전능하신 하나님을 굳게 믿기 때문입니다. 그러므로 여자든 남자든 이 세상은 언제나 믿음 있는 자의 것입니다.

적용질문

† "또 여호와의 목전에 악을 행하매." 악순환이 다시 반복됩니다. 이번에는 이스라엘 백성이 몇 년 만에 하나님을 찾고 있습니까(삿 4:1~3)?

† 12명의 사사 중 유일한 여자 사사 드보라가 맞닥뜨릴 야빈 왕의 군사력을 짐작할 수 있습니까(삿 4:2~5)?

† 시스라 장군은 어떻게 최후를 맞이합니까(삿 4:15~22)?

† 드보라와 함께 본문에 등장한 남자는 누구입니까? 그의 행동을 두 가지로 정리해 봅시다(삿 4:6-10; 히 11:32).
  • _____(삿 4:4)
  • _____(삿 4:14, 5:21)

† 믿음의 위력은 위기일 때 나타납니다. 실제 위기를 이겨 낸 일이 있다면 나눠 봅시다.

Chapter
7

듀엣에서 합창으로!

사사기 5장 1~31절

    몇 해 전 오렌지 카운티를 대표하는 퍼시픽 심포니(Pacific Symphony) 오케스트라의 시즌 마지막 공연은 베토벤 교향곡 9번 '합창'으로 마무리되었습니다. 그 시간이 얼마나 좋았는지, 지금도 그 감동이 남아 있습니다. 솔리스트 4명이 4중창을 하다가 합창으로 이어지는데, 결혼식 때 자주 부르는 〈기뻐하며 경배하세〉 찬양이 나오자 가슴이 벅차올랐습니다. 교향곡에서 이렇게 합창이 등장하는 경우는 드물다고 합니다.

    사사기 5장에서는 드보라와 바락이 듀엣으로 노래하다가 다 같이 합창하자고 합니다. 솔로나 듀엣도 좋지만, 합창이 주는 감동이 있습니다. 함께 찬양할 때 부어지는 은혜가 있습니다.

    군인들이 힘든 행군을 할 때도 〈진짜 사나이〉 같은 군가를 부르며 힘을 얻습니다. 올림픽 시상식에서 자기 나라 국가가 울려 퍼지면 금메달을 수상한 당사자는 물론 그 장면을 지켜보는 그 나라 국민에게도 엄청난 감동이 파도처럼 밀려옵니다. 함께 국가를 부르며 감격의 눈물을 흘리기도 합니다. '함께 부르는 노래의 힘'이라고 할 수 있습니다.

    성경에서도 다윗이 블레셋 사람 골리앗을 죽이고 돌아올 때 여인들이 "사울이 죽인 자는 천천이요 다윗은 만만이로다"(삼상 18:7) 노래하며 하나님이 하신 일, 전쟁의 승리를 널리 알렸습니다.

    드보라와 바락의 승리 후에도 그랬습니다. 먼저 두 사람의 이중창, 듀엣의 의미를 살펴보겠습니다.

드보라와 바락의 듀엣

1 이 날에 드보라와 아비노암의 아들 바락이 노래וַתָּשַׁר하여 이르되 2 이스라엘의 영솔자들이 영솔하였고 백성이 즐거이 헌신하였으니 여호와를 찬송하라בָּרֲכוּ 3 너희 왕들아 들으라 통치자들아 귀를 기울이라 나 곧 내가 여호와를 노래할 것이요 이스라엘의 하나님 여호와를 찬송하리로다 _삿 5:1~3

드보라와 바락이 듀엣으로 노래하면서 "여호와를 찬송하라"고 합니다. 앞서 하나님의 도우심으로 시스라의 철 병거 900대를 무찔렀던 드보라와 바락입니다. 그런데 5장 14절 이후를 보면, 당시 많은 지파가 전투에 임하지 않은 것을 알 수 있습니다. 그럼에도 두 사람은 형제들의 합창을 유도합니다.

4 여호와여 주께서 세일에서부터 나오시고 에돔 들에서부터 진행하실 때에 땅이 진동하고 하늘이 물을 내리고 구름도 물을 내렸나이다 5 산들이 여호와 앞에서 진동하니 저 시내 산도 이스라엘의 하나님 여호와 앞에서 진동하였도다 _삿 5:4~5

4절에 하나님이 나타나실 때 땅이 진동했다고 합니다. 그 분위기가 마치 여호와께서 시내산에 강림하실 때와 같습니다(출 19:18). 하나님은 교회를 지키기 위해 힘을 총동원하십니다.

> 6 아낫의 아들 삼갈의 날에 또는 야엘의 날에는 대로가 비었고 길의 행인들은 오솔길로 다녔도다 7 이스라엘에는 마을 사람들이 그쳤으니 나 드보라가 일어나 이스라엘의 어머니가 되기까지 그쳤도다 8 무리가 새 신들을 택하였으므로 그 때에 전쟁이 성문에 이르렀으나 이스라엘의 사만 명 중에 방패와 창이 보였던가 _삿 5:6~8

이스라엘은 대로가 끊기고, 길거리에 다니는 사람도 없었습니다. 7절에 "마을 사람들(peasantry)이 그쳤다"는 말은 '농사짓던 사람들이 농사를 포기하고 도시로 가 버린 상태'라고 할 수 있습니다. 새 신들을 택하여 하나님에 대한 충성심도 사라졌습니다. 안정된 것이 없었습니다. 4만 명의 군인이 있지만, 무기 하나 없는 것이 그들의 현실이었습니다.
 삼갈은 블레셋 사람 600명을 죽이고(삿 3:31), 야엘은 장막 말뚝으로 시스라를 죽였습니다(삿 4:21). 이런 용맹함으로 이스라엘을 구원해도 그렇습니다. 이들은 모두 이방인입니다. 이스라엘 안에 구원자가 없는 매우 절박한 상황입니다. 그러나 드보라와 바락은 모든 백성이 기쁨으로 여호와를 찬송하길 권합니다.

> 9 내 마음이 이스라엘의 방백을 사모함은 그들이 백성 중에서 즐거이 헌신하였음이니 여호와를 찬송하라 10 흰 나귀를 탄 자들, 양탄자에 앉은 자들, 길에 행하는 자들아 전파할지어다 11 활 쏘는 자들의 소리로부터 멀리 떨어진 물 긷는 곳에서도 여호와의 공의로우신 일을 전하라 이스라엘에서 마을 사람들을 위한 의로우신 일을 노래

하라 그 때에 여호와의 백성이 성문에 내려갔도다_삿 5:9~11

그렇다면 드보라와 바락이 시스라에 맞서 싸우자고 요청했을 때 모든 지파가 다 참여하지 않은 이유가 무엇입니까? 제가 지난 챕터에서 잠깐 언급하긴 했지만 드보라, 즉 여성이 이끄는 전쟁에 나가 죽고 싶지 않다는 '편견' 때문이 아닐까 합니다. 물론 전쟁에 참전한 스불론과 납달리를 제외하고는 각자 구구절절한 핑계가 있었습니다. 그 핑계의 근원은 다음 괄호 안의 내용과 같습니다.

……르우벤 시냇가에서 큰 결심이 있었도다(행동 없이 결심만 한 자이다) _삿 5:15b

네(르우벤 지파)가 양의 우리 가운데에 앉아서 목자의 피리 부는 소리를 들음은 어찌 됨이냐……(전쟁에 나가지 않고 양의 우리에서 피리만 불고 있느냐)_삿 5:16a

길르앗(므낫세 반 지파)은 요단 강 저쪽에 거주하며(무관심하며) 단은 배에 머무름(안락을 추구함)이 어찌 됨이냐 아셀은 해변에 앉으며 자기 항만에 거주하도다(그 누구도 희생하지 않았다)_삿 5:17

스불론은 죽음을 무릅쓰고 목숨을 아끼지 아니한 백성이요 납달리도 들의 높은 곳에서 그러하도다_삿 5:18

또한 이 노래에는 드보라와 바락이 **찬양**하는 **이유** 두 가지가 제시됩니다.

첫째, 공동체의 자발적 참여: 섬김입니다.

이들의 승리는 한두 사람이 잘해서 얻은 것이 아닙니다. 공동체가 함께했기에 가능한 일이었습니다. 또한 하나님께서 창조적인 능력으로 구원을 이루고 평화를 이루셨기 때문입니다. 우리가 찬양해야 할 이유도 여기에 있습니다. 그러니 모든 믿음의 공동체가 하나님의 부르심에 따라 섬기는 일에 동원되었으면 합니다.

① **섬김의 당위성**(oughtness)

당시 모든 지파가 시스라와의 전투에 군대를 보내는 것은 의무였습니다. 그럼에도 어떤 지파는 자원하며 나왔고, 또 어떤 지파는 아예 반응이 없었습니다. 각자 이유가 있었지만, 아주 이기적인 이유였습니다. 결국 그들은 하나님께 야단을 맞고 그 대가를 톡톡히 치렀습니다. 우리가 교회를 섬기는 일도 그렇습니다. 해도 되고 안 해도 되는 것이 아닙니다. 지체들과 함께함으로 힘을 합쳐야 합니다.

"너희 몸은 너희가 하나님께로부터 받은 바 너희 가운데 계신 성령의 전인 줄을 알지 못하느냐 너희는 너희 자신의 것이 아니라 값으로 산 것이 되었으니 그런즉 너희 몸으로 하나님께 영광을 돌리라"(고전 6:19~20).

"그러므로 형제들아 내가 하나님의 모든 자비하심으로 너희를 권하노니 너희 몸을 하나님이 기뻐하시는 거룩한 산 제물로 드리라 이는 너희가 드릴 영적 예배니라"(롬 12:1).

우리는 하나님이 값을 치르고 사신 존재입니다. 사도 바울은 "그런즉 너희 몸으로 하나님께 영광을 돌리라"고 합니다. 그러니 하나님이 쓰겠다고 하시면 어떤 일이든 따라야 하는 것입니다.

> 여호와의 사자의 말씀에 메로스를 저주하라 너희가 거듭거듭 그 주민들을 저주할 것은 그들이 와서 여호와를 돕지 아니하며 여호와를 도와 용사를 치지 아니함이니라 하시도다 _삿 5:23

여호와를 도와 용사를 치지 않은 자를 저주하라고 하십니다. "왜 그렇게 섬겨야 하느냐?" 하고 묻는다면, 섬김은 하나님을 위한 일이기 때문입니다. 해도 되고, 안 해도 되는 일이라면 섬기지 않는 자, 메로스를 향해 거듭 "저주하라"고 하셨겠습니까?

② 섬김의 조건: 자발적 열심(passionate willingness)

그렇다면 섬김에 필수적인 조건은 무엇일까요? 한마디로 '자발적 열심'입니다. 하나님은 사사기를 통해 어떤 사람을 쓰시는지 계속해서 보여 주십니다. 왼손잡이 에훗, 농사꾼 삼갈, 모태신앙 옷니엘, 가정주부 드보라, Mrs. 헤벨 야엘…… 지극히 평범하지만, 이들에게는 하나같이 자발적인 열심이 있었습니다.

지금의 교회도 마찬가지입니다. 이른 새벽부터 교회에 나와 밥을 짓고 김밥을 말며 식당에서 봉사하시는 분들, 카페에서 물을 끓이고 커피를 내리시는 집사님들, 나이가 많아도 설교 CD를 판매하시는 권사님들, 이름도 없이 주차 위원으로 섬기며 애쓰시는 집사님들, 성가대원으로, 찬양팀원으로 예배를 섬기시는 분들, 덩치 큰 아이들을 돌보느라 힘에 부쳐도 웃으며 장애인 부서를 섬기는 분들…… 월급을 받는 것도 아닌데, 각자의 사역지에서 자발적 열심으로 교회와 지체를 섬기시는 분들을 봅니다. 한결같이 자원하는 마음으로 하십니다. 그러면 그때부터 하나님의 일하심을 보게 됩니다.

"백성들은 **자원하여** 드렸으므로 기뻐하였으니 곧 그들이 성심으로 여호와께 자원하여 드렸으므로 다윗 왕도 심히 기뻐하니라"(대상 29:9).

"너희 중에 있는 하나님의 양 무리를 치되 억지로 하지 말고 하나님의 뜻을 따라 **자원함으로** 하며 더러운 이득을 위하여 하지 말고 기꺼이 하며"(벧전 5:2).

드보라와 바락을 도우러 오지 않았던 메로스 주민은 저주받지만, 자원하여 시스라를 죽인 야엘은 하나님의 복을 받습니다.

> 겐 사람 헤벨의 아내 야엘은 다른 여인들보다 복을 받을 것이니 장막에 있는 여인들보다 더욱 복을 받을 것이로다 _삿 5:24

섬김의 결과는 사람들에게 기쁨을 안겨 주는 것입니다. 반면에 섬김이 없는 무관심은 주위 사람들에게 부정적인 영향을 끼치고 공동체를 허물어뜨립니다. 바락의 요청에 반응하지 않은 지파들이 그랬습니다.

　　신앙생활은 강요가 아니라 자원하는 마음으로 하는 것입니다. 그래서 저는 이 말씀을 이렇게 해석하고 싶습니다. 하나님은 우리가 죄짓고 잘못할 때마다 쫓아오셔서 야구방망이로 치시는 분이 아니라는 겁니다. 죄를 짓는 것은 자동차가 중앙선을 침범하는 것과 같습니다. 그러다 반대편에서 오는 차와 충돌했다고 해서 '하나님이 나를 저주하셨다'라고 할 수 없는 것입니다. 자원하지 않는 것도 마찬가지입니다. 당연히 해야 할 일을 하지 않는 것이기에 중앙선을 넘어가는 행위와 다름없습니다. 그 결과는 불 보듯 뻔함을 기억하시길 바랍니다.

　　둘째, '하나님의 구원'입니다.

　　이스라엘이 노예로 압제당했을 때, 황량하고 절망적인 죽음의 그늘이 그들을 뒤덮고 있었습니다. 그리고 그들이 부르짖으니 하나님은 드보라, 바락, 그리고 이름도 없는 1만 명의 자원자를 일으켜 그들을 구원하십니다. 그러자 이스라엘에 죄의 사슬이 끊기고, 자유와 안식이 돌아옵니다. 이 역시 그들이 하나님을 찬양한 이유입니다.

　　사사는 그리스도의 예표입니다. 사사들을 통해 죄의 노예가 된 우리를 구원하시는 예수님의 사역이 예시됩니다. 각 사사가 보여 주는 사역의 모습이 조금씩 다르지만, 하나로 합하면 완벽한 예수님의 구원 사역을 볼 수 있습니다. 마치 각각의 역할을 통해 한 편의 큰 그림(whole picture)을 보듯이 말입니다. 예를 들면 이렇습니다.

　　* 옷니엘은 믿음의 가문입니다. 예수님은 다윗의 가문, 믿음의

가문에 오셨습니다.

　* 에훗은 죄에 대해 가차 없이 행동했습니다. 예수님도 죄인은 사랑하시지만 죄에 대해서는 단호하십니다.

　* 삼갈이 소 모는 막대기로 백성을 구원했듯이, 예수님은 보잘것없는 나무 십자가 형틀로 백성을 구해 내십니다.

　* 드보라는 격려자입니다. 다른 사람에게 동기를 부여하고 세워 주는 겸손한 자입니다. 이로써 예수님의 격려 사역을 보게 합니다. 주님은 이렇게 우리를 돕고 구원하십니다.

　우리 역시 크나큰 은혜를 입었습니다. 구원의 주님을 찬양할 1만 가지 이유가 있습니다. 지금 이 순간, 혹은 한 달 전, 1년 전에 구원의 은혜를 체험한 분도 있을 것입니다. 어제도, 오늘도, 내일도 은혜를 주시는 주님이십니다. 누구든지 예수님을 나의 구원자, 나의 하나님으로 믿으면 구원해 주십니다.

　우리가 죄악의 사슬에 묶여 있어도, 사탄이 총동원해 우리를 공격한다 해도, 우리 믿음의 공동체가, 우리 소그룹이, 믿음의 가정들이 하나 되어 하나님께 부르짖으면 우리를 구원하실 것입니다. 하나님이 우리를 자유케 하시고, 우리의 슬픔을 기쁨으로, 우리의 아픔을 간증으로 바꿔 주실 것입니다.

　바로 지금이야말로 하나님의 구원을 찬양할 시간입니다. 그러니 구원의 하나님을 함께 찬양하지 않겠습니까? 사도 바울은 빌립보서 2장에서 이렇게 노래했습니다.

8 사람의 모양으로 나타나사 자기를 낮추시고 죽기까지 복종하셨으니 곧 십자가에 죽으심이라 9 이러므로 하나님이 그를 지극히 높여 모든 이름 위에 뛰어난 이름을 주사 10 하늘에 있는 자들과 땅에 있는 자들과 땅 아래에 있는 자들로 모든 무릎을 예수의 이름에 꿇게 하시고 11 모든 입으로 예수 그리스도를 주라 시인하여 하나님 아버지께 영광을 돌리게 하셨느니라 _빌 2:8~11

이제 입을 열고 내 목소리가 함께 부르는 찬양의 한 부분으로 더 해지도록 찬양합시다. 함께 찬양하며 은혜를 공감하는 마음과 믿음을 격려하는 능력을 체험하기 바랍니다. 할렐루야!

바로 지금이야말로
하나님의 구원을 찬양할 시간입니다.

적용질문

† 합창을 듣고 감동한 경험이 있습니까? 그때가 언제였고, 그 이유는 무엇입니까?

† 드보라와 바락이 부른 듀엣의 내용은 무엇입니까? 본문을 읽어 가며, 하나님을 찬양할 두 가지 이유를 찾아봅시다(삿 5:1~5, 6~8).

† 시스라 장군이 이끄는 900 철 병거와 싸울 때, 스불론과 납달리 외에 참전하지 않았던 지파들의 핑계는 무엇이었습니까(삿 5:14~18)?

† 드보라와 바락이 찬양한 첫 번째 이유는 공동체의 자발적 참여와 섬김으로 이뤄 낸 승리 때문이었습니다. 어떤 섬김이었는지 정리해 봅시다.
  - _____ oughtness (삿 5:23; 고전 6:19~20; 롬 12:1)
  - _____ passionate willingness (삿 5:24; 대상 29:9; 벧전 5:2)

† 우리가 찬양할 또 하나의 이유는 하나님이 위대한 구원을 이루셨기 때문입니다. 이 구원은 오늘도 행하시는 전능하신 하나님의 은혜입니다. 사도 바울의 노래(빌 2:8~11)를 읽으며 우리도 마음 문을 열고 목놓아 찬양합시다.

Chapter
8

별로지만 큰 용사
(Not-So Mighty Warrior)

사사기 6장 1~24절

사사기에 12명의 사사가 등장하는 동안 12번의 악순환(vicious cycle)이 반복됩니다. 그 사이에 이스라엘은 유일한 여자 사사 드보라를 통해 구원을 받습니다. 그러므로 그 땅은 사십 년 동안 평온해져 소위 태평 세월을 누립니다(삿 5:31). 그러나 모든 일이 잘 풀리고 '내가 한 것'이라고 착각하는 순간, 그들은 다시 여호와의 목전에 악을 행합니다(삿 6:1).

따라서 하나님은 이스라엘을 또 다른 이방의 적에게 맡기십니다. 이번에는 미디안이 이스라엘을 핍박합니다. 사사기 시대의 악순환이 다시 시작된 것입니다. 그런데 그 핍박이 얼마나 심한지 "미디안으로 말미암아 산에서 웅덩이와 굴과 산성을 자기들을 위하여 만들었으며"(삿 6:2)라고 합니다. 그뿐만 아니라 "토지 소산을 멸하여 이스라엘 가운데에 먹을 것을 남겨 두지 아니하며 양이나 소나 나귀도 남기지 아니하니"(삿 6:4)라고 할 정도로 미디안은 경제적 약탈까지 일삼았습니다. 미디안은 이스라엘을 정치적으로 정복하기보다 경제적으로 착취하는 것이 목적이었던 것 같습니다.

그리고 6장 7절에 "이스라엘 자손이 미디안으로 말미암아 여호와께 부르짖었으므로" 하나님이 다시 사사를 보내시고, 이스라엘을 구원하고자 나서십니다.

그런데 이번에는 뭔가 **색다른 부분**이 있습니다. 무엇인지 살펴보겠습니다.

구원자 보내기 전, 선지자 보내기

8 여호와께서 이스라엘 자손에게 **한 선지자를 보내시니**…… 너희를 애굽에서 인도하여 내며 너희를 그 종 되었던 집에서 나오게 하여 9b ……너희를 건져내고 그들을 너희 앞에서 쫓아내고 그 땅을 너희에게 주었으며 10b ……너희가 거주하는 아모리 사람의 땅의 신들을 두려워하지 말라 하였으나 **너희가 내 목소리를 듣지 아니하였느니라** 하셨다 하니라_삿 6:8~10

이 본문은 사사 기드온의 이야기입니다. 그런데 기드온이 등장하기 전에, 이 악순환에 한 가지 새로운 요소가 끼어들게 됩니다. 그것은 하나님이 '선지자'를 보내신 것입니다. 부르짖은 후에 곧장 사사를 보내 구원하시는 것이 아니라, 그 전에 선지자를 보내셨다는 말입니다. 이것은 매우 이례적(unusual)인 일이었습니다.

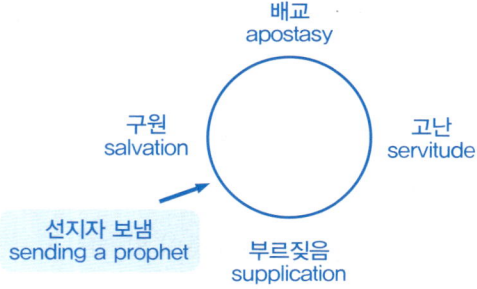

하나님은 우리를 구원할 자를 보내시기 전에 설교자를 먼저 보내십니다. 그 이유가 무엇일까요? 10절에 "너희가 내 목소리를 듣지 아니하였느니라"는 말씀처럼 회개를 촉구하기 위함입니다. 하지만 이스라엘 백성이 괴로워하며 살려 달라고 부르짖었던 것은 '회개'라기보다는 '후회'의 차원으로 볼 수 있습니다.

후회와 회개

사도 바울은 "하나님의 뜻대로 하는 근심은 후회할 것이 없는 구원에 이르게 하는 회개를 이루는 것이요 세상 근심은 사망을 이루는 것이니라"(고후 7:10)고 말했습니다. 하나님의 뜻대로 하는 근심은 회개로 이어지지만, 세상 근심은 후회로 끝나기 마련입니다. 다시 말해, **후회가 죄의 결과에 대한 세상 근심이라면, 회개는 죄 자체에 대해 하나님의 뜻대로 하는 근심입니다.**

운전 중에 속도위반으로 교통경찰에게 딱지를 떼여도 그렇습니다. 과속한 것을 후회만 하는 사람이 있고, 회개하는 사람이 있습니다. "한 번만 봐 달라"고 해서 경찰이 눈감아 준들 후회한 사람은 얼마 못 가 또 위반하게 되어 있습니다. 반면에 '아, 내가 정말 큰 잘못을 저질렀구나, 나는 왜 늘 앞장서려 할까, 나는 왜 법을 우습게 여길까? 다시는 과속하지 말아야지' 하며 회개한 사람은 자신의 다짐대로 과속하지 않습니다. 회개하면 비슷한 죄의 유혹이 엄습해도 넉넉히 이길 힘이 생기기 때문입니다. 후회하는 것과는 비교할 수 없을 만큼 깨끗하게 됩니다.

팀 켈러 목사님은 『당신을 위한 사사기(Judges For You)』에서 "후회는 수평적(horizontal)이고, 회개는 수직적(vertical)이다"라고 했습니다. 후회는 오직 자신만 생각하는 이기심의 발로입니다. 그래서 후회만 하는 사람은 '체면이 말이 아니네', '망신살이 뻗쳤다', '남들이 나를 뭘로 볼까', '벌금까지 물게 됐으니 돈 아까워서 손이 떨린다'고 합니다. 이런 수평적 후회에는 내 죄로 인해 상처받은 사람, 특별히 마음 아파하실 하나님에 대한 자각은 없습니다. 일단 자신에게 닥친 죄의 결과에서 벗어나고 싶은 마음뿐입니다. 그래서 "한 번만 봐 달라"고 하는 것입니다. 그리고 봐주지 않으면 세상 근심에 빠집니다. 계속 후회의 상태, 죄의 결과에 머무릅니다.

그러나 진정으로 회개한 사람은 죄에 대한 하나님의 처분을 달게 받습니다. 내가 지은 죄가 하나님을 향한 공격이었음을 깨닫고, 그분 앞에 무릎을 꿇습니다.

한번은 제가 아는 목사님의 아내가 새 와이셔츠를 다림질하려고 셔츠에 있던 핀을 뽑아 잠깐 입에 물었다가 실수로 삼키고 말았습니다. 새벽에 응급실로 달려가 엑스레이를 찍었는데, 폐에서 바늘이 보였습니다. 그런데 새벽인지라 전문의가 없어서 어떤 처치도 할 수 없었습니다. 이 목사님은 너무 불안한 나머지 화장실로 달려가 변기를 붙들고 기도하기 시작했습니다. "주님, 제가 잘못했습니다. 제가 바로 서지 못했습니다. 아내를 살려 주세요!" 그렇게 회개 기도를 쏟아 내는

데 문득 '어떤 결과가 나오더라도 하나님이 책임져 주시겠지'라는 마음이 들더랍니다. 그러자 비로소 목사님에게 평강이 찾아왔습니다.

그 후 어떻게 되었을까요? 전문의가 와서 CT 촬영을 했는데, 바늘이 사라졌다는 것입니다.

진정한 회개란 이런 것입니다. 후회만 하는 것이 아니라 죄에서 돌이키고 그 처리를 하나님의 손에 맡기는 것입니다. 그리하면 하나님이 나의 죄를 씻어 주십니다. 그 어떤 고통 가운데서도 말로 표현할 수 없는 하나님의 평강을 맛보게 되는 것입니다.

그러므로 회개만이 죄의 사슬에서 풀려날 수 있는 유일한 길입니다. 그러나 이스라엘 자손은 자기들이 잃어버린 것만 안타까워하며 후회에서 벗어나지 못했습니다. 자기 죄를 깨닫고 회개하지 않았습니다. 그래서 하나님이 선지자를 보내셔서 회개를 촉구하신 것입니다.

그런데 우리는 여기서 또 한 가지 놀라운 사실을 발견하게 됩니다. "이스라엘 백성이 철저히 회개했다"는 말은 눈 씻고 찾아봐도 없는데, 하나님은 구원 작업을 시작하십니다.

11 여호와의 사자가 아비에셀 사람 요아스에게 속한 오브라에 이르러 상수리나무 아래에 앉으니라 마침 요아스의 아들 기드온이 미디안 사람에게 알리지 아니하려 하여 밀을 포도주 틀에서 타작하더니 12 여호와의 사자가 기드온에게 나타나 이르되 큰 용사여 여호와께서 너와 함께 계시도다 하매_삿 6:11~12

하나님이 요아스의 아들 기드온을 사사로 보낼 준비를 하십니다. 이스라엘이 회개할 때까지 기다리시는 것이 아니라, 구원의 손을 먼저 펴신 것입니다. 부모 마음이 다 그렇지 않습니까? "위험하니까 물에 들어가지 마!"라고 아무리 얘기해도 아이가 물에 들어가 놀다가 빠져서 허우적거리면 그 부모는 어찌합니까? 물에 빠진 아이가 잘못을 뉘우칠 때까지 마냥 기다리지 않습니다. 일단 살려 놓고 나서 야단치든 말든 하지 않습니까? 하나님도 마찬가지이십니다.

"우리가 **아직 죄인 되었을 때에** 그리스도께서 우리를 위하여 죽으심으로 하나님께서 우리에 대한 자기의 사랑을 확증하셨느니라"(롬 5:8).

그런데 이번에 준비된 사사 기드온은 우리가 생각하는 사사와는 뭔가 달라 보입니다. 특히 11절에 보니 기드온이 밀을 포도주 틀에서 타작했다고 합니다. 보통 타작을 하려면 바람이 필요해서 넓은 마당에서 합니다. 그러면 기드온은 왜 포도주 틀에서 타작했을까요? 이유는 오직 한 가지, 적에게 들키지 않고 숨어서 하기 위해서였습니다. 그런데 '기드온'이라는 이름의 뜻이 무엇입니까? '강타자(smiter)'입니다. 그러니 숨어서 타작하는 모습은 아무리 잘 봐주려고 해도 모양이 빠집니다. 사사는커녕 남자답지도 않고, 그저 겁쟁이처럼 보입니다.

더구나 하나님과 기드온이 나눈 대화를 보십시오(괄호 안은 제가 기드온의 심정을 상상해서 넣은 말입니다).

12 여호와의 사자가 기드온에게 나타나 이르되 **큰 용사여** 여호와께서 너와 함께 계시도다 하매 (내가 큰 용사라고요?) 13 기드온이 그에게

대답하되 오 나의 **주여 여호와께서 우리와 함께 계시면 어찌하여 이 모든 일이 우리에게 일어났나이까** 또 우리 조상들이 일찍이 우리에게 이르기를 여호와께서 우리를 애굽에서 올라오게 하신 것이 아니냐 한 그 모든 이적이 어디 있나이까 이제 여호와께서 우리를 버리사 미디안의 손에 우리를 넘겨 주셨나이다 하니 (하나님, 왜 우리를 버리셨습니까?) 14 여호와께서 그를 향하여 이르시되 너는 가서 이 너의 힘으로 이스라엘을 미디안의 손에서 구원하라 내가 너를 보낸 것이 아니냐 하시니라 (하나님은 질문에 답도 안 해 주시고, '네가 나가 구원하라' 명하시다니) 15 그러나 기드온이 그에게 대답하되 오 주여 내가 무엇으로 이스라엘을 구원하리이까 보소서 **나의 집은 므낫세 중에 극히 약하고 나는 내 아버지 집에서 가장 작은 자니이다** 하니 (내가 어찌요? 못합니다!) 16 여호와께서 그에게 이르시되 **내가 반드시 너와 함께 하리니** 네가 미디안 사람 치기를 한 사람을 치듯 하리라 하시니라 17 기드온이 그에게 대답하되 만일 내가 주께 은혜를 얻었사오면 나와 말씀하신 이가 주 되시는 **표징을 내게 보이소서**_삿 6:12~17

기드온은 자신이 가장 작고 약하다고 여깁니다. 하나님이 이스라엘 백성을 구원하기 위해 사사로 선택하신 자가 바로 이런 사람입니다. 그런데도 하나님은 기드온을 탓하지 않으십니다. 표징을 보여 달라 하니 표징도 바로 보여 주십니다. 어떤 표징입니까?

첫 번째 표징

19 기드온이 가서 염소 새끼 하나를 준비하고 가루 한 에바로 무교병을 만들고 고기를 소쿠리에 담고 국을 양푼에 담아 상수리나무 아래 그에게로 가져다가 드리매 20 하나님의 사자가 그에게 이르되 고기와 무교병을 가져다가 이 바위 위에 놓고 국을 부으라 하니 기드온이 그대로 하니라 21 여호와의 사자가 손에 잡은 지팡이 끝을 내밀어 고기와 무교병에 대니 불이 바위에서 나와 고기와 무교병을 살랐고 여호와의 사자는 떠나서 보이지 아니한지라 22 기드온이 그가 여호와의 사자인 줄을 알고 이르되 슬프도소이다 주 여호와여 내가 여호와의 사자를 대면하여 보았나이다 하니 23 여호와께서 그에게 이르시되 너는 안심하라 두려워하지 말라 죽지 아니하리라 하시니라 24 기드온이 여호와를 위하여 거기서 제단을 쌓고 그것을 여호와살롬이라 하였더라 그것이 오늘까지 아비에셀 사람에게 속한 오브라에 있더라 _삿 6:19~24

기드온이 염소 새끼 한 마리를 삶아 소쿠리에 담고, 무교병과 더불어 바위에 놓고, 놋그릇(양푼)에 담아 간 국물을 그 위에 붓습니다. 그러자 하나님의 사자가 지팡이 끝을 내밀어 고기와 무교병을 대니, 바위에서 불이 나와 고기와 무교병을 태우고 사라집니다. 이후 24절에 "**기드온이 여호와를 위하여 거기서 제단을 쌓고 그것을 여호와살롬이라 하였더라 그것이 오늘까지 아비에셀 사람에게 속한 오브라에**

있더라"고 합니다.

기드온이 강타자(smiter)이자 큰 용사(mighty warrior)가 된 이유가 여기에 있습니다. 기드온이 드린 온전한 제사를 하나님이 온전히 받으신 것입니다. 그것을 표징으로 보여 주셨습니다. 그렇다면 이 표징이 의미하는 바는 무엇입니까? 이사야 53장 말씀에서 힌트를 얻을 수 있습니다.

"그는 실로 우리의 질고를 지고 우리의 슬픔을 당하였거늘 **우리는 생각하기를 그는 징벌을 받아 하나님께 맞으며 고난을 당한다 하였노라** ······yet we considered him stricken by God, smitten by him, and afflicted [NIV] 그가 찔림은 우리의 허물 때문이요 그가 상함은 우리의 죄악 때문이라 그가 징계를 받으므로 우리는 평화를 누리고 그가 채찍에 맞으므로 우리는 나음을 받았도다"(사 53:4~5).

곧 십자가 표징입니다. 하나님이 기드온에게 거듭 주신 약속은 "내가 너와 함께하겠다"였습니다. 임마누엘의 약속입니다. 우리 또한 별것 아닌 인생입니다. 비겁하고, 쪼잔하고, 무서워 떨고, 쩨쩨하고, 별로입니다. 그러나 믿는 우리에게는 대신 맞아 주시는 주님이 계십니다.

"너는 큰 용사라", "내가 함께 가겠다. 내가 대신 맞을 테니 겁먹지 말고 나가 싸워라!", "죄의 결과 때문에 세상 근심과 후회에 빠져 있지 말고, 내가 대신 다 맞았으니 겁내지 말고 일어나 가라!" 명하십니다.

주님은 요한복음 8장에서 간음하는 현장에서 붙들려 온 여인에게 물으셨습니다.

"너를 돌로 치며 정죄하는 자가 있느냐?"

여인이 대답합니다.

"없습니다!"

왜 없을까요? 주님이 대신 맞아(smitten) 주셨기 때문입니다. 그리고 주님이 말씀하십니다.

"가서 다시는 죄를 범하지 말라 Go From now on sin no more [NASB]"(요 8:11).

우리 또한 별것 아닌 인생입니다.
비겁하고, 쪼잔하고, 무서워 떨고, 쩨쩨하고, 별로입니다.
그러나 믿는 우리에게는 대신 맞아 주시는
주님이 계십니다.

적용질문

† 미디안은 이스라엘의 소산을 착취하며 괴롭힙니다. 이때 이스라엘이 다시 여호와께 부르짖기 시작하는데, 다른 악순환과 다른 점 하나는 무엇입니까(삿 6:4~6)?

† 회개와 후회의 다른 점을 정리해 보고, 우리 안에 끝없이 머리를 드는 죄의 정체를 파악하여 악순환을 끊어내 봅시다(삿 6:9~10; 고후 7:10).
  · 후회는 죄의 _____에 대한 근심
  · 팀 켈러 목사의 예: 후회 = _____, 회개 = _____
  · 후회는 죄의 결과에 _____, 회개는 죄의 결과에서 _____

† 은혜는 우리가 _____하기 전에 이미 _____을 위해 움직이시는 하나님을 발견하는 것입니다. 사사기 6장 11~12절을 읽고 빈칸을 채워 보십시오(롬 5:8).

† 하나님이 기드온을 '큰 용사(mighty warrior)'라고 부르십니다. 그러나 기드온이 큰 용사가 되기에 부족하다는 것을 어떻게 알 수 있을까요? 그럼에도 '큰 용사'가 될 수 있는 유일한 조건은 무엇인지, 본문을 자세히 살펴봅시다(삿 6:11~24).

† "당신은 큰 용사입니다!"라고 서로 부르며, 축복 기도로 소그룹 모임을 마칩시다.

Chapter
9

도로 표지판인가, 가이드인가?

사사기 6장 25~40절

앞 장에서 언급했듯이, 이스라엘이 미디안으로 말미암아 궁핍함이 심했을 때 여호와의 사자가 기드온에게 나타나십니다. 그리고 "여호와께서 너와 함께 계시도다" 하며 하나님이 기드온을 통해 미디안을 물리치시리라고 약속하십니다. 그러나 이 약속이 믿기지 않은 기드온은 여호와의 사자에게 '표징'을 보여 달라고 간구합니다. 이때 여호와의 사자는 기드온에게 염소 새끼 삶아서 가져온 것을 무교병과 함께 바위에 올려 놓고 고기 삶은 물을 그 위에 부으라고 하십니다. 기드온이 즉시 그리하자 여호와의 사자가 일으키신 불이 바위에서 나와 고기와 무교병을 사릅니다.

이후 여호와의 사자가 떠나서 보이지 않자 비로소 기드온은 그가 여호와의 사자인 줄을 알게 됩니다. 그 약속을 주신 하나님 여호와를 위하여 거기서 '여호와 살롬'이라는 제단을 쌓습니다(삿 6:12~24). 그리고 그 제단에서 번제를 드리는 장면을 성경은 다음과 같이 기록하고 있습니다.

> 25 그 날 밤에 여호와께서 기드온에게 이르시되 네 아버지에게 있는 수소 곧 칠 년 된 둘째 수소를 끌어 오고 네 아버지에게 있는 바알의 제단을 헐며 그 곁의 아세라 상을 찍고 26 또 이 산성 꼭대기에 네 하나님 여호와를 위하여 규례대로 한 제단을 쌓고 그 둘째 수소를 잡아 네가 찍은 아세라 나무로 번제를 드릴지니라 하시니라 27 이에

> 기드온이 종 열 사람을 데리고 여호와께서 그에게 말씀하신 대로 행하되 그의 아버지의 가문과 그 성읍 사람들을 두려워하므로 이 일을 감히 낮에 행하지 못하고 밤에 행하니라 _삿 6:25~27

기드온은 하나님이 말씀하신 대로 따랐지만, 아버지 가문과 성읍 사람들이 두려워 감히 낮에 하지 못하고 밤에 행합니다. 큰 용사이기는 하지만 여전히 '별로'인 기드온의 모습입니다. 이제 어떤 일이 일어납니까? 성읍 사람들이 아침에 일어나 보니, 바알 제단이 파괴된 것을 보고 기드온을 죽이려 합니다. 그런데 그때 그의 아버지 요아스가 나서서 이렇게 말합니다.

> ……너희가 바알을 위하여 다투느냐 너희가 바알을 구원하겠느냐 그를 위하여 다투는 자는 아침까지 죽임을 당하리라 바알이 과연 신일진대 그의 제단을 파괴하였은즉 그가 자신을 위해 다툴 것이니라 하니라 _삿 6:31b

이때부터 기드온은 '여룹바알'이라는 별명을 얻습니다. 평생토록 바알이 시비 걸고 다툴 대상이라는 것입니다(삿 6:32). 그렇다면 하나님이 함께하시는데도 기드온에게 왜 이런 일이 일어날까요? 또 바알의 제단을 헐고 아세라 상을 찍은 기드온을 통해 하나님이 우리에게 주시는 메시지는 무엇일까요?

다리 끊기(Burn the bridge)

기드온이 바알의 제단을 헐고 아세라 상을 찍은 것은 미디안과의 전쟁에 앞서 행한 일입니다. 전쟁을 치르고 나서 해도 될 것 같은데, 우상부터 정리합니다. 왜 그렇습니까? 전쟁에 승리하면 자칫 자만에 빠질 수 있기 때문입니다. '미디안도 물리쳤는데 그깟 바알 제단이 있으면 어떻고, 아세라 상이 있다고 무슨 일 나겠어?' 생각할 수 있습니다.

기회만 있으면 죄악을 향해 가는 우리입니다. 그러므로 그 길을 사전에 차단하는 '다리 끊기(Burn the bridge)'가 필요합니다. 죄악으로 돌아갈 가능성을 아예 차단해 버리는 것입니다.

먼 여행을 떠나기 전에 자동차 보닛을 열고 엔진과 부품 상태를 점검하듯이 주님과 동행하려면 예배와 순종, 거룩과 순결 등 자신의 영적 상태를 점검해야 합니다. 건전하지 않은 교제는 끊어야 하고, 누가 봐도 부끄러운 잡지나 사진은 버려야 합니다. 알고리즘에 뜨는 유튜브 영상에도 부끄러움이 없어야 합니다. 정리할 것은 정리하고, 확실히 끊어 내야 합니다. 그러지 않으면 죄는 언제든 다시 고개를 듭니다. 내 삶의 우선순위를 확실히 정돈해야 합니다.

창세기 4장에서 가인이 자신의 제사가 받아들여지지 않아 분을 내고 안색이 변했을 때 하나님이 이렇게 말씀하셨습니다.

"네가 선을 행하면 어찌 낯을 들지 못하겠느냐 선을 행하지 아니하면 **죄가 문에 엎드려 있느니라** ······sin is crouching at your door

······[NIV] 죄가 너를 원하나 너는 죄를 다스릴지니라"(창 4:7).

하나님이 기드온에게 요구하신 것도 이와 다름없습니다. 이 말씀을 보다가 오래전에 본 주윤발과 양자경 주연의 〈와호장룡(Crouching tiger, hidden dragon)〉이라는 영화가 떠올랐습니다. '와호'란 '누워 있는 호랑이'라는 말로, 그냥 누워 있는 것이 아니라 호시탐탐 기회를 엿보고 있다는 뜻입니다. 죄가 '엎드려 있다(crouching)'고 할 때 사용한 표현과 같습니다. 죄가 여러분의 문지방에 누워 있지 않도록 치워 버려야 합니다. 다시 죄의 유혹에 빠지지 않도록 죄의 습관들을 말끔히 씻어 냅시다!

양털 뭉치 표징(Sign)

36 기드온이 하나님께 여쭈되 주께서 이미 말씀하심 같이 내 손으로 이스라엘을 구원하시려거든 37 보소서 내가 양털 한 뭉치를 타작마당에 두리니 만일 이슬이 양털에만 있고 주변 땅은 마르면 주께서 이미 말씀하심 같이 내 손으로 이스라엘을 구원하실 줄을 내가 알겠나이다 하였더니 38 그대로 된지라 이튿날 기드온이 일찍이 일어나서 양털을 가져다가 그 양털에서 이슬을 짜니 물이 그릇에 가득하더라 39 기드온이 또 하나님께 여쭈되 주여 내게 노하지 마옵소서 내가 이번만 말하리이다 구하옵나니 내게 이번만 양털로 시험하게 하소서 원하건대 양털만 마르고 그 주변 땅에는 다 이슬이 있게 하옵

소서 하였더니 40 그 밤에 하나님이 그대로 행하시니 곧 양털만 마르고 그 주변 땅에는 다 이슬이 있었더라 _삿 6:36~40

미디안과 아말렉과 동방 사람들이 다 몰려와 이스르엘 골짜기에 진을 치고 이스라엘을 위협할 때(삿 6:33) 기드온이 하나님께 표징을 구합니다.

"정말 제가 나가 싸우면 이 전쟁에서 이길 수 있습니까? 제가 미디안의 압제에서 이스라엘을 구원해 낼 수 있습니까? 그렇다면 저에게 표징을 보여 주십시오."

처음에는 하나님이 나타나셔서 표징을 보여 주셨는데, 이번에는 기드온이 구체적으로 표징을 요구합니다. 그렇다면 여러분은 이 말씀을 보면서 어떤 생각이 드십니까?
① 기드온은 여전히 '별로'이다.
② 나도 헷갈리는 일이 있는데, 이렇게 해봐야겠다.
③ 하나님을 시험하면 안 되는데 기드온은 하나님을 시험하고 있다.
④ 그럼에도 불구하고 기드온의 요구에 응해 주시는 하나님이 정말 대단하다.

저는 4번입니다. 생각할수록 하나님의 인내와 기다림과 길이 참으심이 대단하게 느껴집니다. 여기에 힌트가 있습니다. 그런데 이 표징은 기드온이 미디안과 '싸울지 말지' 결정하기 위해 보여 달라는 것이 아닙니다. 이 전쟁에 함께하시겠다는 하나님에 대해 더 깊이 알기 위함입니다.

'이 비즈니스를 할 것인가, 말 것인가?' 혹은 '두 회사에 합격했는데, 어디에 갈 것인가?', '어느 교회에 갈까?', '누구와 결혼할까?', '이혼할까, 그냥 계속 살까?' 이처럼 우리 삶에서 선택이 어려울 때가 있습니다. 그때마다 우리는 하나님께 표징을 요구하곤 합니다. 그러면서도 마음 한구석에는 하나님의 뜻을 가리고 싶은 충동이 있지 않습니까?

하나님의 뜻을 분별하는 두 가지 범주

삶에서 하나님의 뜻을 분별할 때 두 가지 큰 범주(category)가 있습니다.

첫째, 일반적 범주라고 할 수 있는 도덕과 윤리에 관한 범주입니다.

> 하나님의 뜻은 이것이니 너희의 거룩함이라 곧 음란을 버리고
> _살전 4:3

> 16 항상 기뻐하라 17 쉬지 말고 기도하라 18 범사에 감사하라 이것이 그리스도 예수 안에서 너희를 향하신 하나님의 뜻이니라
> _살전 5:16~18

'예수 안 믿는 사람과 결혼할까?'라는 문제는 굳이 하나님께 표징을 구할 이유가 없습니다. 답은 'No'가 분명하기 때문입니다. '세금 신고를 속여서 할 것인가?' 답은 'No'입니다. '깐깐한 이웃을 사랑할 것인가?' 답은 'Yes'입니다. '선생이 될까, 은행 강도가 될까?' 표징을 물을 이유가 있습니까? 당연히 교사가 되어야 합니다.

둘째, 특정한 범주에 관한 분별, 즉 삶의 구체적인 계획과 관련된 것입니다.

이를테면 선생이 되려는데, '바이올라(Biola) 대학에서 할 것인가, 캘리포니아 대학(UCI)에서 할 것인가?' 하는 것입니다. '의사가 되느냐, 소설가가 되느냐? 화가가 되느냐, 엔지니어가 되느냐?', '산호세에 사느냐, 어바인에 사느냐?', '테슬라에서 일하느냐, 아마존에서 일하느냐?' 등의 분별도 마찬가지입니다.

그 답은 여러분이 원하는 것을 선택하면 됩니다. 여러분이 좋아하는 길을 선택하는 것을 하나님이 싫어하실 이유가 없습니다. 하나님은 여러분이 어디서 일하든지, 어떤 일을 하든지, 화가를 하든, 엔지니어로 살든, 직업 그 자체보다 '신앙인으로서 그 일을 어떻게 접근하는지'에 더 관심이 있으실 것입니다.

우리는 좋은 환경을 택하면 삶이 더 나아지리라고 생각합니다. 하지만 그보다 먼저 믿음 있고 바른 사람이 되어야 합니다. 그러면 어디서 무엇을 하고 살든지 하나님이 기뻐하실 것이고, 하나님의 뜻을 이루며 살 것입니다.

이 세상에 완전한 환경이 있습니까? 완전한 학교, 완전한 배우자가 있습니까? 저 남자와 결혼하면 행복하고, 저 여자와 결혼한다고 해서 되는 것이 아닙니다. 괜찮은 사람과 결혼하면 행복해지는 것이 아닙니다. 내 배우자가 그리스도 안에서 믿음의 사람이 되면, 결혼생활이 행복해지는 것입니다.

우리 인생에는 '할까 말까', '갈까 말까' 선택해야 하는 일이 너무나 많습니다. 운전할 때는 내비게이션의 안내가 필요하고 도로 표지판도 살펴야 합니다. 하지만 구원의 길을 갈 때는 굳이 그럴 필요가 없습니다. 내 옆에 최고의 가이드, 예수님이 함께하시기 때문입니다.

그러므로 우리가 앞을 내다볼 수 없는 길을 갈 때를 위해 하나님이 주신 방법이 있습니다. 바로 '기도'입니다. 기도로 하나님을 찾고 지혜를 구해야 합니다.

> 너희 중에 누구든지 지혜가 부족하거든 모든 사람에게 후히 주시고 꾸짖지 아니하시는 하나님께 구하라 그리하면 주시리라_약 1:5

> 너희는 욕심을 내어도 얻지 못하여 살인하며 시기하여도 능히 취하지 못하므로 다투고 싸우는도다 너희가 얻지 못함은 구하지 아니하기 때문이요_약 4:2

더글라스 웹스터(Douglas D. Webster)의 『영적 방향을 찾아(Finding Spiritual Direction)』에 나오는 내용입니다.

"기도는 우리의 생각을 바로잡고 행동을 인도하며 하나님의 일을 위해 우리를 준비시킵니다. 나는 기도를 통해 창조주와 마주합니다. 기도는 내 삶을 살아 계신 하나님의 뜻과 일에 집중시킵니다. 그래서 나는 꽉 움켜쥐고 발버둥 치는 대신 하나님 없이 살아갈 수 없는 이 세상에서 사는 법에 대한 하나님의 이해를 받습니다. The wisdom required to live in the world cannot be bought, earned or invented. The wisdom of God is given by God and must be asked for. This does not mean that when we pray, everything will be placed in order and we'll feel great. Prayer does not tidy up life and arrange it in labeled file folders. It focuses and intensifies life. Prayer orients our thinking, directs our actions and prepares us for God's work. Through prayer I am brought face to face with my Creator. **Prayer centers my life in the will and work of the living God. Instead of grabbing, clutching and scratching, I receive God's understanding of how to live in a world unlivable without him.**"

하나님의 표징이 부족한 것이 아닙니다. 주님과 나의 관계가 약한 것이 문제입니다. 기드온의 양털 뭉치 사인이 그렇습니다. 이 표징은 우리가 어떤 결정을 해야 한다고 가르쳐 주려는 것이 아닙니다. 하나님이 어떤 분이신지 알도록 가르쳐 준 것입니다. 팀 켈러 목사님은 『당신을 위한 사사기』에서 이 부분을 이렇게 해석했습니다.

"우리는 이것을 어떤 신호나 표징을 구하는 근거로 사용할 수 없다. 기드온도 그렇게 하지 않았다. 그는 단지 하나님께서 자신에게 진정 어떤 분이신지를 초자연적인 방식으로 나타내 달라고 구했을 뿐이다. 이것은 결정을 내리는 방법에 대한 이야기가 아니다. 하나님이 누구신지에 대한 큰 그림을 보여 달라고 구하는 방법에 대한 것이다. We cannot use this as a justification to ask for little signs and signals. Gideon was not doing so – he was asking for supernatural revelation from God to show him who he really is. This therefore is not about how to make a decision. This is about how we need to ask God to give us a big picture of who he is."

이처럼 우리에게는 예수 그리스도 안에서 이미 받은 계시가 있습니다.

베드로는 주님을 잡으려고 온 자들에게 칼을 휘둘렀습니다. 그러다 대제사장의 종 말고의 귀를 잘랐습니다(요 18:10). 그때 주님이 말고의 귀를 즉시로 붙여 주시면서 "네 칼을 도로 칼집에 꽂으라 칼을 가지는 자는 다 칼로 망하느니라"(마 26:52)라고 하셨습니다. 칼로 싸우는 싸움이 우리가 해야 할 싸움이라면 주님도 그렇게 싸우셨을 것입니다. 그러나 주님은 그렇게 싸우지 않겠다고 하십니다. 그런데도 우리는 자꾸 세상에서 배운 방법대로 싸우려고 합니다. 주님이 싸우시는 방법을 싫어하고 심지어 미련하다고까지 생각합니다. 그러나 **주님은 칼 들고 쫓아온 자들에게 칼을 뽑지 않고, 십자가의 길, 고난의 길을 가셨습니다.**

1 옛적에 선지자들을 통하여 여러 부분과 여러 모양으로 우리 조상들에게 말씀하신 하나님이 2 **이 모든 날 마지막에는 아들을 통하여 우리에게 말씀하셨으니** 이 아들을 만유의 상속자로 세우시고 또 그로 말미암아 모든 세계를 지으셨느니라_히 1:1~2

그리고 우리는 이미 말씀을 통해 예수님을 만났습니다. 그 주님이 어떤 분이신지 압니다.

상한 갈대를 꺾지 아니하며 꺼져가는 등불을 끄지 아니하고 진실로 정의를 시행할 것이며_사 42:3

상한 갈대를 꺾지 아니하며 꺼져가는 심지를 끄지 아니하기를 심판하여 이길 때까지 하리니_마 12:20

제가 섬기는 교회의 고등부 사역자로 지원하신 한 전도사님이 저와 인터뷰를 하러 오는 길에 무지개 표징을 구했다고 합니다. 그냥 무지개도 아니고, 확실하게 하고 싶어서 쌍무지개를 구했답니다. 그리고 인터뷰를 마치고 교회 주차장에 나왔더니 정말 무지개가 떠 있어서 무척 놀랐다고 합니다. 하지만 운전하고 가면서 속으로 '하나님, 쌍무지개를 구했는데 하나만 떴으니 아닌 것 같아요'라고 했답니다. 그런데 잠시 후 도로 위에 쌍무지개도 아닌, 3개의 무지개가 피어오르더랍니다. 그래서 우리 교회에서 사역하기로 결정했다는 이야기를 들었습니다.

우리 모두 기드온같이 별로지만, 하나님은 별로인 우리를 탓하지 않으시고, 예수 안에서 다시 만나 주셨습니다. 그런 하나님께 감사합니다. 별로인 나의 흠이 기도의 발판이 되어 감사합니다. 나의 부족은 하나님께 매달리는 힘이 됩니다. '목마른 놈이 우물 판다'고, 부족한 대로 엎드리며 하나님께 기도하며 금식하며 구합시다.

어느 목사님이 이런 말을 하셨습니다.

"콤플렉스는 기도의 밑천이고, 스트레스가 양념이며, 나의 약점이 전능한 하나님을 만나는 기회이다!"

도로 표지판만 의지하며 가는 것이 아니라 든든한 가이드를 얻는 형통한 인생 되길 축복합니다.

별로인 나의 흠이
기도의 발판이 되어 감사합니다.
나의 부족은 하나님께 매달리는 힘이 됩니다.

적용질문

† 전쟁에 나가기 전에 하나님이 기드온에게 요구하신 것은 무엇입니까 (삿 6:25~26)?

† 기드온의 별명이 여룹바알이 된 이유는 무엇이며, 그 의미를 나눠 봅시다(삿 6:27~32; 창 4:7).

† 기드온이 미디안에게서 이스라엘을 구원하기 위해 하나님께 먼저 요구한 사인(sign)은 무엇입니까(삿 6:36~40)?

† 하나님의 뜻을 분별하는 데는 일반적 범주와 특수한 범주가 있습니다. 일반적 범주란 무엇인가요? 다음 참고 구절을 읽고 나눠 봅시다 (살전 4:3, 5:16~18).

† 특수한 범주에 속한 일은 하나님의 뜻을 어떻게 찾을 수 있을까요 (약 1:5, 4:2)?

† 하나님의 뜻을 가장 잘 아는 방법은 무엇일까요(삿 6:34; 히 1:1~2; 사 42:3; 마 12:20)?

Chapter
10

외로이 남겨진 300명

사사기 7장 1~25절

저는 액션 영화를 좋아하는 편입니다. 특히 생각의 스위치를 끄고 싶을 때 액션 영화가 떠오릅니다. 액션 영화는 보통 도입부에서 주인공이 얼마나 날렵하고, 민첩하고, 불사조처럼 일당백의 영웅인지 맛보여 준 다음 스토리가 전개되는 것을 볼 수 있습니다.

하지만 사사기는 아무리 읽어 봐도 액션 영화의 주인공 같은 영웅이 보이지 않습니다. '아, 하나님은 주연 배우를 캐스팅하는 은사가 없으시구나' 싶을 정도입니다. 기드온 역시 그렇습니다. 그는 한때 몰래 숨어서 포도주 틀에서 밀을 타작하던 자였습니다(삿 6:11). 그러곤 집에 돌아와서는 싱글벙글했을 수도 있습니다. 아내가 "당신, 오늘 왜 이렇게 기분이 좋아?" 물으면 자기 죄를 알지 못해서 "여보, 나 오늘도 안 들키고, 밀 타작 하나 더 했어, 보리떡 하나 더 만들 수 있겠지?" 했을 수 있습니다.

그렇다면 하나님은 이런 자를 어떻게 훈련해서 쓰셨을까요? 이 과정을 통해 소심하고, 믿음 없는 우리를 하나님이 어떻게 쓰시는지 엿볼 수 있을 것입니다.

외로이 남겨지는 시험(test)

여룹바알이라 하는 기드온과 그를 따르는 모든 백성이 일찍이 일어

> 나 하롯 샘 곁에 진을 쳤고 미디안의 진영은 그들의 북쪽이요 모레 산 앞 골짜기에 있었더라 _삿 7:1

하나님께서는 마치 액션 영화를 찍는 것처럼 무대를 세팅하십니다. 이스라엘 백성은 하롯 샘에, 미디안은 북편 모레산 앞 골짜기에 각각 진을 치고 있습니다. 그런데 이 대치 장면은 상상을 초월합니다. 기드온 군사는 3만 2천 명에 불과한데, 미디안 군사는 어떻습니까(삿 7:3)?

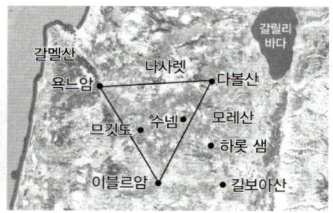

사사기 8장 10절을 보면 이 전투로 미디안 군사가 '12만 명이 죽었고, 남은 자는 1만 5천 명 가량'이라고 합니다. 그러니 미디안의 병력은 모두 13만 5천 명인 셈입니다. 서로 가진 화력과 무기가 대등하더라도 1대 4의 전쟁입니다. 이스라엘 군인 한 명이 평균 4명은 죽여야 이길 수 있는 전쟁입니다. 그러므로 무기마저 열세인 이스라엘 군대가 미디안에 맞서 승리하기는 도저히 불가능합니다. 적어도 30만 군인이 있어야 무장된 적을 소탕할 수 있지 않겠습니까? 그런데 하나님은 그 3만 2천 명도 많다고 하십니다. 그 이유를 이렇게 밝히십니다.

여호와께서 기드온에게 이르시되 너를 따르는 백성이 너무 많은즉 내가 그들의 손에 미디안 사람을 넘겨 주지 아니하리니 이는 이스라엘이 나를 거슬러 스스로 자랑하기를 내 손이 나를 구원하였다 할까 함이니라_삿 7:2

기드온을 따르는 백성이 너무 많다고 하십니다. 하나님이 아닌 자신들의 승리로 여길까 봐 그 수를 줄이겠다고 하십니다. 그런데 하나님의 이런 요구에 놀랍게도 기드온이 응합니다. "누구든지 두려워 떠는 자는 길르앗 산을 떠나 돌아가라" 하니까 그 즉시 2만 2천 명이 돌아갑니다.

이제 너는 백성의 귀에 외쳐 이르기를 누구든지 두려워 떠는 자는 길르앗 산을 떠나 돌아가라 하라 하시니 이에 **돌아간 백성이 이만 이천 명이요 남은 자가 만 명이었더라**_삿 7:3

여러분, "떠나라" 한다고 진짜 떠나는 백성도 참 한심하지 않습니까? 전쟁에서 이기려면 무엇보다 군인의 사기가 중요한데, 3만 2천 군사 중에서 **2만 2천 명**이 싹 빠져나갔습니다. 힘이 빠지고 정말 말이 안 되는 상황입니다. 이제 만 명만 남았습니다. 그런데 바락이 사사 드보라와 함께 시스라 장군의 군대를 무찌를 때 수도 **만 명**입니다(삿 4:14). 그러니 해볼 만한 숫자입니다. 그런데 이때 하나님은 또 어떻게 하십니까?

4 여호와께서 또 기드온에게 이르시되 **백성이 아직도 많으니** 그들을 인도하여 물 가로 내려가라 거기서 **내가 너를 위하여 그들을 시험하리라** 내가 누구를 가리켜 네게 이르기를 이 사람이 너와 함께 가리라 하면 그는 너와 함께 갈 것이요 내가 누구를 가리켜 네게 이르기를 이 사람은 너와 함께 가지 말 것이니라 하면 그는 가지 말 것이니라 하신지라 **5** 이에 백성을 인도하여 물 가에 내려가매 여호와께서 기드온에게 이르시되 누구든지 개가 핥는 것 같이 혀로 물을 핥는 자들을 너는 따로 세우고 또 누구든지 무릎을 꿇고 마시는 자들도 그와 같이 하라 하시더니 **6** 손으로 움켜 입에 대고 핥는 자의 수는 삼백 명이요 그 외의 백성은 다 무릎을 꿇고 물을 마신지라 **7** 여호와께서 기드온에게 이르시되 내가 이 물을 핥아 먹은 삼백 명으로 너희를 구원하며 미디안을 네 손에 넘겨 주리니 남은 백성은 각각 자기의 처소로 돌아갈 것이니라 하시니 **8** 이에 백성이 양식과 나팔을 손에 든지라 기드온이 이스라엘 모든 백성을 각각 그의 장막으로 돌려보내고 그 삼백 명은 머물게 하니라 미디안 진영은 그 아래 골짜기 가운데에 있었더라 _삿 7:4~8

하나님은 시험을 봐서 이스라엘의 군사 수를 더 줄이겠다고 하십니다. 시험 방법은 아주 간단합니다. 물가로 내려가서 백성에게 물을 마시게 하는데, 만 명의 물 먹는 방법이 딱 두 가지로 나뉩니다. 물을 손으로 떠서 '개처럼' 핥는 자가 있고, 무릎 꿇고 머리 숙여 물을 마시는 자가 있습니다. 물을 핥는 자는 **300명**, 무릎 꿇고 마신 자는 **9천 7백**

명입니다.

하나님은 9천 7백 명을 돌려보내시고, 300명만 취하십니다. 이 시험(test)이 시사하는 바가 무엇입니까? 9천 7백 명은 고개를 숙이고 물을 마시느라 경계 태세에 허술했고, 물을 떠먹은 300명은 물을 마실 때도 주위를 살펴서 하나님이 300명만 선택하신 걸까요? 그건 좀 무리 있는 해석입니다. 왜냐하면 300명에 뽑히기 위해 실력을 연마하고 준비한 자는 단 한 명도 없었기 때문입니다.

몇 해 전, 한국의 여자 양궁 대표팀이 올림픽 10연패를 달성했을 때 일입니다. "한국이 양궁을 잘하는 이유가 뭐라고 생각합니까?"라는 기자의 질문에 한 선수가 "한국 양궁은 체계가 확실하게 잡혀 있습니다. 초등학생부터 고등학생, 실업팀까지…… 모든 선수가 부정 없이 동등한 위치에서 경쟁합니다"라고 답했답니다. 계속 공정한 시험(test)을 거쳐서 국가대표를 선발한다는 것입니다.

그러나 이스라엘 군사 300명은 이런 공정한 시험을 통해 선발된 것도 아닙니다. 하지만 저는 이것을 **'남겨지는 시험'**이라고 말하고 싶습니다. 저라면 물가에 뛰어들어 벌컥벌컥 물을 마시는 자들을 뽑을 것 같습니다. 왠지 더 사나이답지 않습니까?

그러나 물을 어떻게 마시느냐가 중요한 것은 아닙니다. '남겨지는 시험'은 외로움과의 싸움입니다. 그래서 남겨진 300명은 용사라기보다는 '남겨진 고독자', '외로움에 떠는 자'들일 수 있습니다. 그중에는 '처음에 떠난 2만 2천 명과 함께 떠날걸' 하며 '후회하는 자'들도 있지 않았을까요? 하지만 그들은 '왜 나만?'이라는 불평과 자기연민의 시험, '나만 남았다'는 후회와의 싸움에서 이겼을 것입니다. 이것이 **남겨지는 시험**에서 승리하는 비결이라고 생각합니다.

제가 중학생 때 어머니가 교회 대학부 교사로 섬기신 적이 있습니다. 한번은 어머니가 그 학생들을 집으로 초대했는데, 형 누나들과 놀면서 제가 얼마나 즐거웠는지 모릅니다. 형과 누나들이 떠난 후 저만 홀로 남겨졌고, 그 썰렁하고 휑한 기분이 아직도 기억납니다. 그만큼 '남겨진 외로움'은 녹록지 않은 감정입니다. 그 어떤 모임도 그렇지 않습니까? 주전들이 빠지고 들러리만 남으면 뭔가 허전하고, 남은 사람은 더 외로워집니다. 교회에서도 그렇습니다. 아무리 성대한 행사를 치르더라도 성도들이 떠나고 나면 참 외롭습니다. 더구나 성도들이 많이 참여하지 않으면 더 기운이 빠지고, '괜히 했나' 싶고 후회가 됩니다. 좋은 목사님과 강사님을 어렵게 섭외했는데 성도들이 별로 없으면 시험에 들 것 같습니다. 300명 용사는 그런 훈련을 통과한 자들입니다.

보리떡 한 덩어리(A Round Loaf of Barley Bread)

기드온 역시 300명 대 13만 5천 명, 약 1:450의 '불가능한 세팅'에 외로움과 두려움을 느끼며 떨었을 것입니다. 하지만 하나님은 기드온이 이 두려움을 이겨 내도록 부하 부라와 함께 적의 진영으로 내려가게 하시고, 적군 보초들이 서로 꿈 이야기하는 것을 듣게 하십니다.

13 기드온이 그 곳에 이른즉 어떤 사람이 그의 친구에게 꿈을 말하여 이르기를 보라 내가 한 꿈을 꾸었는데 꿈에 **보리떡 한 덩어리가** 미디안 진영으로 굴러 들어와 한 장막에 이르러 그것을 쳐서 무너뜨려 위쪽으로 엎으니 그 장막이 쓰러지더라 **14** 그의 친구가 대답하여 이르되 이는 다른 것이 아니라 이스라엘 사람 요아스의 아들 기드온의 칼이라 하나님이 미디안과 그 모든 진영을 그의 손에 넘겨 주셨느니라 하더라 _삿 7:13~14

어쩌면 이렇게 딱 맞아떨어질 수 있습니까? '왜 우리만 남았지?' 하며 외로움에 가슴을 쓸어내리던 남은 군사 300명은 '보리떡 한 덩어리' 신세였습니다. 하지만 기드온은 그 **보리떡 이야기를 들으며** 남들 모르게 포도주 틀에서 밀 타작하던 시절을 떠올리지 않았을까요? 아마도 기드온은 '하나님, 참 유머 감각도 탁월하십니다' 하며 씩 웃었을 것 같습니다. 보리떡 한 덩이에 불과한 미미한 존재인 그에게 남은 것이 뭐가 있었겠습니까? **하나님을 붙드는 것 외에는 아무것도 없습니다.**

여러분에게는 이런 경험이 없습니까? 제가 30세에 떨리는 마음으로 담임목회를 시작할 때 일입니다. 미자립 교회였지만, 그래도 믿을 만한 교수 부부가 성도로 계셔서 철석같이 믿고 갔습니다. 그런데 그 부부는 불과 두 달여 만에 타국의 대학으로 떠나 버렸습니다. 하나님은 이렇게 무대를 세팅하시는 데 명수(名手)이십니다.

보리떡 300 용사

15 기드온이 그 꿈과 해몽하는 말을 듣고 경배하며 이스라엘 진영으로 돌아와 이르되 일어나라 여호와께서 미디안과 그 모든 진영을 너희 손에 넘겨 주셨느니라 하고 16 삼백 명을 세 대로 나누어 각 손에 나팔과 빈 항아리를 들리고 항아리 안에는 햇불을 감추게 하고 17 그들에게 이르되 너희는 나만 보고 내가 하는 대로 하되 내가 그 진영 근처에 이르러서 내가 하는 대로 너희도 그리하여 18 나와 나를 따르는 자가 다 나팔을 불거든 너희도 모든 진영 주위에서 나팔을 불며 이르기를 여호와를 위하라, 기드온을 위하라 하라 하니라 19 기드온과 그와 함께 한 백 명이 이경 초에 진영 근처에 이른즉 바로 파수꾼들을 교대한 때라 그들이 나팔을 불며 손에 가졌던 항아리를 부수니라 20 세 대가 나팔을 불며 항아리를 부수고 왼손에 햇불을 들고 오른손에 나팔을 들어 불며 외쳐 이르되 여호와와 기드온의 칼이다 하고 _삿 7:15~20

이제 기드온이 여호와를 경배하며 전투를 시작합니다. 300명의 병력을 세 부대로 나누어 그 밤 2경 초, 약 밤 10시 즈음에 공격합니다. 그런데 군인들이 들고 가는 무기가 가관입니다. 총칼과 활을 들고 나가도 시원치 않을 판에 나팔, 햇불, 항아리를 들고 나갑니다. 그리고 작전명령이 떨어지자 모두 항아리를 깨고 나팔을 불며 햇불을 밝힙니다. 그리고 이렇게 외칩니다.

"여호와와 기드온의 칼이다!"

이 얼마나 우스꽝스럽고, 미련하고, 어리석은 모습입니까? 그런데 바로 이 상황에서 기적이 일어납니다.

> 21 각기 제자리에 서서 그 진영을 에워싸매 그 온 진영의 군사들이 뛰고 부르짖으며 도망하였는데 22 삼백 명이 나팔을 불 때에 여호와께서 그 온 진영에서 친구끼리 칼로 치게 하시므로 적군이 도망하여 **스레라의 벧 싯다**에 이르고 또 **답밧에 가까운 아벨므홀라**의 경계에 이르렀으며 23 이스라엘 사람들은 납달리와 아셀과 온 므낫세에서부터 부름을 받고 미디안을 추격하였더라 24 기드온이 사자들을 보내서 에브라임 온 산지로 두루 다니게 하여 이르기를 내려와서 미디안을 치고 그들을 앞질러 벧 바라와 요단 강에 이르는 수로를 점령하라 하매 이에 에브라임 사람들이 다 모여 **벧 바라**와 요단 강에 이르는 수로를 점령하고 25 또 미디안의 두 방백 오렙과 스엡을 사로잡아 오렙은 오렙 바위에서 죽이고 스엡은 스엡 포도주 틀에서 죽이고 미디안을 추격하였고 오렙과 스엡의 머리를 요단 강 건너편에서 기드온에게 가져왔더라 _삿 7:21~25

갑자기 미디안 군인들이 서로에게 칼을 들이대고, 죽이고 난리입니다. 자기네끼리 싸우면서 자멸하고 맙니다. 항아리 깨지는 소리에, 횃불과 나팔 소리에 이들이 다 미쳐 버린 것입니다.

여기에서 얻을 수 있는 교훈이 무엇입니까? 기드온 300 군사의 싸움은 총칼의 싸움이 아니었다는 것입니다. 무기의 싸움이 아니고, 기술과 전략의 싸움도 아니었습니다. 오로지 이스라엘이 하나님을 의지하느냐, 아니면 자기 힘과 계략을 의지하느냐의 싸움이었습니다. 그 모습이 아무리 우스워 보여도, 보리떡같이 하찮아 보여도, 먹다 남은 짜장면처럼 보여도 하나님의 말씀을 의지하면 그것이 바로 여호와의 칼날이 되었다는 것입니다.

신앙의 싸움

어쩌면 성도의 싸움도 이와 같을 수 있습니다. 첨예한 무기로 무장한 적군 앞에 항아리와 나팔을 들고 가는 모습일지 모릅니다. 세상 사람들 눈에는 그렇게 미련해 보일 수 있습니다.

> 23 우리는 십자가에 못 박힌 그리스도를 전하니 유대인에게는 거리끼는 것이요 이방인에게는 미련한 것이로되 24 오직 부르심을 받은 자들에게는 유대인이나 헬라인이나 그리스도는 하나님의 능력이요 하나님의 지혜니라_고전 1:23~24

> 내가 복음을 부끄러워하지 아니하노니 이 복음은 모든 믿는 자에게 구원을 주시는 하나님의 능력이 됨이라 먼저는 유대인에게요 그리고 헬라인에게로다_롬 1:16

왜 나만 겪는 고난이냐고 불평하지 마세요

고난의 뒤편에 있는 주님이 주실 축복

미리 보면서 감사하세요……

힘을 내세요……

<왜 나만 겪는 고난이냐고>, 김석균

오늘 숨을 쉬는 것 감사

나를 구원하신 것 감사

내 뜻대로 안 돼도

주가 인도하신 것 모든 것 감사

내게 주신 모든 것 감사

때론 가져가심도 감사

내게 고난 주셔서 주 뜻 알게 하신 것 모든 것 감사

주님 감사해요 주님 감사해요

내가 여기까지 온 것도 은혜입니다……

나를 사랑하신 주 사랑 감사합니다

<감사>, 손경민

사실 예수님의 십자가만큼 어리석어 보이는 싸움도 없습니다. 제자들도 다 떠나가고, 그 누구도 함께하지 않은 십자가 길에서 주님은 겟세마네 동산을 향하셨습니다(마 26장). 그때 주님은 이렇게 기도하셨습니다.

"주여, 내 마음이 고민하여 죽게 되었습니다."

"내 아버지여, 만일 할 만하시거든 이 잔을 내게서 지나가게 하옵소서."

그리고 "나의 원대로 마옵시고 아버지의 원대로 하옵소서"가 그 기도의 결론이었습니다.

이렇게 어리석은 기도가 어디 있습니까? 요즘처럼 자기 밥그릇은 자기가 챙기는 시대에 이처럼 바보가 어디 있습니까? 그런데 우리 주님은 그런 기도를 하신 후에 십자가 길을 가셨습니다. 그 십자가를 따르는 제자들에게도 "자기를 부인하고 십자가를 지고 나를 따르라"고 하셨습니다.

우리가 시험을 볼 때 속여서 A학점을 받는 것보다 정직하게 C학점을 받는 게 승리하는 것입니다. 자기 잇속 챙기며 약게 사는 것보다 바보처럼 섬기며 사는 것이 진정한 승리입니다. 사도 바울도 그랬습니다. 그토록 조롱받았던 주님이 지신 십자가, 하나님의 뜻에 따라 우리 모두의 죄를 짊어지고 죽으신 그 주님의 십자가 외에는 다른 어떤 것도 자랑하지 않겠다고 외쳤습니다. 가장 어리석어 보였던 십자가 길이지만, 그것이 하나님의 뜻이기에 순종하신 주님이십니다. 그러므로 하나님은 구원을 이루시고, 그 구원으로 우리를 살리셨습니다.

기드온 300 군사의 싸움은 총칼의 싸움이
아니었다는 것입니다. 무기의 싸움이 아니고,
기술과 전략의 싸움도 아니었습니다.
오로지 이스라엘이 하나님을 의지하느냐,
아니면 자기 힘과 계략을 의지하느냐의 싸움이었습니다.

적용질문

† 기드온과 백성이 진을 친 곳과 미디안 진영을 아래 지도에서 찾아봅시다(삿 7:1~2).

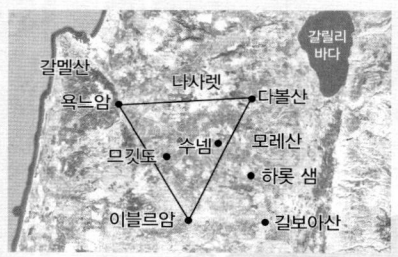

† 미디안 군대와 싸우기 위해 징집된 이스라엘 군사는 몇 명이었습니까(삿 7:3, 8:10)?

† 군사의 수를 300명으로 줄이는 이유가 무엇이라고 하십니까? 그러기 위해 하나님은 어떤 시험을 하십니까(삿 7:2, 4~7)?

† 하나님만 의지할 수밖에 없는 300명만 남겨진 상황을 겪은 적은 없습니까? 무기의 힘이 아니라, 전적으로 하나님의 능력을 체험한 이야기를 나누어 봅시다.

† 보리떡 한 덩어리의 의미를 참고 구절을 읽고 생각해 봅시다.

- "우리는 십자가에 못 박힌 그리스도를 전하니 유대인에게는 거리끼는 것이요 이방인에게는 미련한 것이로되 오직 부르심을 받은 자들에게는 유대인이나 헬라인이나 그리스도는 하나님의 능력이요 하나님의 지혜니라"(고전 1:23~24).
- "내가 복음을 부끄러워하지 아니하노니 이 복음은 모든 믿는 자에게 구원을 주시는 하나님의 능력이 됨이라 먼저는 유대인에게요 그리고 헬라인에게로다"(롬 1:16).

Chapter
11

성공이 최악이 되는 경우

사사기 8장 1~35절

2024년 파리올림픽 여자 400미터 허들에서 세계신기록을 세우며 올림픽 2연패를 달성한 미국의 육상선수 '시드니 맥러플린-레브론(Sydney McLaughlin-Levrone)'은 우승 소감을 통해 하나님께 영광을 돌리고 주님 안에서 받은 은혜에 감사했습니다. 저는 그 모습을 보고 그녀가 크리스천임을 알게 되었습니다. 그녀는 16세라는 어린 나이에 도쿄올림픽에 처음 참가해서 금메달을 딴 후 『금메달을 넘어서(Far Beyond Gold)』라는 책을 썼습니다. 부제는 "두려움에서 믿음으로의 경주(Run-ning from Fear to Faith)"입니다.

    이 책에서 그녀는 올림픽 출전 선수들에게 '금메달'은 최고의 목표이자 정체성을 증명하는 도구지만 우리의 삶은 금메달 이상의 의미가 있고, 진정한 정체성은 그리스도 안에서 발견된다고 말합니다.

    이런 고백 후에도 세계신기록을 세우며 금메달 딴 것을 보면 그녀가 정말 기드온 같다는 생각이 듭니다. 저는 그녀의 이야기를 기드온과 300명 용사가 135,000명의 미디안 군대를 무찌른 사건에 비유하고 싶습니다. 이것은 단순한 승리를 넘어서는, 하나님 안에서의 참된 영광과 정체성을 보여 주는 본보기라고 생각합니다.

    7년간 미디안의 침략에 유린당한 이스라엘은 하나님께 부르짖었습니다(삿 6:1~7). 이때 하나님께서는 미디안을 피해 포도주 틀에서 타작하던 보리떡 같은 기드온을 찾아가 이스라엘을 구원하라고 하십니다. 그리고 자기연민의 시험을 통과한 300명의 소수 군사로

135,000명의 미디안 군사에 대항하게 하십니다. 전쟁의 승패는 숫자가 아닌, 하나님께 있음을 보여 주시기 위함이었습니다.

그런데 이 전쟁이 끝날 무렵, 기드온에게 의외의 일이 일어납니다.

> 1 에브라임 사람들이 기드온에게 이르되 네가 미디안과 싸우러 갈 때에 우리를 부르지 아니하였으니 우리를 이같이 대접함은 어찌 됨이냐 하고 그와 크게 다투는지라 2 기드온이 그들에게 이르되 내가 이제 행한 일이 너희가 한 것에 비교되겠느냐 에브라임의 끝물 포도가 아비에셀의 맏물 포도보다 낫지 아니하냐 3 하나님이 미디안의 방백 오렙과 스엡을 너희 손에 넘겨 주셨으니 내가 한 일이 어찌 능히 너희가 한 것에 비교되겠느냐 하니라 기드온이 이 말을 하매 그 때에 그들의 노여움이 풀리니라 _삿 8:1~3

전쟁을 치를 때 자신들이 배제된 것에 불만을 품은 에브라임 지파가 분란을 일으킵니다. 제가 보기에는 '다 이긴 전쟁 밥상에 숟갈 얹기'입니다. 그러나 기드온은 기지를 발휘하여 **"에브라임의 끝물 포도가 아비에셀의 맏물 포도보다 낫지 아니하냐"** 치하하며 에브라임의 노여움을 풀어 줍니다. 언뜻 보기에 에브라임은 정당한 요구를 하고, 기드온은 칭찬까지 하며 지혜롭게 대응한 듯합니다. 그러나 이스라엘이 여전히 본질과 무관한 것에 집착하고 있음을 보게 됩니다.

> 4 기드온과 그와 함께 한 자 삼백 명이 요단 강에 이르러 건너고 비

록 피곤하나 추격하며 5 그가 숙곳 사람들에게 이르되 나를 따르는 백성이 피곤하니 청하건대 그들에게 떡덩이를 주라 나는 미디안의 왕들인 세바와 살문나의 뒤를 추격하고 있노라 하니 6 숙곳의 방백들이 이르되 세바와 살문나의 손이 지금 네 손 안에 있다는거냐 어찌 우리가 네 군대에게 떡을 주겠느냐 하는지라 7 기드온이 이르되 그러면 여호와께서 세바와 살문나를 내 손에 넘겨 주신 후에 내가 들가시와 찔레로 너희 살을 찢으리라 하고 8 거기서 브누엘로 올라가서 그들에게도 그같이 구한즉 브누엘 사람들의 대답도 숙곳 사람들의 대답과 같은지라 9 기드온이 또 브누엘 사람들에게 말하여 이르되 내가 평안히 돌아올 때에 이 망대를 헐리라 하니라 10 이 때에 세바와 살문나가 갈골에 있는데 동방 사람의 모든 군대 중에 칼 든 자 십이만 명이 죽었고 그 남은 만 오천 명 가량은 그들을 따라와서 거기에 있더라 11 적군이 안심하고 있는 중에 기드온이 노바와 욕브하 동쪽 장막에 거주하는 자의 길로 올라가서 그 적진을 치니 12 세바와 살문나가 도망하는지라 기드온이 그들의 뒤를 추격하여 미디안의 두 왕 세바와 살문나를 사로잡고 그 온 진영을 격파하니라

_삿 8:4~12

기드온과 300명 용사가 미디안의 잔당을 척결하기 위해 추격하는 가운데 전쟁의 피로가 몰려옵니다. 보급품과 남은 식량마저 떨어져 주변의 숙곳과 브누엘에 지원을 부탁합니다. 그러나 기드온의 승리를 의심했던 그들은 그 요청을 거절합니다. 결국 기드온은 미디안

의 두 왕 세바와 살문나를 잡고, 전쟁을 끝내고 돌아오는 길에 숙곳과 브누엘의 지도자를 도륙하고 성읍의 상징인 망대를 헐어 버립니다.

그런데 기드온이 이렇게까지 할 필요가 있었을까요? 어쩌면 자기의 활약과 공을 인정하지 않는 숙곳과 브누엘에 대한 분풀이가 아닌가 싶습니다. 그러자 백성이 눈치껏 기드온을 지도자로 추대하려고 발 빠르게 움직입니다.

> 그 때에 이스라엘 사람들이 기드온에게 이르되 당신이 우리를 미디안의 손에서 구원하셨으니 당신과 당신의 아들과 당신의 손자가 우리를 다스리소서 하는지라_삿 8:22

결국 힘 있는 사람 뒤에 붙겠다는 역겨운 모습 아닙니까? '사람이 이 정도밖에 안 되는구나' 새삼 깨닫습니다. 이때 기드온이 대답합니다.

> 기드온이 그들에게 이르되 내가 너희를 다스리지 아니하겠고 나의 아들도 너희를 다스리지 아니할 것이요 여호와께서 너희를 다스리시리라 하니라_삿 8:23

기드온은 이스라엘을 다스리는 건 하나님이시지, 자신은 아니라고 합니다. 여기서 본문이 끝난다면 기드온의 의도는 신앙적일 수 있습니다. 그런데 기드온은 왕이 되지 않겠다고 하면서도 왕처럼 대우

해 주기를 요청합니다.

> 24 기드온이 또 그들에게 이르되 내가 너희에게 요청할 일이 있으니 너희는 각기 탈취한 귀고리를 내게 줄지니라 하였으니 이는 그들이 이스마엘 사람들이므로 금 귀고리가 있었음이라 25 무리가 대답하되 우리가 즐거이 드리리이다 하고 겉옷을 펴고 각기 탈취한 귀고리를 그 가운데에 던지니 26 기드온이 요청한 금 귀고리의 무게가 **금 천칠백 세겔**이요 그 외에 또 초승달 장식들과 패물과 미디안 왕들이 입었던 자색 의복과 또 그 외에 그들의 낙타 목에 둘렀던 사슬이 있었더라 27 기드온이 그 **금으로 에봇 하나를 만들어 자기의 성읍 오브라에 두었더니** 온 이스라엘이 그것을 음란하게 위하므로 그것이 기드온과 그의 집에 올무(snare)가 되니라 _삿 8:24~27

300명으로 135,000명의 군대를 무찌른 기드온은 그에 대한 대가를 바랍니다. 그리고 그렇게 받은 금 1,700세겔로 제사장이 입는 에봇을 만듭니다. 저는 여기서 이런 질문을 해 봅니다.

실로는 어디 갔는가?

여호수아 18장 1절을 보면 "이스라엘 자손의 온 회중이 실로에 모여서 거기에 회막(tent of meeting)을 세웠으며 그 땅은 그들 앞에서 돌아와 정복되었더라"고 합니다.

당시 이스라엘은 여리고 성을 점령하기 위해 법궤를 들고 갔습니다. 그리고 제사장들이 그 법궤를 섬기기 위해 회막을 세웠는데, 그곳이 실로였습니다. 출애굽 후 40년 동안 광야를 유리하며 이동식 성막에서 예배드리던 이스라엘이 가나안 땅에 들어간 후 농경사회를 형성하며, 실로에 반영구적인 회막(성막)을 둔 것입니다. '회막(meeting place)'은 말 그대로 '하나님을 만나는 곳'입니다. 이스라엘은 솔로몬 시대에 성전이 세워지기 전까지 약 450년간 이곳 실로에서 제사를 드렸습니다.

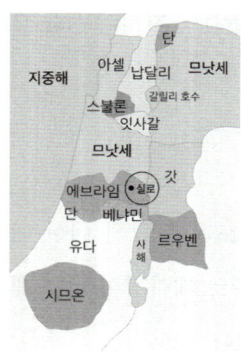

여호수아서 21장에는 "그 때에 레위 사람의 족장들이…… 가나안 땅 **실로에서** 그들에게 말하여 이르되 여호와께서 모세에게 명령하사 우리가 거주할 성읍들과 우리 가축을 위해 그 목초지들을 우리에게 주라 하셨나이다 하매"(수 21:1~2)라고 합니다. 이렇듯 실로는 레위 자손을 비롯한 모든 지파에게 땅을 분배했던 곳이기도 합니다. 제사를 드리며 하나님의 뜻을 분별한 **종교적** 장소였을 뿐 아니라, 나라의 대소사를 결정하는 **정치적** 장소가 바로 실로입니다.

그러므로 기드온이 금 1,700세겔, 즉 2kg 금(요즘 가치로 약 11만 달러)으로 만든 에봇(제사장의 의복)을 자기 동네 오브라에 두었다는 것은 그가 왕이면서 대제사장의 역할까지 탐했다는 것입니다.

프랑스 작가 스탕달(Stendhal)의 장편소설 『적과 흑』은 나폴레옹 제정 이후 들어선 반동적 왕정복고(王政復古) 체제 아래 강한 신분 상승의 의지를 지닌 젊은이가 사회에 나가 갈등하고 좌절하는 이야기입니다. 주인공 쥘리앵은 가난하고 학대당하며 자랐지만, 총명하고 야망이 큰 청년입니다. 출세를 위해 시장(市長) 집에 가정교사로 들어갔다가 돈과 세속적 명예밖에 모르는 사람들 틈에서 시장의 부인인 레날의 마음을 사로잡습니다.

그러다 레날 부인과의 염문이 퍼지면서 쥘리앵은 가정교사를 그만두고, 늙은 대주교의 흠모를 받는 성직자가 됩니다. 당시 빈민 계급이 출세할 수 있는 유일한 길이었기 때문입니다. 이후 쥘리앵은 파리의 대귀족 라 몰 후작의 비서가 되어, 그의 딸 마틸드를 유혹한 후 임신시킵니다. 후작은 쥘리앵을 귀족으로 만들기 위해 돈과 영지를 물려줍니다. 그런데 이때 쥘리앵과의 관계를 폭로하는 레날 부인의 투서가 후작에게 배달되고, 후작은 딸 마틸드에게 결혼을 취소하지 않으면 의절하겠다고 합니다. 이 이야기를 들은 쥘리앵은 레날 부인을 찾아가 미사를 드리던 그녀의 어깨에 총을 쏩니다. 레날 부인은 가까스로 살아났지만, 쥘리앵은 사형선고를 받고 단두대에서 처형을 당합니다.

'빨간 망토를 걸치는 추기경(대제사장)이 되느냐, 검은 망토를 걸치는 정치인(왕)이 되느냐? 둘 중 어떤 것이 내 인생의 꿈과 야망을 이루는 데 효과적인가?' 고민하다가 결국 '적과 흑'을 다 가지겠다는 것이 쥘리앵의 욕망입니다. 하지만 그 욕망의 끝은 죽음이었습니다.

기드온이야말로 '적과 흑'의 주인공 쥘리앵 같습니다. 그는 명실상부한 이스라엘의 사사이자 영웅이지만, 받은 은혜를 모르고 출세의 방편으로 삼았습니다. 정치적 힘을 얻은 것에 만족하지 않고, 종교적인 힘도 얻으려고 했습니다. 그러나 성경은 그런 기드온의 야망이 자신뿐만 아니라 백성까지 도리어 시험 들게 하고 **올무**에 걸리게 했다고 합니다. 카우보이가 소를 낚아챌 때 사용하는 것이 올무입니다. 생명을 낚아채고, 죽이는 것입니다.

그러므로 우리는 이런 기드온의 마지막을 보면서 두 가지 교훈을 얻을 수 있습니다.

첫째, 은혜를 망각하면 더 추해집니다.

은혜를 아예 모르는 비신자보다 은혜를 경험했음에도 은혜를 망각한 성도가 더 추해집니다.

18 이에 그가 세바와 살문나에게 말하되 너희가 다볼에서 죽인 자들은 어떠한 사람들이더냐 하니 대답하되 그들이 너와 같아서 하나 같이 왕자들의 모습과 같더라 하니라 19 그가 이르되 그들은 내 형제들이며 내 어머니의 아들들이니라 여호와께서 살아 계심을 두고 맹세하노니 너희가 만일 그들을 살렸더라면 나도 너희를 죽이지 아니하였으리라 하고 20a 그의 맏아들 여델에게 이르되 일어나 그들을

죽이라 하였으나……_삿 8:18~20a

기드온이 미디안의 적장 세바와 살문나를 끝까지 추적하여 도륙한 이유는 하나님의 구원을 이루기 위해서라기보다 자기 원한을 갚는 것이었습니다. 하나님이 그렇게 많은 표징(sign)을 주시고, 용기를 북돋아 주시고, 엄청난 대군을 물리치는 기적을 체험하게 하셨음에도 기드온은 왜 하나님의 은혜를 잊어버렸을까요? 그 은혜의 현장에서 왜 이런 구역질 나는 행동을 했을까요?

성공에 집착하는 사람에게 일어날 수 있는 최악의 일은 실패입니다. 그러나 그보다 더 최악은 성공일 수 있습니다. 실패하면 성공과 돈의 노예가 되지만, 성공하면 기드온처럼 우월감에 빠져 교만해질 수밖에 없습니다. 그래서 그들은 이렇게 되고 맙니다.

① 자기 자리를 망각합니다.

기드온이 금으로 에봇을 만든 것은 실로의 제사장보다 자신이 더 우월하다는 메시지 아닐까요? 영적 체험과 교회 경험이 깊고 많다는 교만입니다! '약은 약사에게, 진료는 의사에게'처럼 '레위인의 일은 레위 지파에게' 맡겨야 하는데, 이것을 못 지키고 제사장 역할을 하려고 합니다. 제사장 자리를 넘보다가 망한 자로는 사무엘 선지자를 기다리지 못하고 번제를 드린 사울 왕(삼상 13:9)과 성전 향단에 분향하려 한 웃시야 왕(대하 26:16)이 있습니다.

② 예배 대상이 바뀝니다.

기드온이 자신의 연약함을 알 때는 하나님의 은혜를 뼈저리게 깨닫고 하나님을 예배했습니다. 그러나 승리한 후에는 자기의 성공과 업적을 예배합니다. 예배 대상이 하나님에서 자신으로 바뀝니다. 하나님이 그렇게 자신 없어 하던 기드온에게 확신을 주시고, 약속하시고, 여러 번 표징을 보여 주셨는데도 그 은혜를 잊었습니다. 그 결과 겁쟁이였을 때보다 더 이상해집니다.

"너희는 그 은혜에 의하여 믿음으로 말미암아 구원을 받았으니 이것은 너희에게서 난 것이 아니요 하나님의 선물이라 행위에서 난 것이 아니니 이는 누구든지 자랑하지 못하게 함이라"(엡 2:8~9).

실패했을 때보다 성공했을 때 하나님의 은혜를 더 기억해야 합니다. 신학자 벤자민 B. 워필드(B. B. Warfield)는 『유아세례에 대한 논쟁(The polemics of infant baptism)』에서 "유아세례만큼 하나님의 은혜를 보여 주는 최상의 예는 없다"라고 말합니다. 사실 아이가 무엇을 할 수 있겠습니까? 그럼에도 세례를 받지 않습니까? 모두 하나님의 은혜로 된 것입니다.

둘째, 은혜를 망각하면 다음 세대에게 올무를 남깁니다.

기드온이 그 금으로 에봇 하나를 만들어 자기의 성읍 오브라에 두었더니 온 이스라엘이 그것을 음란하게 위하므로 ……All Israel prostituted themselves by worshiping it…… [NIV] 그것이 기드온과 그의 집에 올무가 되니라_삿 8:27

기드온은 많은 아내와 첩까지 얻으며 자신의 욕정을 채우고 자녀를 71명이나 낳았습니다(삿 8:30~31). 그 자녀들은 아버지의 그릇된 영웅심과 권력욕을 바라보며 자랐기에 그중 한 아들 아비멜렉은 배다른 70명의 형제를 도륙하고 왕위에 오르는 참담한 일을 행합니다(삿 9장). 기드온의 후손들이 이렇게 비참한 결과를 맞습니다.

실망스럽기 짝이 없는 사사의 모습입니다. 하지만 왕으로서 자격이 넘치지만 군림하지 않으시고 우리를 섬기러 오신 분이 계십니다. 황금이 아니라 다이아몬드 에봇을 입어도 되시는 우리의 대제사장이시지만, 우리의 죄로 인해 성전 휘장이 갈라지듯 자기 육신이 찢기신 분이 계십니다. 세상 모든 권세를 가졌지만, '나의 원대로 마시옵고 아버지의 원대로 하옵소서' 죽기까지 순종하며 아버지의 뜻을 섬긴 분이십니다.

예수께서 대답하여 이르시되 기록된 바 **주 너의 하나님께 경배하고 다만 그를 섬기라** 하였느니라_눅 4:8

인자가 온 것은 섬김을 받으려 함이 아니라 **도리어 섬기려 하고 자기 목숨을 많은 사람의 대속물로 주려 함이니라**_막 10:45

스스로 영광을 취하고자 성공을 향해 끝없이 달리고, 그러다 유혹과 실패의 늪에 빠져 좌절하고, 자기연민의 죄에서 허우적대는 우리를 넉넉히 건져 내시는 우리의 구원자 예수 그리스도, 그 은혜를 절대로 망각하지 맙시다. 그러면 사람이 추해지고, 다음 세대에게 올무를 남깁니다. 금으로 만든 에봇을 벗고 주님 앞에 겸손한 예배자, 다시 은혜를 아는 예배자로 서길 바랍니다. 주님만이 나의 전부이심을 고백하고, 주를 의지하는 자로서 주님만 바라보며 힘냅시다. 아자 아자! 하며 갑시다.

금으로 만든 에봇을 벗고
주님 앞에 겸손한 예배자,
다시 은혜를 아는 예배자로 서길 바랍니다.
주님만이 나의 전부이심을 고백하고,
주를 의지하는 자로서 주님만 바라보며 힘냅시다.
아자 아자! 하며 갑시다.

적용질문

† 이스라엘은 미디안의 압제에서 몇 년 만에 풀려나고, 몇 년간 평안의 세월을 보냅니까(삿 6:1~7, 8:28)?

† 미디안의 두 왕 세바와 살문나를 처단하는 모습과 그들을 추격할 때 도움을 구했지만 거절했던 숙곳과 브누엘 사람들에게 앙갚음하는 기드온의 모습은 어떠합니까(삿 8:5~17)?

† 기드온이 하나님의 은혜를 망각한 것이 분명히 드러나는 사건은 무엇입니까? 왜 그것이 은혜를 망각한 증거입니까(삿 8:24~27; 수 18:1, 21:1~2)?

† 기드온 300명 용사의 승리는 오히려 기드온을 더 형편없는 자로 전락하게 만들었습니다. 지금 내가 취하려는, 금으로 만든 에봇은 무엇입니까(엡 2:8~9)?

† 지금 우리가 누리는 하나님의 은혜를 망각하면 다음 세대가 올무에 걸릴 수 있습니다. 어떻게 하면 하나님의 은혜를 계속 떠올릴 수 있을까요(눅 4:5~8; 막 10:45)?

Chapter
12

여인의 맷돌에
맞아 죽은 왕

사사기 9장 1절~10장 5절

이준익 감독의 영화 〈사도(The Throne)〉를 보면 영조가 사도세자를 얼마나 힘들게 했는지 여실히 드러납니다. 이 이야기는 사도세자의 아내 혜경궁 홍씨의 『한중록(閑中錄)』에도 잘 나와 있습니다. 영조는 그의 어머니 숙빈 최씨가 하급 궁녀 출신이었기에 '무수리의 아들'이라는 조롱을 당했다고 합니다. 출신 성분에 대한 그의 열등감이 훗날 아들을 뒤주에 가둬 죽음에 이르게 하는 비극을 낳았습니다. 그래서 비정한 아버지라는 불명예를 얻게 된 것이 아닌가 합니다. 기드온 첩의 아들인 아비멜렉이 그런 영조와 다를 바 없다는 생각이 듭니다.

> 1 여룹바알의 아들 아비멜렉이 세겜에 가서 그의 어머니의 형제에게 이르러 그들과 그의 외조부의 집의 온 가족에게 말하여 이르되 2 청하노니 너희는 세겜의 모든 사람들의 귀에 말하라 여룹바알의 아들 칠십 명이 다 너희를 다스림과 한 사람이 너희를 다스림이 어느 것이 너희에게 나으냐 또 나는 너희와 골육임을 기억하라 하니 3 그의 어머니의 형제들이 그를 위하여 이 모든 말을 세겜의 모든 사람들의 귀에 말하매 그들의 마음이 아비멜렉에게로 기울어서 이르기를 그는 우리 형제라 하고_삿 9:1~3

기드온이 죽은 뒤 첩의 아들인 아비멜렉의 신분에 대한 열등감이 표면화됩니다. 그래서 어머니의 고향 세겜에 가서 자신에게 힘을 모아 달라고 청합니다. 특별히 그는 "나는 너희와 골육임을 기억하라"(삿 9:2)고 강조합니다. 혈연과 지연을 내세우고 있습니다. 그 유명한 '우리가 남이가~' 대사가 생각나는 장면입니다.

> 4 바알브릿 신전에서 은 칠십 개를 내어 그에게 주매 아비멜렉이 그것으로 방탕하고 경박한 사람들을 사서 자기를 따르게 하고 5 오브라에 있는 그의 아버지의 집으로 가서 여룹바알의 아들 곧 자기 형제 칠십 명을 한 바위 위에서 죽였으되 다만 여룹바알의 막내 아들 요담은 스스로 숨었으므로 남으니라 6 세겜의 모든 사람과 밀로 모든 족속이 모여서 세겜에 있는 상수리나무 기둥 곁에서 아비멜렉을 왕으로 삼으니라 _삿 9:4~6

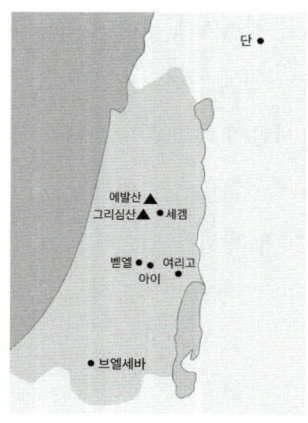

그렇게 아비멜렉은 정치 자금을 확보하고, 소위 용역을 사서 그의 이복형제 70명을 죽입니다. 그런데 '한 바위 위(on one stone)에서 죽였다'(삿 9:5)고 합니다. 아마도 바알브릿(Baal-Berith, 바알의 언약) 제단에서 죽인 게 아닐까 짐작하는데, '한 바위(one stone)'에서 시작한 아비멜렉의 정치 인생을 염두에 두기 바랍니다.

이때 70형제 중 살아남은 막내 요담은 그리심산 꼭대기에 올라, 나무 비유를 예언처럼 선포합니다.

7 사람들이 요담에게 그 일을 알리매 요담이 그리심 산 꼭대기로 가서 서서 그의 목소리를 높여 그들에게 외쳐 이르되 세겜 사람들아 내 말을 들으라 그리하여야 하나님이 너희의 말을 들으시리라 8 하루는 나무들이 나가서 기름을 부어 자신들 위에 왕으로 삼으려 하여 감람나무에게 이르되 너는 우리 위에 왕이 되라 하매 9 감람나무가 그들에게 이르되 내게 있는 나의 기름은 하나님과 사람을 영화롭게 하나니 내가 어찌 그것을 버리고 가서 나무들 위에 우쭐대리요 한지라 10 나무들이 또 무화과나무에게 이르되 너는 와서 우리 위에 왕이 되라 하매 11 무화과나무가 그들에게 이르되 나의 단 것과 나의 아름다운 열매를 내가 어찌 버리고 가서 나무들 위에 우쭐대리요 한지라 12 나무들이 또 포도나무에게 이르되 너는 와서 우리 위에 왕이 되라 하매 13 포도나무가 그들에게 이르되 하나님과 사람을 기쁘게 하는 내 포도주를 내가 어찌 버리고 가서 나무들 위에 우쭐대리요 한지라 14 이에 모든 나무가 가시나무에게 이르되 너는 와서 우리 위에 왕이 되라 하매 15 가시나무가 나무들에게 이르되 만일 너희가 참으로 내게 기름을 부어 너희 위에 왕으로 삼겠거든 와서 내

그늘에 피하라 그리하지 아니하면 불이 가시나무에서 나와서 레바논의 백향목을 사를 것이니라 하였느니라_삿 9:7~15

요담은 왕이 되기를 거절한 다른 형제들을 감람나무, 무화과나무, 포도나무로 비유합니다. 그러나 아비멜렉은 가시나무에 빗댑니다. 아비멜렉이 왕이 된 것이 저주라는 것입니다.

그런데 "그렇지 아니하면 아비멜렉에게서 불이 나와서 세겜 사람들과 밀로의 집을 사를 것이요 세겜 사람들과 밀로의 집에서도 불이 나와 아비멜렉을 사를 것이니라"(삿 9:20)는 말을 끝으로, 요담은 '이후 볼 수 없는' 사람이 됩니다. 역사의 무대 뒤로 사라진 것입니다.

이런 요담을 보면 "괜히 바른말 한다고 떠들어 봤자지", "내 밥그릇이나 잘 챙기자", "정의 좋아하네, 정의가 밥 먹여 주냐? 이 세상은 힘 있는 사람들 거야"라는 말이 들리는 것 같지 않습니까? "믿음대로 사는 것이 아무 의미 없는 것은 아닌가?" 이런 질문도 하게 됩니다.

요담의 비유는 자기 소견에 옳은 대로 사는 사사 시대에 힘 있는 자들이 정치적으로 결탁해 여론 몰이를 하고, 힘을 규합해 약자를 괴롭히는 이야기입니다. 믿음대로 살면 세상에서 루저(loser)가 될 수밖에 없는 이 시대를 향해 던지는 메시지이기도 합니다.

사사기의 저자를 사무엘 선지자로 보는 견해가 전통적입니다. 왕이신 하나님이 이스라엘 백성을 다스리시는데도, 백성은 이웃 나라처럼 왕을 세워 달라고 졸랐습니다. 그래서 세운 왕이 사울이었습니다. 그러나 하나님이 보시기에 사울은 자격 미달이었고, 결국 하나님의 마음에 합한 자 다윗 왕이 세워집니다. 사울이 그토록 다윗의 길을 막고 죽이려 했어도 결국 다윗이 왕으로 등극합니다.

이런 시대적인 배경을 생각해 볼 때 "우리 아버지(기드온)가 왕이니 나도 왕!"이라고 했던 아비멜렉은 너무나 문제 많은 자입니다. 반면에 8형제 중 막내인 다윗, 그 존재가 미미해서 아버지 눈에 들어오지 않았던 다윗처럼 70형제 중 막내였던 존재감 없는 요담의 외침은 이 시대에 몇 가지 교훈을 던집니다.

첫째, 하나님이 안 보이는 것 같지만, 역사하십니다.

역사는 요담이 아니라, 아비멜렉 중심으로 흘러가는 것 같습니다. '공의의 하나님은 어디로 가셨나?' 하늘이 원망스럽습니다. 그러나 하나님이 보이지 않게 역사하신다는 것을 사사기 저자는 다음과 같이 밝히고 있습니다.

> **하나님이** 아비멜렉과 세겜 사람들 사이에 **악한 영을 보내시매** Then God sent **an evil spirit** between Abimelech and the citizens of Shechem…… [NASB] 세겜 사람들이 아비멜렉을 배반하였으니
> _삿 9:23

흥미로운 점은 이 표현이 사울 왕에게도 똑같이 사용된다는 것

입니다. 사무엘상 16장에 "여호와의 영이 사울에게서 떠나고 여호와께서 부리시는 악령이 그를 번뇌하게 한지라 Now the Spirit of the LORD had departed from Saul, and an evil spirit from the LORD tormented him [NIV]"(삼상 16:14)라고 기록합니다. 백성이 자기 소견에 좋아 보이는 대로 세운 아비멜렉 왕과 사울 왕이 아주 비슷합니다.

둘째, 기다림의 시간이 있지만, 하나님은 역사하십니다.

그러나 세겜 사람들이 에벳의 아들 가알을 앞세워 아비멜렉을 배반합니다(삿 9:26~29). 이후 아비멜렉이 집권하는 데 문제가 생기기 시작합니다. 그런데 이 일이 언제 일어났습니까? "아비멜렉이 이스라엘을 다스린 지 **삼 년에**"(삿 9:22)라고 합니다. 권세는 오래가지 않습니다. 그래서 아비멜렉은 내부 고발자 스불과 더불어 자기 백성을 몰살하기 시작합니다. 자신에게 대항하는 자들을 모조리 죽여 버립니다.

> 모든 백성들도 각각 나뭇가지를 찍어서 아비멜렉을 따라 보루 위에 놓고 그것들이 얹혀 있는 보루에 불을 놓으매 세겜 망대에 있는 사람들이 다 죽었으니 남녀가 약 천 명이었더라_삿 9:49

무차별 학살입니다. 회개하고 돌아올 기회를 놓친 아비멜렉은 더 추하고 악해집니다. 그는 데베스에 도망간 백성까지 다 태워 죽이려고 데베스 망대 가까이 갔다가 이런 최후를 맞이합니다.

> 53 한 여인이 **맷돌 위짝을 아비멜렉의 머리 위에 내려 던져** 그의 두개골을 깨뜨리니 54 아비멜렉이 자기의 무기를 든 청년을 급히 불러 그에게 이르되 너는 칼을 빼어 나를 죽이라 사람들이 나를 가리켜 이르기를 여자가 그를 죽였다 할까 하노라 하니 그 청년이 그를 찌르매 그가 죽은지라 _삿 9:53~54

셋째, 신명기적(Deuteronomic) 심판으로 역사하십니다.

여호수아서를 비롯해 사사기, 사무엘서, 열왕기 등은 신명기적 사관(Deuteronomic historical view)에 따라 쓰인 책입니다. 신명기 27장에서 하나님은 불순종하는 자에게 저주를 선포하시고, 28장에서는 순종하는 자에게 축복이 임하리라고 약속하십니다.

아비멜렉의 최후도 그렇습니다. 한 여인이 던진 맷돌에 두개골이 깨진 아비멜렉의 죽음을 보면 누군가의 비참한 죽음이 떠오르지 않습니까? 드보라 사사 시대에 헤벨의 아내 야엘이 장막 말뚝으로 관자놀이를 박아 즉사한 시스라가 그랬습니다. 그런데 아비멜렉은 그 와중에도 체면을 챙기려고 합니다. 여인에게 맞아 죽는 것을 수치로 여기고 청년을 불러 자기를 죽여 달라고 합니다. 사울과 아주 비슷합니다.

"**사울이** 패전하매 활 쏘는 자가 따라잡으니 사울이 그 활 쏘는 자에게 중상을 입은지라 그가 무기를 든 자에게 이르되 네 칼을 빼어 그것으로 나를 찌르라 할례 받지 않은 자들이 와서 나를 찌르고 모욕할까 두려워하노라 하나 무기를 든 자가 심히 두려워하여 감히 행하지 아니하는지라 이에 사울이 자기의 칼을 뽑아서 그 위에 엎드러지매"(삼상 31:3~4).

자신의 변두리 신분을 세탁하기 위해 혈안이 되었던 아비멜렉, '한 돌 위에서' 형제들을 죽이면서 등장한 그의 이름은 여인이 던진 맷돌, 즉 '한 돌'에 맞은 후 사라집니다. 이것이 하나님의 심판입니다. 암흑 같은 환경에서 하나님이 커튼을 들춰 보여 주시는 순간이 있습니다. 그러나 어떤 특별한 죄를 심판하듯이 나타나지는 않으십니다. 그럼에도 분명한 것은 하나님께서 지금도 보이지 않게 일하고 계신다는 사실입니다.

> 1 아비멜렉의 뒤를 이어서 잇사갈 사람 도도의 손자 부아의 아들 돌라가 일어나서 이스라엘을 구원하니라 그가 에브라임 산지 사밀에 거주하면서 2 이스라엘의 사사가 된 지 이십삼 년 만에 죽으매 사밀에 장사되었더라 3 그 후에 길르앗 사람 야일이 일어나서 이십이 년 동안 이스라엘의 사사가 되니라_삿 10:1~3

이스라엘은 구원해 달라고 부르짖지도, 살려 달라고 애원하지도 않습니다. 그런데도 하나님께서는 하나님을 떠난 이스라엘을 위해 사사 돌라와 야일을 보내 구원해 내십니다. 다니엘서를 보아도 그렇습니다. 느부갓네살 왕의 꿈에 나타난, 인류 역사의 최고 제국을 상징하는 금 신상을 '사람이 손대지 아니한 돌이 산에서 나와서 부서뜨리며'(단 2:45) 새로운 역사를 일으키십니다.

"건축자가 버린 돌이 집 모퉁이의 머릿돌이 되었나니"(시 118:22).

"또 거기서 네 하나님 여호와를 위하여 제단 곧 돌단을 쌓되 그것에 쇠 연장을 대지 말지니라 너는 다듬지 않은 돌로 네 하나님 여호와의 제단을 쌓고 그 위에 네 하나님 여호와께 번제를 드릴 것이며"(신 27:5~6).

스스로 왕 행세를 했던 아비멜렉은 돌에 맞아 죽었지만, 그리스도 예수는 만왕의 왕이심에도 우리를 섬기고 살리시기 위해 살리는 돌, 반석이 되셨습니다. 물이 없어 불평하던 광야의 백성을 위해 모세는 지팡이로 반석을 두 번 쳤습니다. 이때 생수가 솟아 나와 회중과 짐승들이 마시면서 사막에서 살아납니다. 이 일을 두고 바울은 "이는 그들을 따르는 신령한 반석으로부터 마셨으매 그 반석은 곧 그리스도시라"(고전 10:4)고 말했습니다. 이렇듯 우리를 인도하시는 반석이 있으니, 곧 그리스도입니다. 우리의 죄로 인해 얻어맞은 돌, 바로 그곳에서 우리를 살리시는 생수가 솟아납니다. 마치 아비멜렉으로 인해 유린당한 백성에게 돌라와 야일 사사를 보내 구원하시듯이, 돌에 맞아 마땅히 죽어야 할 우리이지만 주님은 십자가에서 우리 대신 돌에 맞아 깨지시며 우리를 살리신 진정한 왕이십니다. 이것이 진리입니다!

〈캘빈과 홉스(Calvin & Hobbes)〉라는 만화를 그린 작가 빌 워터슨

(Bill Watterson)이 이런 말을 했습니다. "놀람은 유머의 정수이다. 그런데 진리보다 놀라운 것은 없다 Surprise is the essence of humor, and nothing is more surprising than truth."

하나님의 거룩한 손 앞에 서십시오. 죄를 거부하고 썩은 이 세상에서 돌이켜 하나님 나라를 세우는 일에 힘을 보태십시오. 불평과 불만의 세력으로 뒤에서 교회를 흔드는 자들이 되지 마십시오. 하나님 앞에 정직하게 회개하고, 성령의 충만함을 받으십시오. 그리고 요담처럼 성령으로 진리를 선포하시길 바랍니다.

우리를 인도하시는 반석이 있으니,
곧 그리스도입니다.
우리의 죄로 인해 얻어맞은 돌,
바로 그곳에서 우리를 살리시는
생수가 솟아납니다.

적용질문

† 아비멜렉은 출신에 대한 열등감이 있었습니다. 그는 아버지 기드온이 죽자 어떻게 자기 세력을 확보합니까(삿 9:1~5)?

† 아비멜렉의 형제 70명 중 누가 살아남습니까? 그가 그리심산에서 예언적으로 외친 나무 비유를 정리해 봅시다(삿 9:7~20).

† 본문을 통해 배울 수 있는 교훈을 정리해 봅시다. 그리고 어떤 교훈을 남겼는지 솔직하게 나누어 봅시다.
  - _____ (삿 9:23; 삼상 16:14)
  - _____ (삿 9:22, 45~54)
  - _____ (삿 9:53~57; 삼상 31:3~4)

† 돌로 시작한 인간의 역사를 돌로 마무리하시는 하나님의 역사가 대조적으로 보입니다. 돌 위에 돌 하나 남지 않게 심판하실 하나님을 경외하며 죄를 회개하고 성령 충만하게 살아갑시다. 그리고 결단의 기도를 하며 나아갑시다(단 2:45).

Chapter
13

하나님이 참지 못하시는 두 가지

사사기 10장 6절~11장 11절

뉴욕에서 일어난 일입니다. 한 남편이 아내가 결혼 전에 남자 친구가 있었다는 사실을 뒤늦게 알게 되었습니다. 결벽증이 의심될 만큼 완벽주의자였던 이 남편은 과거를 숨겼다는 이유로 아내를 핍박하기 시작했습니다. 심지어 아내의 뱃속 아기까지 의심하며 "이 아이가 내 아이냐?" 폭언을 퍼붓고 임신한 아내의 배를 발로 걷어차기도 했습니다. 그런데도 아내는 그 핍박의 세월을 견디고 아기를 낳았습니다. 하지만 남편은 아기와 아내를 계속 무시하며 벌레 취급했고, 결국 참지 못한 아내가 잠든 남편을 살해하고 말았습니다.

이런 사건을 지켜보자면, '자기 형제 칠십 명을 한 바위 위에서 죽이고'(삿 9:5), '자신도 결국 한 여인이 던진 맷돌에 두개골이 깨져 죽은'(삿 9:53) 피가 낭자한 아비멜렉의 이야기가 인류 역사를 통해 지금까지도 계속 진행되고 있는 것은 아닌가 싶습니다.

그렇다면 하나님이 참지 못하시는 것은 무엇입니까? 두 가지로 살펴보겠습니다.

첫째, 반복되는 죄를 참지 못하십니다.

지난 장에서 보았듯이 돌라와 야일은 이방 민족보다는 아비멜렉의 폭정의 피해(damage)로부터 백성들을 건져 낸 사사라고 할 수 있습니다(삿 10:1~3). 그다음에 등장하는 사사가 '입다'입니다. 그 배경 역시 '자기 소견에 옳은 대로 행하는 사사 시대'의 악순환 가운데 있습니다.

> 6 이스라엘 자손이 다시 여호와의 목전에 악을 행하여 **바알들**과 **아스다롯**과 **아람**의 신들과 **시돈**의 신들과 **모압**의 신들과 **암몬** 자손의 신들과 **블레셋** 사람들의 신들을 섬기고 여호와를 버리고 그를 섬기지 아니하므로 7 여호와께서 이스라엘에게 진노하사 블레셋 사람들의 손과 암몬 자손의 손에 **그들을 파시매**_삿 10:6~7

하나님을 버리고 수많은 우상을 향해 떠난 이스라엘 자손을 하나님이 '팔아 버리셨습니다'. 여기에 사용된 단어 '팔았다(sold)'는 경매장에서 들을 수 있는 "하나, 둘…… 낙찰 Going once, twice…… **SOLD!**"이라고 할 때 바로 그 단어입니다.

회개하지 않고 반복적으로 죄를 지으면, 하나님은 참지 않으십니다. 우리를 **팔아 버리십니다**. 내가 아무리 소중히 여기던 것이라도 경매에서 팔아 버리면, 그 소유권은 남에게 넘어갑니다. 그렇듯 죄악에 다시 빠진 자기 백성을 보고, 마음이 상하신 하나님이 내 백성(자식)을 "마음대로 하라" 하시며 남에게 넘겼다는 것입니다. 하나님이 정말 화가 나셨습니다.

> 10 이스라엘 자손이 여호와께 부르짖어 이르되 우리가 우리 하나님을 버리고 바알들을 섬김으로 주께 범죄하였나이다 하니 11 여호

와께서 이스라엘 자손에게 이르시되 내가 애굽 사람과 아모리 사람과 암몬 자손과 블레셋 사람에게서 너희를 구원하지 아니하였느냐 12 또 시돈 사람과 아말렉 사람과 마온 사람이 너희를 압제할 때에 너희가 내게 부르짖으므로 내가 너희를 그들의 손에서 구원하였거늘 13 **너희가 나를 버리고 다른 신들을 섬기니 그러므로 내가 다시는 너희를 구원하지 아니하리라** 14 가서 너희가 택한 신들에게 부르짖어 너희의 환난 때에 그들이 너희를 구원하게 하라 하신지라

_삿 10:10~14

이런 하나님의 마음은 로마서에 잘 표현되어 있습니다.

23 썩어지지 아니하는 하나님의 영광을 썩어질 사람과 새와 짐승과 기어다니는 동물 모양의 우상으로 바꾸었느니라 24 그러므로 하나님께서 그들을 마음의 정욕대로 더러움에 **내버려 두사** 그들의 몸을 서로 욕되게 하게 하셨으니 Therefore **God gave them up** in the lusts of their hearts to impurity…… 26 이 때문에 하나님께서 그들을 부끄러운 욕심에 **내버려 두셨으니** 곧 그들의 여자들도 순리대로 쓸 것을 바꾸어 역리로 쓰며 For this reason **God gave them up** to dishonorable passions. For their women exchanged natural relations for those that are contrary to nature [ESV]

_롬 1:23~24, 26

제 큰아들이 고등학생 때 운전면허를 따고는 "이제부터 엄마 차를 몰겠다!"라고 선언했습니다. 저는 단번에 "안 된다"고 했지만, 하도 졸라서 차 키를 건네주었습니다. 그런데 친구 차 뒤를 운전해서 따라가다가 그만 사고를 내고 말았습니다. 그때 저와 아내는 하이파이브(high five)하면서 "잘됐다!"고 했습니다. 왜 그랬을까요? 공부도 수업료를 내고 하지 않습니까? 그렇듯이 차 뒤 범퍼를 살짝 부딪치는 것으로 운전을 조심히 하는 교훈을 얻어서 다행이다 싶었기 때문입니다.

하나님도 그 심정이십니다. "내버려 두사!" 아들이 자꾸 운전하겠다고 졸라 대니까, 마지못해 키를 건네주듯이…… 그런 것 아닐까요? 그러니 하나님이 팔아 버린 이스라엘도 결국 사고를 내고 맙니다. 블레셋과 암몬 자손에게 18년 동안 압제를 당했으니 큰 사고이긴 합니다.

> 8 그 해에 그들이 요단 강 저쪽 길르앗에 있는 아모리 족속의 땅에 있는 모든 이스라엘 자손을 쳤으며 열여덟 해 동안 억압하였더라 9 암몬 자손이 또 요단을 건너서 유다와 베냐민과 에브라임 족속과 싸우므로 이스라엘의 곤고가 심하였더라 _삿 10:8~9

그러자 이스라엘 자손이 다시 회개합니다. 이때의 회개는 순간의 위기를 모면하려는 "한 번만 봐주세요" 식의 회개가 아닙니다. 어떠한 처분도 달게 받겠다는 진정성 있는 회개입니다.

회개의 진정성

15 이스라엘 자손이 여호와께 여쭈되 우리가 범죄하였사오니 주께서 보시기에 좋은 대로 우리에게 행하시려니와 오직 주께 구하옵나니 오늘 우리를 건져 내옵소서 하고 16a 자기 가운데에서 이방 신들을 제하여 버리고 여호와를 섬기매 ……_삿 10:15~16a

우리는 대부분 '다시는 안 그러겠으니 이번만 봐달라'는 식의 회개를 합니다. 하지만 처분은 하나님께 맡기고 자기 잘못을 뉘우치는 것이 진정한 회개입니다. 요나의 회개를 예로 들어보겠습니다. 요나의 '자기 의'에 대한 회개를 보십시오.

8 거짓되고 헛된 것을 숭상하는 모든 자는 자기에게 베푸신 은혜를 버렸사오나 9 나는 감사하는 목소리로 주께 제사를 드리며 나의 서원을 주께 갚겠나이다 구원은 여호와께 속하였나이다 하니라 "Those who cling to worthless idols forfeit the grace that could be theirs. But I, with a song of thanksgiving, will sacrifice to you. What I have vowed I will make good. Salvation comes from the LORD." [NIV]_욘 2:8~9

물고기 뱃속에서 꺼내 주시면, 한 번만 봐주시면, "나의 서원을 갚겠나이다" 하는 조건문이 아닙니다. 요나는 자신의 교만한 죄를 회개하고 처분은 하나님께 맡깁니다. "주님이 원하시는 대로 처분하십시오"라는 것입니다. 그리고 용서를 구합니다.

만약 운전하다가 교통법규를 어겨서 벌금을 내게 되었다고 가정해 봅시다. 이때 진정한 회개는 어떻게 하는 것입니까? 법규를 어겼음을 시인하고 잘못을 인정하는 것입니다. 그리고 고지된 대로 벌금을 내는 것입니다. "한 번만 봐달라"고 애원했는데, 벌금 딱지를 내미는 교통경찰에게 "인정도 없다"고 화내면 그것은 회개가 아닙니다.

그렇다면 지금 이스라엘 백성의 회개는 어떤가요? 진짜인지 그 진정성을 확인해 봅시다.

장관과 머리(qatsin & ro'sh)

6 입다에게 이르되 우리가 암몬 자손과 싸우려 하니 당신은 와서 우리의 장관이 되라 하니 7 입다가 길르앗 장로들에게 이르되 너희가 전에 나를 미워하여 내 아버지 집에서 쫓아내지 아니하였느냐 이제 너희가 환난을 당하였다고 어찌하여 내게 왔느냐 하니라 8 그러므로 길르앗 장로들이 입다에게 이르되 이제 우리가 당신을 찾아온 것은 우리와 함께 가서 암몬 자손과 싸우게 하려 함이니 그리하면 당신이 우리 길르앗 모든 주민의 머리가 되리라 하매 9 입다가 길르앗 장로들에게 이르되 너희가 나를 데리고 고향으로 돌아가서 암몬 자손과 싸우게 할 때에 만일 여호와께서 그들을 내게 넘겨 주시면 내가 과연 너희의 머리가 되겠느냐 하니 10 길르앗 장로들이 입다에게

이르되 여호와는 우리 사이의 증인이시니 당신의 말대로 우리가 그
렇게 행하리이다 하니라 11 이에 입다가 길르앗 장로들과 함께 가니
백성이 그를 자기들의 **머리와 장관**을 삼은지라 입다가 미스바에서
자기의 말을 다 여호와 앞에 아뢰니라 _삿 11:6~11

길르앗 장로들은 자존심을 내려놓고 기생의 아들 입다에게 도움
을 청하는 자리까지 내려갑니다. **6절의 장관**(qatsin)**이 임시직이라면,
8절의 머리**(ro'sh)**는 영구직입니다.** 그러나 더 중요한 것은 입다가 로
쉬, 즉 머리가 된다는 것은 기생의 아들로서 기업을 무를 수 없는 자로
쫓겨났던 신분에서 회복됨을 의미합니다(삿 11:1~3).

1 **길르앗** 사람 입다는 큰 용사였으니 기생이 **길르앗**에게서 낳은 아
들이었고 2 길르앗의 아내도 그의 아들들을 낳았더라 그 아내의 아
들들이 자라매 입다를 쫓아내며 그에게 이르되 너는 다른 여인의 자
식이니 우리 아버지의 집에서 **기업을 잇지 못하리라** 한지라
_삿 11:1~2

입다는 기생의 아들이었기 때문에 기업을 잇지 못할 신분이었습
니다. 출신 성분으로 사람을 판단하는 것만큼 나쁜 문화는 없습니다.
가장 아픈 말이 무엇입니까? 그 사람의 '피(혈통)'를 비하하는 것입니
다. 그런데 이스라엘 백성의 회개는 자기들이 쫓아냈던 입다를 다시
받아들이는 데까지 이릅니다. 이번에만 임시로 세우는 것이 아니라

머리(ro'sh)로 받아들입니다. 입다를 기업을 잇는 자로 세웠다는 뜻입니다.

둘째, 회개한 그분의 자녀가 곤고함 속에 있는 것을 참지 못하십니다.

자기 가운데에서 이방 신들을 제하여 버리고 여호와를 섬기매 **여호와께서 이스라엘의 곤고로 말미암아 마음에 His soul** וַתִּקְצַר **근심하시니라 and He could no longer endure** נַפְשׁוֹ [NASB]_삿 10:16

"마음에 근심하시니라"를 원어 그대로 번역하면 "이스라엘이 당하는 고통으로 말미암아 하나님의 영혼이 짧아졌습니다(was short his soul with Israel's toil)"입니다. 즉, 우리가 회개하고 고통을 달게 받는 모습에 하나님의 영혼이 더 인내할 수 없을 정도로 부서져 버렸다는 뜻입니다. 이렇듯 하나님은 회개한 자녀가 곤고에 처한 것을 참지 못하십니다.

가수 송창식의 〈사랑이야〉라는 노래 가사 중 일부입니다.

당신은 누구시길래 이렇게 내 마음 깊은 거기에 찾아와
어느새 촛불 하나 이렇게 밝혀 놓으셨나요
어느 별 어느 하늘이 이렇게 당신이 피워 놓으신 불처럼 밤이면 밤마다 이렇게 타오를 수 있나요……
단 한 번 눈길에 부서진 내 영혼
사랑이야 사랑이야……

여러분은 이런 사랑을 해 보신 적이 있습니까? 이미 결혼해서 이제는 할 수 없는 사랑이라고요? 괜찮습니다. 하나님과 사랑에 빠지십시오. 아니, 하나님은 여러분을 그렇게 사랑하고 계십니다. 하나님이 여러분을 얼마나 사랑하시는지, 여러분이 아파하는 모습을 참지 못하시는 걸 아십니까? 자식이 아플 때 '내가 아프고 말지' 하는 부모 마음…… 그러나 하나님은 그 마음뿐 아니라, "내가 대신 아플게"라고 하십니다. 이것이 십자가 아닙니까? 우리는 그 사랑에 이미 부서진 자들 아닙니까? 그러니 어찌 또 하나님을 배신하고 달아날 수 있겠습니까? 좀 살 만하다고 어떻게 하나님을 나 몰라라 할 수 있습니까?

거듭나셨나요?

인간 속에 뿌리 깊이 박혀 있는 '피'에 대한 죄…… 우리 주님이 피 흘리신 이유를 알 것 같습니다. 그 피로 씻어 주셨으니 더는 피 때문에 사람을 판단하고 정죄하지 맙시다.

우리가 이전에 버린 돌이 예수님 아닙니까? 건축자가 버린 돌이 모퉁이의 머릿돌이 되어 돌아오신 예수님을 나의 주 나의 하나님, 우리에게 천국의 기업을 잇게 하는 분으로 섬기며 따라가겠다고 결단하십니까? 아니면 아직도 나에게 편안함과 풍요와 건강을 위해 필요할 때만 임시적으로 등장하시는 사사로만 여깁니까? 나를 위해 피 흘리신 예수님을 나의 주님, 나의 하나님으로 고백합시다.

자식이 아플 때 '내가 아프고 말지' 하는 부모 마음……
그러나 하나님은 그 마음뿐 아니라,
"내가 대신 아플게"라고 하십니다.
이것이 십자가 아닙니까?
우리는 그 사랑에 이미 부서진 자들 아닙니까?
그러니 어찌 또 하나님을 배신하고 달아날 수 있겠습니까?

적용질문

† 이스라엘 자손이 다시 악을 행합니다. 그들이 섬긴 신들을 열거하면서, 내가 계속 섬기고 싶은 신이 있는지 생각해 봅시다(삿 10:6).

† 반복적으로 죄에 빠지는 이스라엘 백성에게 분노하신 하나님의 마음을 어떻게 표현합니까? 우리가 계속 짓는 죄에 대해 하나님의 마음도 이렇다고 생각합니까(삿 10:7, 11~12; 롬 1:23~26)?

† 이스라엘은 블레셋과 암몬 자손의 압제에서 몇 년간 곤고한 세월을 보낸 후 다시 하나님께 부르짖습니까(삿 10:8~9)?

† 이스라엘의 부르짖음이 회개인지, 단순히 위기를 모면하기 위한 변명인지 어떻게 알 수 있습니까(삿 10:15; 욘 2:8~9)?

† 쫓아낸 기생의 아들 입다에게 도움을 청하는 이스라엘 백성은 과연 회개했을까요(삿 11:1~11)? 장관과 머리의 의미를 파악하며 답해 봅시다.

† 하나님은 회개하는 백성을 보며 어떤 마음을 토로하십니까(삿 10:16)? 하나님이 참지 못하시는 그 마음을 기억하며 반복해서 짓는 죄를 회개합시다.

Chapter
14

잘못된 서원도
지켜야 하는가?

사사기 11장 12절~12장 7절

회개하여 돌이켰으나 암몬 자손의 침략으로 힘들어하는 이스라엘 백성의 고통을 참지 못하신 하나님은 드디어 사사 입다를 보내십니다. 그런데 입다는 총칼을 들고 전선으로 나가지 않습니다. 외교적으로 암몬 자손에게 접근합니다. 이제부터 구체적으로 살펴보겠습니다.

첫째, 팩트 체크(fact-checked!)

언젠가 서울에서 렌터카를 타고 지방에 내려가는 길에 대전에 들러 주유를 했습니다. 그리고 대구에 들렀다가 몇 시간을 더 가니 부산이 나왔습니다. 한국 사람이라면 이 얘기만 듣고도 머릿속에 지도가 그려지실 것입니다.

반면에 본문에 나오는 지명은 어디가 어디인지 잘 와닿지 않습니다. 그래서 잠시 지도를 훑고 가겠습니다. 홍해를 건너 출애굽한 이스라엘 백성 약 200만 명이 가나안 땅, 지도상(다음 쪽 참고)에는 '이스라엘'로 표기된 땅을 향해 갔습니다. 사해와 홍해 사이, 곧 이스라엘의 오른편 길로 올라왔는데, 에돔과 모압과 암몬이라는 나라를 피해 우회한 것입니다.

그리고 사해 중간쯤에서 뻗어 나온 지류가 아르논강입니다. 그 위를 보면 느보산이 있습니다. 모세는 느보산에서 가나안 땅, 곧 약속

의 땅을 바라보며 기도했습니다. 그러나 그는 가나안 땅에 들어가지 못했습니다.

이 정도만 알고 계셔도 지형이 좀 이해되실 것입니다. 이제 다시 본문을 보겠습니다.

암몬 왕이 "너희가 출애굽할 때 우리 땅을 점령했다"고 주장하자, 입다가 그에 대해 팩트 체크를 해 줍니다. 그렇지 않다고 말합니다(삿 11:12~15).

15 그에게 이르되 입다가 이같이 말하노라 이스라엘이 모압 땅과 암몬 자손의 땅을 점령하지 아니하였느니라 16 이스라엘이 애굽에서 올라올 때에 광야로 행하여 홍해에 이르고 가데스에 이르러서는 17 이스라엘이 사자들을 에돔 왕에게 보내어 이르기를 청하건대 나를 네 땅 가운데로 지나게 하라 하였으나 에돔 왕이 이를 듣지 아니하였고 또 그와 같이 사람을 모압 왕에게도 보냈으나 그도 허락하지 아니하므로 이스라엘이 가데스에 머물렀더니 18 그 후에 광야를 지나 에돔 땅과 모압 땅을 돌아서 모압 땅의 해 뜨는 쪽으로 들어가 아르논 저쪽에 진 쳤고 아르논은 모압의 경계이므로 모압 지역 안에는 들어가지 아니하였으며 19 이스라엘이 헤스본 왕 곧 아모리 족속

의 왕 시혼에게 사자들을 보내어 그에게 이르되 청하건대 우리를 당신의 땅으로 지나 우리의 곳에 이르게 하라 하였으나 20 시혼이 이스라엘을 믿지 아니하여 그의 지역으로 지나지 못하게 할 뿐 아니라 그의 모든 백성을 모아 야하스에 진 치고 이스라엘을 치므로 21 이스라엘의 하나님 여호와께서 시혼과 그의 모든 백성을 이스라엘의 손에 넘겨 주시매 이스라엘이 그들을 쳐서 그 땅 주민 아모리 족속의 온 땅을 점령하되 22 아르논에서부터 얍복까지와 광야에서부터 요단까지 아모리 족속의 온 지역을 점령하였느니라_삿 11:15~22

먼저 입다는 암몬 자손에게 "왜 우리에게 쳐들어 와서 괴롭히느냐?"고 묻습니다. 그리고 그들이 "이스라엘이 출애굽하여 올라올 때 아르논에서부터 얍복과 요단까지 우리 땅을 점령했기 때문"이라고 말하자, "그렇지 않다"며 사실 확인(fact-checked)부터 합니다.

당시 이스라엘이 사자들을 에돔 왕에게 보내 단지 그곳을 지나가게만 해 달라고 요청했습니다. 그 길이 지름길이기 때문입니다. 그러나 에돔 왕은 이 요청을 듣지 않았습니다. 모압 왕에게도 같은 부탁을 했지만, 그 역시 허락하지 않았습니다. 그래서 이스라엘은 가데스에 머물렀습니다.

그 후에 이스라엘은 광야를 지나 에돔 땅과 모압 땅을 돌아서, 모압 땅 해 뜨는 쪽으로 들어가 아르논에 도착했습니다(삿 11:18). 여기서 아르논이 등장합니다. 그들은 아르논 지역에 진을 쳤습니다. 아르논은 모압의 경계였으므로, 이스라엘은 모압 지역 안으로는 들어가지 않았습니다. 이스라엘은 헤스본 왕, 곧 아모리 족속의 왕 시혼에게도 사자들을 보내 다시 한번 요청했습니다(삿 11:19). 즉, 허가(permission)를 구한 것입니다. 그러나 시혼은 이스라엘을 믿지 않아서 그 지역을 못 지나가게 했을 뿐 아니라, 백성을 모아 야하스에 진 치고 이스라엘을 공격했습니다(삿 11:20).

이것이 역사적인 사실(fact)입니다. 그래서 이스라엘은 먼저 소위 외교적(diplomatic) 접근을 했습니다. 하나님께서 권한을 주셨다고 해서 곧바로 총과 칼을 들고 군사적으로 대응한 것이 아니라, 외교적으로 접근했습니다. 그리고 팩트 체크 결과, 암몬의 주장은 사실이 아니었습니다. 이스라엘은 그런 적이 없습니다. 확실한 팩트 체크였습니다.

둘째, 신학적 설득(persuaded)

23 이스라엘의 하나님 여호와께서 이같이 아모리 족속을 자기 백성 이스라엘 앞에서 쫓아내셨거늘 네가 그 땅을 얻고자 하는 것이 옳으냐 24 네 신 그모스가 네게 주어 차지하게 한 것을 네가 차지하지 아니하겠느냐 우리 하나님 여호와께서 우리 앞에서 어떤 사람이든지 쫓아내시면 그것을 우리가 차지하리라 _삿 11:23~24

"이스라엘의 하나님 여호와께서 아모리 족속을 이스라엘 앞에서 쫓아내셨다. 그런데 네가 그 땅을 얻고자 하는 것이 옳으냐?" 입니다는 말합니다. 그러면서 다음과 같이 이야기합니다. 참 기막힌 표현 같습니다. "네 신 그모스, 즉 암몬 사람들이 믿는 우상 그모스가 너희에게 어떤 땅을 주어 차지하게 했으면, 너희는 당연히 그것을 차지하지 않겠느냐." 너희 신이 그 땅을 주었다면 마땅히 너희가 차지했을 것이 아니냐는 것입니다.

여호와 하나님께서 우리 앞에서 어떤 사람들을 쫓아내셨다면, 우리가 당연히 그것을 차지할 것입니다. 매우 호소력이 있고, 신학적인 주장입니다. 신을 언급하며 설명하기에 신앙을 가진 이들에게 신학적으로 설득력이 생깁니다.

셋째, 법적으로 문제없음을 피력

26 이스라엘이 헤스본과 그 마을들과 아로엘과 그 마을들과 아르논 강 가에 있는 모든 성읍에 거주한 지 삼백 년이거늘 그 동안에 너희가 어찌하여 도로 찾지 아니하였느냐 27 내가 네게 죄를 짓지 아니하였거늘 네가 나를 쳐서 내게 악을 행하고자 하는도다 원하건대 심판하시는 여호와께서 오늘 이스라엘 자손과 암몬 자손 사이에 판결하시옵소서 하였으나 _삿 11:26~27

이스라엘이 헤스본과 그 마을들, 아로엘과 그 마을들, 그리고 아르논 강가에 있는 모든 성읍에 거주한 지 300년이나 되었습니다. 만

약 암몬의 땅이었다면, 왜 지난 300년 동안 되찾으려 하지 않았습니까? 이스라엘이 300년 동안 그 땅에 살았으니, 당연히 이스라엘 땅입니다. 이것은 법적으로도 아무 문제가 없습니다. 지금 암몬이 이스라엘을 침략한 것입니다.

예를 하나 들어 보겠습니다. 독도는 누구 땅입니까? 대한민국 땅입니다. 우리나라 국민이 그곳에 거주하고 있습니다.

로스앤젤레스(LA)에서 목회하시는 목사님과 이야기를 나누다가 노숙인(homeless) 문제로 어려움을 겪는다는 이야기를 들었습니다. 제가 사는 오렌지 카운티와 LA는 이 부분이 조금 다릅니다. LA에서는 노숙인 문제로 경찰에 전화해도 강제로 노숙인을 내보낼 수 없다고 하는데, 오렌지 카운티에서는 강제할 법이 있습니다. 그러나 노숙인이 한곳에서 몇 개월 동안 계속 살면, 이후에는 법적으로도 쫓아낼 수 없다고 합니다. 그 땅이 그 사람의 소유로 간주되는 것입니다. 꼭 300년을 살아야 하는 것도 아닙니다.

다른 예를 들면, 우리 교회 마당에도 노숙인들이 종종 찾아옵니다. 교회 지붕 밑에 아지트처럼 자리 잡고 텐트를 치고 살고 있는데 불쌍해서 1~2주, 1개월 동안 커피도 주면서 그대로 두면 어떻게 될까요? 나중에는 그를 쫓아낼 수 없습니다. 법적으로도 불가합니다.

이처럼 입다는 "역사적으로도 아무 문제가 없는데 왜 우리를 괴롭히느냐?" 하며 외교적으로 접근합니다. 그러나 암몬 자손의 왕은 "그런 말 들은 적 없다"며 오리발을 내밉니다.

진리를 선포하고, 그 안에서 평화를 구해야 합니다. 그러나 역사가 항상 그렇게 이루어지는 것은 아닙니다. 사실이 아닌 것으로 선동해서 힘을 모으고, 세력화하는 자들이 세상에서 득세하는 것을 봅니다. 심지어 그런 세상의 원리를 배워서 교회 안에서도 그런 모습을 일삼는 것을 봅니다. 이럴 때 우리는 어떻게 대처해야 합니까?

"그는 죄를 범하지 아니하시고 그 입에 거짓도 없으시며 욕을 당하시되 맞대어 욕하지 아니하시고 고난을 당하시되 위협하지 아니하시고 오직 공의로 심판하시는 이에게 부탁하시며"(벧전 2:22~23).

예수님께서 어떻게 하셨는지가 중요합니다. 주님은 공의로 심판하시는 하나님 앞에 자신을 맡기셨습니다. 이것이 우리가 할 수 있는 최고의 대응 방법입니다. 억울한 일을 당할 때가 종종 있습니다. 성경에도 교회 안에서 고소하지 말라는 말씀이 있습니다. 물론 그 말이 자기 권리를 찾지 말라는 뜻은 아닙니다. 하지만 세상에서 완전한 공평을 기대하기는 어렵습니다.

억울하고 힘든 일이 많지만, 그때 '예수님이라면 어떻게 하셨을까?'를 떠올리면 됩니다. 예수님은 공의로 심판하시는 하나님께 맡기셨습니다. 하나님이 하시는 것입니다. 그럴 때 하나님께서 틀림없이 행하십니다. 저는 '아, 내가 직접 나서서 싸울 일이 아니구나. 하나님께 맡겨야 할 일이구나'라는 것을 자주 느낍니다.

본문 21절에 이스라엘의 하나님 여호와께서 시혼과 그의 모든 백성을 이스라엘의 손에 넘겨주셨다고 합니다. 하나님의 방법입니다. 세상이 하나님의 백성을 공격해도, 하나님께 맡기면 하나님께서 그들을 이스라엘의 손에 넘기십니다.

그러면 우리가 가장 궁금해할 부분은 이 부분일 것입니다. 이후 입다가 군사적인 방법을 취했다는 것입니다. 이는 외교적인 방법이 실패했기 때문입니다. 하나님께서 암몬을 이스라엘의 손에 넘기실 것을 믿고 입다가 나아간 것입니다.

형편없는 서원

외교적인 방법으로는 문제가 해결되지 않자 입다는 암몬과의 문제를 군사적으로 해결하고자 합니다. 그런데 전쟁을 앞두고 입다가 형편없는 서원을 합니다. '형편없다'는 말은 '말이 안 되고, 근거가 없다'는 뜻입니다. 성경적인 가치관으로 보면, 입다가 하나님 앞에 한 서원은 말도 안 되는 것입니다. 하나님께서 세우신 종, 사사 입다가 엉뚱한 서원을 합니다.

30 그가 여호와께 서원하여 이르되 주께서 과연 암몬 자손을 내 손에 넘겨 주시면 31 내가 암몬 자손에게서 평안히 돌아올 때에 누구든지 내 집 문에서 나와서 나를 영접하는 그는 여호와께 돌릴 것이니 내가 그를 번제물로 드리겠나이다 하니라_삿 11:30~31

서원 때문이었을까요? 입다는 암몬 자손을 크게 무찌르고 돌아옵니다(삿 11:33). 그런데 이게 웬일입니까? 누가 처음으로 나와 입다를 영접합니까?

> 입다가 미스바에 있는 자기 집에 이를 때에 보라 그의 딸이 소고를 잡고 춤추며 나와서 영접하니 이는 그의 **무남독녀라**_삿 11:34

다름 아닌 입다의 외동딸입니다. 입다는 "내가 여호와를 향하여 입을 열었으니 능히 돌이키지 못하리로다" 하며 자기 옷을 찢고 탄식합니다(삿 11:35). 그리고 그의 딸은 친구들과 두 달 동안 애곡하는 기간을 갖고 아버지 입다에게로 돌아옵니다.

> 39 두 달 만에 그의 아버지에게로 돌아온지라 그는 자기가 서원한 대로 딸에게 행하니 딸이 남자를 알지 못하였더라 이것이 이스라엘에 관습이 되어 40 이스라엘의 딸들이 해마다 가서 길르앗 사람 입다의 딸을 위하여 나흘씩 애곡하더라_삿 11:39~40

도대체 이게 무슨 일입니까? 하나님이 이 말씀을 주시는 이유가 무엇입니까? 저는 이 말씀을 한동안 묵상했습니다. 성경 지식이 짧아도 '이건 좀 심한 게 아닌가?' 싶으실 것입니다. 하지만 성경은 인신 제사(human sacrifice)를 금하라고 합니다. 하나님이 그것을 가증히 여기시기 때문입니다.

네 하나님 여호와께서는 네가 그와 같이 행하지 못할 것이라 그들은 여호와께서 꺼리시며 가증히 여기시는 일을 그들의 신들에게 행하여 심지어 자기들의 자녀를 불살라 그들의 신들에게 드렸느니라
_신 12:31

이 말씀이 어떤 의미로 다가오는지 생각해 보기 바랍니다. 입다가 당한 저주는 믿는 성도가 보기에도 참 이해가 안 됩니다. 그가 도대체 무엇을 잘못했는지 분별하기 어렵습니다. 그때나 지금이나 영적 어둠이 여전해서 그렇습니다.

"너희는 유혹의 욕심을 따라 썩어져 가는 구습을 따르는 옛 사람을 벗어 버리고 오직 너희의 심령이 새롭게 되어 하나님을 따라 의와 진리의 거룩함으로 지으심을 받은 새 사람을 입으라"(엡 4:22~24)고 했습니다. 그러나 사회는 너무 음란하고 파괴적입니다. 동성연애를 예사로 여기고, 법으로도 '괜찮다'고 하는 나라가 속출합니다. 언젠가 '행크연구소(행동하는 크리스천 연구소)'의 유튜브에 한 게이 목사가 나와서 자기가 목사 안수받은 것에 감격하는 모습을 보았습니다. 정말 통탄하지 않을 수 없습니다. 동성연애가 더는 교회와 교회 밖의 문제가 아니라 교회 안의 문제가 되었습니다.

심지어 미국의 고등학교에서는 '성관계를 하더라도 안전하게 하라'며 방과 후에 콘돔을 나눠 준다고 합니다. 다음 세대들이 이런 분위기에서 자라다 보니 다들 분별이 안 되는 것입니다. 그래도 괜찮은 줄 압니다. 힌놈의 아들 골짜기에 도벳 사당을 건축하고 그들의 자녀들을 불에 사르고(렘 7:31), 자녀들을 죽여 우상에게 넘겨 불 가운데로 지

나가게 한(겔 16:21) 이스라엘 백성이 따로 없습니다.

그렇다면 입다는 왜 딸을 바쳤을까요? 무지 때문입니다. 딸을 안 바치면 하나님이 "이놈……!" 하시리라 생각한 것이 틀림없습니다. 서원을 지키지 않으면 벌을 받으리라는 사고방식에 갇혀 있었던 것입니다. '다 이긴 전쟁을 패배하게 하지는 않으실까', '갑자기 병에 걸려 죽게 하지는 않으실까' 하고 하나님을 복수의 화신쯤으로 여기며 두려워했을 수 있습니다. '신을 감동시키는 자가 복을 받는다'는 잘못된 신학에 갇혀 있던 당시 이방인들처럼 말입니다.

그렇다면 우리는 어떻게 서원하고 지켜야 합니까? 몇 가지 교훈을 생각해 보겠습니다.

첫째, 성경보다 세상 문화에 더 영향받는 상황을 조심해야 합니다.

서원하려면 하나님 말씀에 더 영향을 받아야 합니다. 늘 말씀에 귀 기울이고, 예민하게 반응할 수 있도록 매일 큐티(QT)를 해야 합니다. 말씀의 조명에 날마다 자신을 비춰야 죄를 피할 수 있습니다. 가족과 함께 큐티하고, 말씀을 듣고 적용하는 소그룹 모임에 적극적으로 참여해야 합니다.

"……너희 몸을 하나님이 기뻐하시는 거룩한 산 제물(living sacrifice)로 드리라 이는 너희가 드릴 영적 예배니라 너희는 이 세대를 본받지 말고 오직 마음을 새롭게 함으로 변화를 받아 하나님의 선하시고 기뻐하시고 온전하신 뜻이 무엇인지 분별하도록 하라"(롬 12:1~2).

사도 바울은 이 세상을 본받지 말고 생각을 새롭게 바꾸고, 하나님의 선하시고 기뻐하시고 온전하신 뜻이 무엇인지 분별하라고 합니다. 이 시대 문화에 젖어 있지 말라는 말씀입니다. 자기 의로 옳고 그름을 가리는 자리에 가지 마십시오. 그러면 형제자매에게 상처를 주고, 주님의 몸(body of Christ)인 교회에 상처를 주는 자리에 서게 되기 때문입니다.

이번에 우간다로 단기선교를 다녀오신 성도님이 많은 수고를 하셨는데도 "우리는 너무 죄를 많이 짓고 산다"고 고백하셨습니다. 그리고 다음과 같이 덧붙이셨습니다.

"우리는 추우면 춥다, 더우면 덥다고 불평하는데 이번에 선교 현장에 가서 이런 불평을 늘어놓는 것이 죄라는 걸 느꼈습니다. 그리고 우리는 너무 편해서 받은 은혜를 모르고 사는 건 아닌가 싶었습니다……."

이렇듯 우리는 알게 모르게 '컴플레인 문화'에 물들어 있습니다. 내 뜻대로 안 되면 견디지 못합니다. 그러면서도 교회에 가고, 하나님을 섬긴다고 합니다. 그러므로 서원하고 지키려면 이런 세상 문화에서 벗어나야 합니다. 말씀에 더 집중해야 합니다.

둘째, 은혜의 하나님을 믿어야 합니다.

왜 입다는 잘못된 서원을 하고도 굳이 지키려고 했습니까? 저주받을 것이 두려웠기 때문입니다. 사탄에게 속은 것입니다. 사탄의 첫 거짓말이 하나님을 못 믿게 만든 것 아닙니까?

창세기 3장 1절에 보면 뱀이 하와에게 이렇게 묻습니다.

"하나님이 참으로 너희에게 동산 모든 나무의 열매를 먹지 말라 하시더냐?"

그러자 하와가 뭐라고 대답합니까?

"먹지도 말고 만지지도 말라 너희가 죽을까 하노라 하셨느니라" (창 3:3).

그때 사탄이 또 이렇게 말합니다.

"너희가 결코 죽지 아니하리라 너희가 그것을 먹는 날에는 너희 눈이 밝아져 하나님과 같이 되어 선악을 알 줄 하나님이 아심이니라"(창 3:4~5).

사탄은 사람이 하나님을 믿지 못하게 거짓말합니다. 나아가 하나님과 사람을 시기하여 경쟁하도록 만듭니다. 그래서 태초부터 사람은 하나님을 믿고 순종하기보다는 하나님을 통제하려고 합니다. "이렇게 해 주시면 이렇게 하겠다!"

이렇게 하나님을 컨트롤하려는 대표적인 인간의 의지적 행위가 '서원'입니다. 서원은 희생적 행위가 아니라 가장 인간적이고 극렬한 의지적 행위입니다. 입다 역시 세상 문화에 젖어 비성경적인 행위를 자기도 모르게 한 것입니다. "사업이 잘되면 십일조가 아니라 십의 2조, 3조…… 5조를 하겠습니다." 이런 것이 잘못된 서원입니다.

또한 "한 번만 봐 주세요!" 하며 '눈 가리고 아웅하는' 서원은 결코 해서는 안 됩니다. 서원했으면 반드시 서원한 대로 갚으라고 성경은 말합니다.

4a 네가 하나님께 서원하였거든 갚기를 더디게 하지 말라…… **6b**

…… 사자 앞에서 내가 서원한 것이 실수라고 말하지 말라 어찌 하나님께서 네 목소리로 말미암아 진노하사 네 손으로 한 것을 멸하시게 하랴 _전 5:4a, 6b

함부로 이 물건은 거룩하다 하여 서원하고 그 후에 살피면 그것이 그 사람에게 덫이 되느니라 _잠 20:25

주님도 함부로 서원하지 말라고 말씀하셨습니다. 그 이상의 말은 악이요 욕심이라고 하신 것입니다.

34b ……아예 맹세하지 말아라. …… 37b ……이보다 지나치는 것은 악에서 나오는 것이다. _마 5:34b, 37b (새번역)

여호와여 내 입에 파수꾼을 세우시고 내 입술의 문을 지키소서 _시 141:3

셋째, 합력하여 선을 이루시는 하나님을 바라야 합니다.
행여 서원을 지키지 못했더라도 자신의 실수와 죄의 결과에 파묻혀 살지 마십시오. '최선(The Best)을 선택하지 못했다' 자책하며, '이류 인생으로 살 수밖에 없구나' 하며 구석에 웅크리고 사는 것이 하나님의 뜻은 아닙니다. 회개한 자리에서 최선을 다해야 합니다. 요나가 물고기 뱃속에서 마냥 웅크리고 있었다면 어찌 니느웨로 가서 사명을 감당할 수 있었겠습니까? 우리가 물고기 뱃속 같은 캄캄한 환경 가운데 있어도 그렇습니다. 그럼에도 하나님께 헌신하기를 서원하고, 합력하여 선을 이루시는 하나님의 은혜를 기대하며 다시 일어나야 합니다.

> 우리가 알거니와 하나님을 사랑하는 자 곧 그의 뜻대로 부르심을 입은 자들에게는 모든 것이 합력하여 선을 이루느니라 _롬 8:28

실패하고 바보 같아도 하나님 앞에 나오면, 합력하여 선을 이루실 하나님을 경험하게 되는 것입니다.

돈 리처드슨(Don Richardson) 선교사의 책 『화해의 아이(Peace Child)』에 나오는 이야기입니다. 네덜란드령 뉴기니에서 식인종인 사위(Sawi) 부족에게 복음을 전하는데, 이들의 문화가 너무나 미개했습니다. 사람을 잡아먹고, 거짓말을 잘하는 것이 덕이고, 사기 치면 박수받는 희한한 동네였습니다. 그래서 선교사님은 '이 민족은 아니다' 싶었답니다.

그런데 어느 날 사위 부족과 이웃 부족 간에 싸움이 붙었습니다. 그러나 상대 부족이 강해 보여서 화해를 요청했고, 상대 부족은 6개월 된 추장의 아들을 자기네 부족에게 바치라고 요구했습니다. 그래서 사위 부족은 자기 아들을 상대 부족에게 주고 화해를 이루었습니다. 그들은 이 아이를 '화해의 아이'라고 불렀습니다.

이렇게 두 부족이 화해하는 것을 보면서, 리처드슨 선교사가 깨달은 것이 있습니다. 날마다 서로 싸우고, 사기 치고, 거짓말하고, 저주받아 마땅한 우리입니다. 그럼에도 거룩하신 하나님은 우리와 화해하시려고 무남독녀 독생자 아들 예수 그리스도를 우리에게 내어 주셨다는 것입니다.

　이후 이 부족을 마침내 하나님 앞으로 인도한 드라마 같은 이야기가 책에 나옵니다. 우리는 모든 것이 합력하여 선을 이루게 하시는 하나님을 믿습니다. 그러니 우리의 실패에 스스로 저주하고 제한하고 웅크리고 있지 맙시다. 다시 회개하고 주의 길을 가야 합니다. 믿음으로 감당할 때, 우리 하나님께서 이 시대에 하나님의 귀한 일을 이루는 일꾼으로 세워 주실 줄 분명히 믿습니다.

예수님께서 어떻게 하셨는지가 중요합니다.
주님은 공의로 심판하시는 하나님 앞에
자신을 맡기셨습니다.
이것이 우리가 할 수 있는 최고의 대응 방법입니다.

적용질문

† 하나님은 회개한 백성의 고통을 차마 보지 못하시고, 사사 입다를 보내십니다. 입다는 암몬 자손에게 어떤 방식으로 접근합니까? 세 가지로 정리해 봅시다.

- _____(삿 11:15~22)
- _____(삿 11:23~24)
- _____(삿 11:26~27)

† 그럼에도 돌이키지 않는 암몬 자손을 이스라엘은 어떻게 해야 합니까? 합리적 접근이 안 되는 자들에게 우리 믿는 자는 어떻게 해야 합니까(삿 11:21, 28; 벧전 2:22~23)?

† 하나님은 분명히 인간 희생 제물을 드리는 것을 원치 않는다고 하셨습니다. 그럼에도 서원한 대로 자기 딸을 바치는 입다를 보며 얻는 교훈은 무엇입니까?

- _____

  (신 12:31; 엡 4:22~24; 롬 12:1~2)

- _____

  (창 3:1~5; 전 5:4~6; 잠 20:25; 시 141:3)

- _____

  (롬 8:28)

Chapter
15

교회의 가장 큰 문제는 교회다!

사사기 12장 1~15절

암몬과의 전쟁에서 대승을 거둔 후, 딸을 번제로 드린 입다에게 에브라임 사람들이 찾아옵니다. 그들은 전쟁에 자기들을 데리고 가지 않았다고 불만을 터트립니다. 그런데 이번이 처음이 아닙니다. 기드온이 사사일 때도 미디안과의 전쟁에서 승리하자, 에브라임은 '왜 자기들을 부르지 않았느냐'고 생떼를 부렸습니다(삿 8:1). 그때 기드온은 "…… 내가 이제 행한 일이 너희가 한 것에 비교되겠느냐 에브라임의 끝물 포도가 아비에셀의 맏물 포도보다 낫지 아니하냐!" 하며 잘 넘어갔습니다(삿 8:2).

그러나 입다는 다릅니다. 그는 무남독녀 딸을 잃은 사람입니다. '날 건드리기만 해…… 한 놈도 살려 주지 않을 거야!' 아마도 이런 마음을 품고 있지 않았을까요? 아니나 다를까 에브라임 사람들은 전쟁에 승리하고 돌아온 입다를 반역자로, 죄인으로 몰아세웁니다. 이스라엘 지도자들이 입다에게 도움을 청했던 것 기억하시죠(삿 11:5~6)? 그런데 에브라임 사람들이 말 같지도 않은 시비를 거는 것입니다. '사람은 변하지 않는다'는 말이 딱 맞습니다.

이때 입다는 어떻게 대응합니까?

2 입다가 그들에게 이르되 나와 내 백성이 암몬 자손과 크게 싸울 때에 내가 너희를 부르되 너희가 나를 그들의 손에서 구원하지 아니한 고로 3 나는 너희가 도와 주지 아니하는 것을 보고 내 목숨을 돌보지

아니하고 건너가서 암몬 자손을 쳤더니 여호와께서 그들을 내 손에 넘겨 주셨거늘 너희가 어찌하여 오늘 내게 올라와서 나와 더불어 싸우고자 하느냐 하니라 _삿 12:2~3

입다가 에브라임을 부르지 않았던 게 아닙니다. 입다의 요청에도 그들이 응하지 않았습니다. 그러고는 그 거짓말을 덮기 위해 입다를 반역자로 모함하고 있는 것입니다. 정말 야비한 자들입니다. 나라를 위해 목숨 걸고 싸운 사람들을 격려하지는 못할망정 어떻게 모함할 수 있습니까? 오히려 "미안하다"고 사과해야 할 자들이 자기네 잘못을 가리기 위해 목숨 걸고 나가 싸운 사람을 모함합니다. 거짓말이 거짓말을 낳는다고, 또 다른 거짓말을 에브라임이 한 것입니다.

입다가 길르앗 사람을 다 모으고 에브라임과 싸웠으며 길르앗 사람들이 에브라임을 쳐서 무찔렀으니 이는 에브라임의 말이 너희 길르앗 사람은 본래 에브라임에서 도망한 자로서 에브라임과 므낫세 중에 있다 하였음이라 _삿 12:4

더구나 에브라임은 '입다가 속한 길르앗 사람들이 에브라임에서 도망한 자들'이라고 비아냥거립니다. 결국 입다는 참지 못하고 에브라임을 쳐서 무찌릅니다. 에브라임은 과거사까지 들추며 입다와 그의 부족 길르앗에게 '민족의 배신자'라는 프레임을 씌우려고 했습니다. 하지만 이 또한 거짓입니다. 역사 왜곡입니다.

이스라엘이 요단 동쪽을 점령했을 때 모세는 길르앗 땅을 므낫세 지파에게 주었습니다(민 32:40). 그리고 성경은 "므낫세의 자손 중 마길에게서 난 자손은 마길 종족이라 마길이 길르앗을 낳았고 길르앗에게서 난 자손은 길르앗 종족이라"(민 26:29)고 분명히 기록하고 있습니다. 그러니 길르앗 사람은 에브라임과는 아무 상관이 없습니다(일부 학자들은 르우벤 지파라 주장하지만).

에브라임이 12지파 중에 가장 유력한 지파였는데도, 이렇게 말도 안 되는 옹졸한 짓을 했습니다. 하지만 에브라임은 길르앗의 상대가 되지 못합니다.

> 5 길르앗 사람이 에브라임 사람보다 앞서 요단 강 나루턱을 장악하고 에브라임 사람의 도망하는 자가 말하기를 청하건대 나를 건너가게 하라 하면 길르앗 사람이 그에게 묻기를 네가 에브라임 사람이냐 하여 그가 만일 아니라 하면 6 그에게 이르기를 쉽볼렛이라 발음하라 하여 에브라임 사람이 그렇게 바로 말하지 못하고 십볼렛이라 발음하면 길르앗 사람이 곧 그를 잡아서 요단 강 나루턱에서 죽였더라 그 때에 에브라임 사람의 죽은 자가 사만 이천 명이었더라 _삿 12:5~6

에브라임에게 힘이 있었으면 애초에 입다의 등장이 필요 없었을 것입니다. 하지만 그들은 입다에게 갖은 거짓 주장을 늘어놓고는 도망치기에 바빴고, 자기네 땅으로 후퇴하려면 요단 동쪽에서 서쪽으로 강을 건너야 했습니다. 이때 길르앗 사람들은 요단강 나루터를 장악하고, 강을 건너가려는 자들이 에브라임 사람이면 살육해 버립니다. 성경은 이때 죽은 에브라임 사람이 42,000명이라고 합니다. 출애굽 당시 인구조사를 할 때 계수된 에브라임 지파의 20세 이상 된 남자는 모두 32,500명이었습니다(민 26:37). 그런데 그보다 약 1만 명이나 더 많은 자가 죽었다고 하니 그야말로 참혹하게 몰살당한 것입니다.

비겁함과 야비함이 결국 자기 지파에게 이토록 엄청난 피해를 안겨 주었습니다. 수많은 여인이 과부가 되었고, 어린아이들은 아버지를 잃었습니다. 죄로 말미암아 씻을 수 없는 상처를 남겼습니다.

이 말씀을 통해 하나님이 우리에게 주시는 메시지가 바로 이것입니다. 우리 안에도 이 같은 에브라임의 죄가 있음을 보아야 합니다. 이 죄를 죽여야 믿음의 공동체, 교회를 지킬 수 있습니다. 그렇다면 우리 안에 있는 에브라임의 죄에는 어떤 것들이 있을까요?

첫째, 시기심입니다.

에브라임은 요셉의 둘째 아들이지만, 야곱의 '손이 엇갈린 축복' 속에 '장자의 복'을 받았습니다. 그런 자부심이 있던 에브라임의 후예들이 "길르앗 사람 입다가 나라를 살렸다"는 이야기를 듣습니다.

"어디서 굴러들어온 입다야, 기생이 길르앗에게서 낳은 아들이라며? 길르앗도 그렇지. 므낫세 지파의 지리멸렬한 부족 아냐? 므낫세는 또 어때? 형 노릇도 못하고 에브라임에게 밀린 지파잖아. 그런

보잘것없는 길르앗이, 그중에서도 기생의 아들 입다가 나라를 살렸다고?" 하며 배가 아파서 견디지 못합니다.

그러니 앞서 1절에서도 "우리가 반드시 너와 네 집을 불사르리라" 했던 것입니다. 암몬 앞에서는 끽소리도 못 하던 에브라임이 입다 앞에서는 기득권, 장자권을 내세우고 텃세까지 부립니다. 혹여 이런 모습이 내 안에는 없습니까?

내가 속한 공동체, 교회가 건강하려면 나부터 이런 에브라임의 죄를 씻어 내야 합니다. 기득권, 장자권, 텃세를 내려놓아야 합니다. 그러지 않으면 공동체 안에서 트러블 메이커가 될 수밖에 없습니다. 그로 인해 공동체는 금세 분열됩니다.

둘째, 줄 세우기입니다.

앞서 4절에서 에브라임이 길르앗을 조롱하며 이런 말을 했습니다.

"너희 길르앗 사람은 **본래** 에브라임에서 도망한 자로서 에브라임과 므낫세 중에 있다."

"**원래, 본래** 길르앗은 우리 땅이야~"라는 것입니다.

하지만 "본래……"로 시작하는 말은 십중팔구 거짓말입니다. 이미 말씀드린 것처럼 길르앗은 에브라임의 땅이 아닙니다. 이스라엘이 요단 동쪽 지역을 점령했을 때 모세가 므낫세 지파에게 길르앗 땅을 주었습니다.

그런데도 기생의 자식인 입다가 암몬을 물리치고 그 땅을 되찾았다고 하니까 자존심이 상한 것입니다. 그래서 "지금 사람들이 박수하고 잘한다니까, 뭐나 된 줄 알지? 도망한 과거가 있는 주제에 까불지 말고, 저 뒤에 가 있어……" 하고 역사까지 왜곡해서 들먹이며 줄 세우기를 한 것입니다.

우리 한국 사람처럼 '선임, 후임', '선배, 후배'를 따지는 민족이 또 있을까 싶습니다. 말다툼하다가 "왜 반말이야?"로 싸움판이 커집니다. 결국 치고받고 칼 들고 싸우는 사람이 바로 우리 아닙니까? 언젠가 자녀들과 한국 드라마(k-drama)를 보는데 등장인물들이 다투다가 "너 몇 살이야(how old are you)?" 하며 나이를 묻는 장면이 나왔습니다. 그러자 제 자녀들이 "이해가 안 간다"라고 했습니다. 제가 보기에도 우스꽝스러웠습니다.

셋째, 혈통 따지기입니다.

"피는 피를 부른다"는 말이 있습니다. 거짓으로 피(혈통) 이야기를 해 가며 입다를 줄 세우려다가 에브라임이 정말 피를 불렀습니다. 이 전쟁에서 죽은 에브라임 사람이 출애굽 당시 젊은 남자 수보다 많은 42,000명입니다. 이것은 순교입니까, 개죽음입니까? 더 기막힌 것은 그 많은 사람을 죽인 근거가 무엇입니까?

요단강을 막은 길르앗 군대는 달아나는 에브라임 사람들을 분별해 내기 위해 강을 건너려는 자들을 일일이 붙잡고 '쉽볼레(shibboleth)'를 발음해 보라고 합니다. 이 단어의 문자적 의미는 '흐르는 물'인데, '쉽볼레'라고 읽습니다. 그런데 에브라임 사람들은 발음이 특이해서 '십볼레'라 발음했습니다. 그래서 그 발음 때문에 에브라임 사람인 것이 들통나 그 자리에서 참수를 당했습니다. 발음 하나 때문에 생사가 좌우된 것입니다.

'쉽볼레(shibboleth)'는 영어사전에 등재되어 있고, '캐치프레이즈(catchword)'라는 의미가 있습니다. 확실하게 어떤 집단을 특징지을 수 있는 단어입니다. 우리나라도 경상도 사람은 쌍시옷 발음을 잘하지 못해서 '쌀'을 '살'로 발음하는 경향이 있습니다. 일본 사람은 '롤리팝(lollipop, 막대사탕)'이라는 발음을 잘 못한다고 합니다. 저도 영어 발음, 특히 'R' 발음이 아직도 잘 안 됩니다. 그러니 발음으로 사람을 대량 학살한 것은 잘못이라고 생각합니다. 이런 저의 생각이 틀리지 않다고 확신하는 이유는 7절 말씀 때문입니다.

> 입다가 이스라엘의 사사가 된 지 육 년이라 길르앗 사람 입다가 죽으매 길르앗에 있는 그의 성읍에 장사되었더라_삿 12:7

상대적으로 짧은 기간입니다. 그리고 이전 사사들의 경우 묻힌 장소가 자세히 언급되었지만, 입다는 '길르앗 그의 성읍에 장사되었다'라고 간단히 기록되어 있습니다. 저는 여기에 사사기 저자의 의도가 담겨 있다고 생각합니다. 그래서 '입다' 하면, 잘못된 서원으로 딸을 죽게 한 것과 에브라임 곧 동족을 살육했던 것만 기억에 남습니다. '입다'는 결국 그런 사사가 되어 버렸습니다.

그럼에도 신약의 히브리서 기자는 믿음의 영웅을 밝히는 11장에서 "……기드온, 바락, 삼손, **입다**, 다윗 및 사무엘과 선지자들의 일을 말하려면 내게 시간이 부족하리로다"라고 기록했습니다(히 11:32). 입다가 믿음의 전당에 올라간 이유는 무엇일까요?

사사기 구조

8 그 뒤를 이어 **베들레헴의 입산**이 이스라엘의 사사가 되었더라 9 그가 **아들 삼십 명과 딸 삼십 명**을 두었더니 그가 딸들을 밖으로 시집 보냈고 아들들을 위하여는 밖에서 여자 삼십 명을 데려왔더라 그가 이스라엘의 사사가 된 지 칠 년이라 10 입산이 죽으매 베들레헴에 장사되었더라 11 그 뒤를 이어 **스불론 사람 엘론**이 이스라엘의 사사가 되어 십 년 동안 이스라엘을 다스렸더라 12 스불론 사람 엘론이 죽으매 스불론 땅 아얄론에 장사되었더라 13 그 뒤를 이어 비라돈 사람 힐렐의 아들 **압돈**이 이스라엘의 사사가 되었더라 14 그에게 **아들 사십 명과 손자 삼십 명**이 있어 어린 나귀 칠십 마리를 탔더라 압돈이 이스라엘의 사사가 된 지 팔 년이라 15 비라돈 사람 힐렐의 아들 압돈이 죽으매 에브라임 땅 아말렉 사람의 산지 비라돈에 장사되었더라 _삿 12:8~15

기드온: 70명 아들
　　　돌라: 내용 없음(no details)
　　　　야일: 30명 아들
　　　　　　입다: 무남독녀 잃음(무자식)
　　　　입산: 30명 아들
　　　엘론: 내용 없음(no details)
　　압돈: 아들 40명, 손자 30명, 총 70명

　입다에게는 아들도 없고, 하나 있던 딸(삿 11:34)마저 잘못된 서원으로 잃었지만, 사사기 구조를 보면 그가 죽은 후 수많은 자녀가 그를 감싸고 있음을 볼 수 있습니다. 사사기 저자가 대칭적 병행 구조(Chiastic Parallelism)라는 수사적 기법으로 입다를 믿음의 인물로 부각시킨 것입니다. 그런 관점으로 보면 입다는 다윗 왕의 원형(prototype)입니다. 그리고 다윗은 예수님의 원형입니다. 그런 의미에서 입다는 예수님을 생각나게 하는 인물임이 틀림없습니다.

　입다는 결코 완전하고 완벽해서 사사가 된 게 아니라, 부족하지만 완벽한 구원자를 기대하게 하는 역할로 쓰임받았습니다. 하나님만이 우리의 진정한 사사이십니다. 그저 이 땅의 원수를 몰아내기 위해 성령 충만한 하나님의 종이 필요한 것입니다. 하나님은 위기 때마다 그 한 사람을 세우십니다. 그리고 에브라임처럼 하나님이 세우신 종을 대적하고 반대하고 음해하는 대적들 속에서 그의 백성을 건져 내십니다.

> 아담 안에서 모든 사람이 죽은 것 같이 그리스도 안에서 모든 사람이 삶을 얻으리라 _고전 15:22

바로 이 복음의 원칙을 보여 준 믿음의 사람, 동족에게 거절당했음에도 하나님이 기름 부어 세우신 종으로서 백성을 구원하신 그리스도의 모형을 보여 준 사사가 바로 '입다'입니다.

팀 켈러 목사님은 『당신을 위한 사사기』에서 이렇게 말했습니다.

"우리가 세상과 좋은 관계를 유지하려고 노력하는 만큼 교회 안에서 당하는 모욕을 무시하고 대신 연합하는 데 시간을 보낸다면, 우리 공동체는 훨씬 덜 분열되고 훨씬 더 사랑이 넘칠 것이다. 이런 질문을 해 봐야 한다. '내가 동료 그리스도인을 판단하는 데 너무 성급한 부분은 무엇인가? 기독교 내에서 어떤 차이점 때문에 (교회 온 순서, 학연, 지연?) 다른 사람을 얕보는 기회로 사용하는가? 나는 누구를 용서하지 않고, 그들을 (나의 교제 영역 밖으로) 멀리하며 은근히 즐기고 있는가?' 다시 말하지만, 우리는 너무 자주 보게 된다. **교회의 가장 큰 문제는 교회다!** …… If we spent as much time pursuing unity and overlooking insults within our churches as we do seeking to remain on good terms with the world, our communities would be far less divided and far more loving. We need to ask: Where am I too quick to judge my fellow Christians? What difference within Christianity do I use as opportunities to look down on others? Who am I refusing to forgive, relishing deep down the opportunity to shun them? Again, we see that all too often, **the church's greatest problem is the church!**"

사실 교회 안에서도 성도 간에 언짢고 실망할 때가 많습니다. 하지만 그럼에도 용서하십시오. 부족한 모습을 보면, '저 인간도 입다려니……' 하십시오. 그러면서 주님을 더 그리워하며 기다립시다. 발음 하나 잘못한다고 조롱하고, 지방색을 드러내며 서로 죽이는 잔인한 모습이 아니라 "예수님 마라나타" 외치며 불완전한 지체와 교회를 품고 갑시다. 주님 오실 때까지 모두가 인내함으로 천국을 이루는 공동체가 됩시다!

적용질문

† 암몬과의 전쟁에서 대승한 입다에게 에브라임 사람들이 시비를 겁니다. 입다는 어떻게 그 시비에 대응합니까? 이전 상황과 비교해 보십시오(삿 8:2, 12:1~3).

† 에브라임의 모욕적인 언사와 거짓이 결국 동족 간 전쟁을 일으키고, 에브라임은 엄청난 피해를 입게 됩니다. 에브라임의 어떤 죄가 동족 간의 전쟁을 일으켰습니까?

- _____(삿 12:1)
- _____(삿 12:4)
- _____(삿 12:5~6)

† 입다에 대한 12장 7절 말씀이 우리에게 던지는 메시지가 무엇이라고 생각합니까(팀 켈러 목사님 해석 참고)?

† 히브리서 기자가 입다를 믿음의 전당에 올린 이유가 무엇이라고 생각합니까(삿 12:8-15; 히 11:32)?

기드온: (　　　) 아들
　돌라: 내용 없음(no details)
　　야일: (　　　) 아들
　　　입다: 무남독녀 잃음(무자식)
　　입산: (　　　) 아들
　엘론: 내용 없음(no details)
압돈: 아들 (　　　), 손자 (　　　), 총 (　　　) 명

Chapter
16

구백 냥 눈의 오작동

사사기 13장 1~25절

삼손 등장의 배경

이제 마지막 사사 삼손의 이야기가 시작됩니다. 다른 사사와 비교해 볼 때 삼손의 등장에는 예외적인 면이 있습니다. 반복되는 악순환의 사이클에서 한 가지가 빠졌습니다. 그것이 무엇입니까? 1~5절까지 본문에 나오는 악순환에 번호를 붙이면 이렇습니다.

> 1 이스라엘 자손이 ① **다시 여호와의 목전에 악을 행하였으므로** 여호와께서 그들을 사십 년 동안 ② **블레셋 사람의 손에 넘겨 주시니라** 2 소라 땅에 단 지파의 가족 중에 마노아라 이름하는 자가 있더라 그의 아내가 임신하지 못하므로 출산하지 못하더니 3 여호와의 사자가 그 여인에게 나타나서 그에게 이르시되 보라 네가 본래 임신하지 못하므로 출산하지 못하였으나 이제 임신하여 아들을 낳으리니 4 그러므로 너는 삼가 포도주와 독주를 마시지 말며 어떤 부정한 것도 먹지 말지니라 5 보라 네가 임신하여 아들을 낳으리니 그의 머리 위에 삭도를 대지 말라 이 아이는 태에서 나옴으로부터 하나님께 바쳐진 나실인이 됨이라 그가 블레셋 사람의 손에서 ④ **이스라엘을 구원하기 시작**하리라 하시니_삿 13:1~5

하나님이 배교하는 이스라엘 백성을 이방인에게 붙이셔서 고난

받게 하시고, 고난 중에 있던 백성은 그제야 하나님께 부르짖게 됩니다. 그러면 하나님이 사사를 보내셔서 구원하기 시작하시는데, 또 살 만해지면 백성이 다시 배반하는 악순환이 반복됩니다. 그런데 자세히 보니 본문에는 **악순환의 고리 중 세 번째 '부르짖음'이 없습니다.**

하나님이 첫 사사 옷니엘을 세우실 때도, 에훗과 드보라를 거쳐 입다를 세우실 때도 이스라엘 백성이 부르짖지 않았습니까(삿 3:9, 15, 4:3~4, 10:10)? 그래서 하나님이 사사를 세우시고 이스라엘을 구원해 주셨는데, 이번에는 이스라엘이 부르짖었다는 이야기가 없습니다. 이것이 시사하는 바가 무엇입니까? 블레셋 손에 40년이나 넘겨졌는데도 성도들의 입에서 기도가 사라졌다는 것입니다. 블레셋이 너무 신사적으로 대하고, 인간답게 살게 해 주어서 그랬을까요? 아닙니다. 부르짖음이 사라진 이유는 그들이 죄에 둔감해졌기 때문입니다. 죄에 적응했기 때문입니다. 믿음의 가장 큰 적은 험악한 범죄가 아닙니다. '적당히 살자'입니다.

인간의 죄에 대한 적응력은 각자 소견에 옳은 대로 행하는 죄가 반복되는 것을 보면 알 수 있습니다.

> 그 때에는 이스라엘에 왕이 없었으므로 사람마다 자기 소견에 옳은 대로 행하였더라 _삿 17:6

> 그 때에 이스라엘에 왕이 없으므로 사람이 각기 자기의 소견에 옳은 대로 행하였더라 _삿 21:25

굳이 '죄의 정의(definition of sin)'를 내리자면, '사람의 소견(所見)과 하나님의 소견(所見)이 충돌할 때 자기 소견에 옳은 대로 행하는 것'입니다. 소견이란 '어떤 일이나 사물을 살펴보고 갖게 되는 생각이나 의견'을 말합니다. 그래서 한자 '볼 견(見)'을 씁니다.

'몸이 천 냥이면 눈이 구백 냥'이라는 말이 있듯이, 우리 눈은 매우 중요한 역할을 합니다. 우리가 외부의 자극을 느낄 때 80% 이상 눈을 통한다고 합니다. 그만큼 중요한 것이 시각(視覺)입니다. 잠자는 동안에도 눈은 미세하게 움직이고, 그 활동량이 대단해서 하루 약 2만 번 정도 깜빡이고, 약 10만 번 정도 눈 근육이 움직인답니다.

미국에서 65세 이상 625명을 두 그룹으로 나누어 연구한 결과, 치매 환자의 90% 이상이 노안 같은 시력 저하가 있음을 확인했습니다. 우리 눈이 물체를 보면서 발생하는 자극은 시신경을 통해 뇌로 전달되는데, 시력이 떨어지면 뇌의 자극도 떨어진다고 합니다. 그리고 그 자극이 떨어지면 뇌의 혈류가 줄어들고, 몸과 마음이 위축되고, 뇌의 활동량 또한 줄어들어 치매 위험을 높인다는 것입니다. 그래서 지금 내 눈으로 무엇을 보는지, 제대로 보고 있는지가 중요합니다. 영적 치매를 예방하려면 무엇보다 말씀을 보아야 합니다. 날마다 큐티하는 것이 중요합니다.

영적으로 가장 어두웠던 사사 시대는 '자기 소견(所見)에 거슬러 행한 시대'가 아니었습니다. '자기 소견에 옳은 대로 행한 시대'였습니다. 즉, 죄를 지으면서도 양심의 가책이 없었습니다. 대중의 의견도 무시한 채 나름 '옳다'는 정당성을 확보하고 자기 뜻대로 행했습니다.

나치 독일이 유대인 600만 명을 학살했을 때, "세상에서 가장 악한 죄를 짓겠다"는 결심을 하고 그런 일을 벌이지 않았습니다. '인류를 위해 호의를 베푼다'고 생각하며 자기가 하는 일에 정당성을 내세웠습니다. 조직폭력배도 악을 행할 때는 다수를 모아 자기가 하는 일을 정당화합니다.

서로 의견이 상충하면 우리는 주로 전문가에게 의견을 구하고 다수결을 따르지만, 이 또한 다수의 횡포일 수 있습니다. 이것은 민주주의의 맹점이기도 합니다. 죄를 짓고도 대중(다수)의 동의를 얻어 법을 바꾸고 정당성을 주장하는 것이야말로 '자기 소견에 옳은 대로 행하는 악'입니다. 죄는 이렇게 자기중심성에서 출발합니다.

교회 안에 분쟁이 있다는 이야기를 종종 듣습니다. 교회에서 분란이 일어나는 이유도 하나님의 눈높이에 맞춰야 하는데, 서로 '내 눈높이에 맞추는 것이 옳다'고 여기고 내 소견대로 행하기 때문입니다. 결국 자기가 옳다고 주장하는 데서 비롯됩니다.

나실인 준비

그럼에도 불구하고 하나님은 이스라엘의 구원을 위해 나실인, 삼손을 준비하십니다. 이스라엘이 울며불며 부르짖지도 않았는데, 삼손을 세우시고 그의 백성을 구원하십니다. 그런데 삼손의 태생이 특이합니다.

5 보라 네가 임신하여 아들을 낳으리니 그의 머리 위에 삭도를 대지 말라 이 아이는 태에서 나옴으로부터 하나님께 바쳐진 나실인이 됨이라 그가 블레셋 사람의 손에서 이스라엘을 구원하기 시작하리라 하시니 …… 7 그가 내게 이르기를 보라 네가 임신하여 아들을 낳으리니 이제 포도주와 독주를 마시지 말며 어떤 부정한 것도 먹지 말라 이 아이는 태에서부터 그가 죽는 날까지 하나님께 바쳐진 나실인이 됨이라 하더이다 하니라 _삿 13:5, 7

그는 태어나면서부터 나실인이었습니다. 나실인이란 '구분(구별)된 자'를 뜻합니다. 하나님께 자신을 바치기로 서원하고 자기 몸을 드리기 위해 삼손뿐만 아니라 그의 부모도 3가지를 금하며, 구별된 삶을 살도록 요구되었습니다.

1 여호와께서 모세에게 말씀하여 이르시되 2 이스라엘 자손에게 전하여 그들에게 이르라 남자나 여자가 특별한 서원 곧 나실인의 서원을 하고 자기 몸을 구별하여 여호와께 드리려고 하면 3 **포도주와 독주를 멀리하며 포도주로 된 초나 독주로 된 초를 마시지 말며 포도즙도 마시지 말며 생포도나 건포도도 먹지 말지니** 4 자기 몸을 구별하는 모든 날 동안에는 포도나무 소산은 씨나 껍질이라도 먹지 말지며 5 그 서원을 하고 구별하는 **모든 날 동안은 삭도를 절대로 그의 머리에 대지 말 것**이라 자기 몸을 구별하여 여호와께 드리는 날이 차기까지 그는 거룩한즉 그의 머리털을 길게 자라게 할 것이며 6 자

기의 몸을 구별하여 여호와께 드리는 **모든 날 동안은 시체를 가까이 하지 말 것이요**_민 6:1~6

민수기에 기록된 것처럼 나실인은 다음과 같은 특징이 있습니다.
① 머리에 삭도를 대지 않습니다. 계속 자라는 머리털은 약화되지 않는 전적 헌신의 힘을 상징합니다.
② 포도나무 소산은 먹지 않습니다. 이는 세상 향락에 취하지 않는 것을 상징합니다.
③ 시체를 가까이하지 않습니다. 이는 죄로부터 성별됨을 상징합니다. 시체와 접촉한 나실인은 머리를 다 밀고 희생 제사를 드린 후 처음부터 다시 헌신해야 했습니다.

삼손은 태어나면서부터 나실인이 되었고, 평생 나실인으로 살아야 했습니다. 자신이 서원하지 않았지만, 그의 어머니가 그 서원을 복중에서부터 지켰기 때문입니다.

그리고 삼손의 아버지 마노아는 단 지파 사람입니다(삿 12:2). 단은 '판단, 재판(judge)'이라는 의미가 있습니다. 그리고 삼손의 이름에는 '햇빛(sunshine), 혹은 작은 해(little sun)'라는 뜻이 있습니다. 이 아이에게 소망하고 기대하는 것이 있었습니다.

그렇다면 삼손의 부모는 '벧세메스, 태양의 집'에서 태어난 아이를 어떻게 구별하여 가르칩니까?

8b ……우리가 그 낳을 아이에게 어떻게 행할지를(what manner) 우리에게 가르치게 하소서 하니 …… 12b ……이제 당신의 말씀대로 되

기를 원하나이다 이 아이를 어떻게 기르며 우리가 그에게 어떻게 행하리이까_삿 13:8b, 12b

삼손의 부모는 태중에 있는 삼손의 양육과 관련한 문제를 하나님께 묻습니다. 그러자 어떤 역사가 일어납니까?

소라와 에스다올 사이 마하네단에서 여호와의 영이 그를 움직이기(stir) 시작하셨더라_삿 13:25

여호와의 영이 삼손을 움직이기 시작합니다. 하나님이 삼손을 흔들어 깨우십니다. 우리 인생도 그렇습니다. 신앙인이라면서도 아무 문제의식 없이 하나님과 무관하게 살다가 어느 날 갑자기 '이렇게 살다가는 정말 큰일 나겠다' 이런 생각을 한 적이 있지 않습니까? 이것이 곧 성령의 개입입니다. '자기 소견에 옳은 대로 사는' 우리를 '주님의 중심에 합한 자'로 변화시키시기 위해 하나님의 영이 움직이기 시작하신 것입니다. 우리를 흔들기 시작하신 것입니다.

그러므로 우리 모두 '성령이 흔들기 시작했다(Spirit troubled him)'는 말씀이 임하는 자로, '잠들지 못하는 죄(trouble in spirit, sleep)'에 민감한 자로 다시 일어납시다.

우리가 아직 죄인 되었을 때에 그리스도께서 우리를 위하여 죽으심으로 하나님께서 우리에 대한 자기의 사랑을 확증하셨느니라_롬 5:8

하나님은 영적 무지의 시대에 삼손을 일으키십니다. '나실인(Nazirite) 삼손'과 '나사렛(Nazarene) 예수'가 닮은 점이 있습니다. 죄가 죄인지도 모르고 살아가는 우리를 구원하시기 위해 예비하신 나실인, 바로 예수 그리스도이십니다. 이제는 우리가 이 시대 나실인의 사명을 이어 가야 할 줄 믿습니다. 하지만 말씀을 보지 않고 기도도 하지 않는다면 나실인의 사명을 감당할 수 없습니다. 우리는 자기 생각에 옳은 대로 행하고 이렇게 말하기 쉽습니다.

"목사님, 저는 양심에 거슬리는 일은 하지 않습니다."

정말 그렇습니까? 여러분이 행하는 모든 일이 옳게 보입니까? 그런데 그것이 하나님의 눈에 옳은지 어떻게 압니까? 그래서 매일 기도하고 말씀에 더욱 집중해야 합니다. 자기 생각에 옳은 대로 행하는 것이 아니라, 하나님의 말씀 안으로 들어가야 합니다. 그러므로 서로의 생각이 충돌할 때는 말씀에 따라 질서에 순종하는 것이 하나님의 뜻을 따르는 삶이며, 하나님의 선하시고 온전하신 뜻을 분별하는 이 시대 나실인의 삶의 방식이라고 확신합니다.

기도하지 않았다면, 우리가 옳다고 여기며 행하는 일이 실제로는 죄일 수 있습니다. 말씀으로 하루를 시작하지 않는다면, 말씀으로 충만하지 않다면, 아무리 양심을 내세워도 자기 생각대로 하는 것이 죄가 되고, 하나님을 대적하는 일이 될 가능성이 매우 큽니다. 우리는 하나님을 영화롭게 할 수 없고, 무지한 인간임을 깨달아야 합니다. 제발 깨어 있으십시오.

"목사님, 저는 교양 있는 사람입니다. 저는 교육받은 사람입니다. 하나님이 가르쳐 주지 않으셔도 교양 있게 살 수 있습니다."

　이런 생각이 더 무섭습니다. 이것이 바로 하나님을 향한 죄입니다. 이런 사고방식이 영적 무지 속에 휩쓸려 가면서도 자신이 그런 줄도 모르고, 그저 '좋은 게 좋은 것'이라고 여기며 옳다고 믿는 것입니다. 600만 명을 죽인 나치처럼, 자신들이 옳다고 생각해 퀴어 축제를 벌이고 법을 만들어 우리 자녀들에게 끔찍한 성교육을 의무화시키고 이 사회를 병들게 하는 생각입니다.

　말씀에 집중하는 이 시대 나실인이 되어 일어납시다. 자기 소견에 집중하지 말고, 하나님의 말씀과 하나님 중심으로 나아갑시다. 그리하여 이 시대를 살리고, 이 나라를 살리며, 하나님 나라와 영광을 위해 쓰임받는 우리가 되기를 주님의 이름으로 축복합니다.

적용질문

† 사사기에 반복되는 악순환이 있습니다. 삼손의 경우, 이 악순환(vicious cycle)에서 빠진 고리는 무엇일까요(삿 13:1~5)?

† 마노아보다 이름도 언급되지 않은 그의 아내가 더 영적 분별력이 있어 보입니다. 빠진 고리의 의미를 생각해 보며, 우리 가운데 적용되는 부분은 없는지 살펴봅시다.

† 죄를 지으면서 '내가 죄짓는다' 의식하는 사람은 별로 없습니다. 사사 시대를 일갈하는 말씀을 생각하며, 회개할 제목을 생각해 봅시다 (삿 17:6, 21:25).

  · "그 때에는 이스라엘에 (   ) 없었으므로 사람마다 (   )에 옳은 대로 행하였더라"(삿 17:6).

† 하나님은 삼손을 준비시키십니다. 마노아의 부인에게 나타나 삼손의 탄생을 예고하며, 하나님의 특별한 목적을 수행하는 자, 나실인으로 살 것을 다짐합니다. 참고 구절을 읽으며, 나실인의 라이프 스타일을 적용해 봅시다(삿 13:5~8; 민 6:1~6).

† 나실인 삼손은 나사렛 예수의 전형입니다. 부르짖으며 살려 달라고 하지 않은 백성을 살리려고 삼손을 보내셨듯이, 우리에게 예수님을 보내십니다. 다음 구절을 읽고 주님의 은혜에 감사합시다.

- "우리가 아직 죄인 되었을 때에 그리스도께서 우리를 위하여 죽으심으로 하나님께서 우리에 대한 자기의 사랑을 확증하셨느니라"(롬 5:8).

† 본문은 누가 삼손을 움직인다(stir)고 밝힙니까? 그 의미를 생각하며, 죄에 무감각하고 하나님 중심이 아닌 자기 소견에 옳은 대로 행하는 우리를 흔들어 깨워 달라고 기도합시다(삿 13:25).

Chapter
17

눈먼 사랑, 눈뜬 사랑

사사기 14장 1~20절

눈먼 사랑

가수 김장수의 〈눈먼 사랑〉이라는 노래가 있는데, 그 가사가 절절합니다.

> 사랑에 눈이 멀어 눈먼 사랑을 하다 이렇게 혼자 남겨졌나요
> 그리워 목이 메어 와 그 이름을 부르지만 남겨진 초라한 내 모습뿐
> 기다릴 세월도 없이 차갑게 나를 잊으라 뒤돌아 나를 떠나면 잊나요
> 당신의 뜻이라면 또 한 번 눈이 멀어도 가슴에 내 사랑을 묻어 둘래요

눈먼 사랑으로 딤나의 여인을 사랑했던 삼손은 마지막에 눈이 뽑히고 맙니다. 이 노래가 삼손의 삶을 이야기하는 것 같아서 '아, 눈먼 사랑이란 이런 것이구나. 쓸쓸하고 외로운 것이구나. 결국은 눈이 뽑히는 사랑이구나' 하고 생각하게 됩니다.

14장은 한 여인을 향한 눈먼 사랑에 빠진 삼손이 부모에게 그 여인과 결혼하게 해 달라고 조르는 장면으로 시작합니다. 이 이야기가 그리 낯설지 않습니다. 우리에게도 그런 경험이 있지 않습니까?

"저 이 여자 아니면, 이 남자 아니면 안 돼요. 꼭 결혼할래요!"

지금은 후회하더라도 그때는 다 그러지 않았습니까? 지금 삼손이 딱 그런 모습입니다. 삼손이 딤나에서 블레셋 사람의 딸들 중 한 여

자에게 반해 결혼하겠다고 부모를 조릅니다. 부모가 말려도 소용이 없습니다.

부모의 책임

1 삼손이 딤나에 내려가서 거기서 블레셋 사람의 딸들 중에서 한 여자를 보고 2 올라와서 자기 부모에게 말하여 이르되 내가 딤나에서 블레셋 사람의 딸들 중에서 한 여자를 보았사오니 이제 그를 맞이하여 내 아내로 삼게 하소서 하매 3 그의 부모가 그에게 이르되 네 형제들의 딸들 중에나 내 백성 중에 어찌 여자가 없어서 네가 할례 받지 아니한 블레셋 사람에게 가서 아내를 맞으려 하느냐 하니 삼손이 그의 아버지에게 이르되 내가 그 여자를 좋아하오니(יָשְׁרָה בְעֵינָי) 나를 위하여 그 여자를 데려오소서 하니라 4 그 때에 블레셋 사람이 이스라엘을 다스린 까닭에 삼손이 틈을 타서 블레셋 사람을 치려 함이었으나 그의 부모는 이 일이 여호와께로부터 나온 것인 줄은 알지 못하였더라 5 삼손이 그의 부모와 함께 딤나에 내려가 딤나의 포도원에 이른즉 젊은 사자가 그를 보고 소리 지르는지라 6 여호와의 영이 삼손에게 강하게 임하니 그가 손에 아무것도 없이 그 사자를 염소 새끼를 찢는 것 같이 찢었으나 그는 자기가 행한 일을 부모에게 알리지 아니하였더라 7 그가 내려가서 그 여자와 말하니 그 여자가 삼손의 눈에 들었더라 _삿 14:1~7

3절에 "그의 부모가 그에게 이르되 네 형제들의 딸들 중에나 내 백성 중에 어찌 여자가 없어서 네가 할례 받지 아니한 블레셋 사람에게 가서 아내를 맞으려 하느냐 하니 삼손이 그의 아버지에게 이르되 **내가 그 여자를 좋아하오니 she is right in my eyes** יָשְׁרָה בְעֵינָי [ESV] 나를 위하여 그 여자를 데려오소서 하니라"고 합니다.

요즘도 자녀의 결혼에 부모가 적지 않은 영향을 끼칩니다. 혹여 결혼이 잘못되면 부모의 책임이 큽니다. 물론 "내가 데리고 살 사람이 아닌데, 자기 배우자는 자기가 선택해야지" 하며 쿨하게 대응하는 부모도 있습니다. 하지만 그건 어디까지나 자녀를 잘 가르쳐 키웠다는 확신이 있을 때나 가능한 일입니다. 제대로 가르친 것도 없고, 제멋대로 자랐는데 결혼마저 마음대로 하라는 말입니까?

여러분은 "지금의 배우자와 결혼한 것이 인생 최대의 실수"라고 하면서, 아이들에게도 네 맘대로 하라뇨? 어찌 그리 무책임할 수 있습니까? 더구나 7절에 보니 "그가 내려가서 그 여자와 말하니 **그 여자가 삼손의 눈에 들었더라 she was right in Samson's eyes** [ESV]"고 합니다.

"그 때에는 이스라엘에 왕이 없었으므로 사람마다 **자기 소견에 옳은 대로 what was right in his own eyes** הַיָּשָׁר בְּעֵינָיו [ESV] 행하였더라"(삿 17:6).

그런데 요즘은 어떻습니까? 자녀들이 결혼할 생각을 너무 안 해서 "아들이 남자만 안 데려와도 감지덕지"라고 합니다. 하지만 이처럼 자녀의 결혼에 대한 부모의 책임을 회피해서는 안 된다고 생각합니다.

예수님의 계보에 이름을 올린 성경 인물들은 **자녀들의 배우자를 믿음 안에서 선택하는 일에 책임**을 다해 왔습니다.

"내 고향 내 족속에게로 가서 내 아들 이삭을 위하여 아내를 택하라"(창 24:4).

"유다가 장자 엘을 위하여 아내를 데려오니 그의 이름은 다말이더라"(창 38:6).

"에서가 사십 세에 헷 족속 브에리의 딸 유딧과 헷 족속 엘론의 딸 바스맛을 아내로 맞이하였더니 그들이 이삭과 리브가의 마음에 근심이 되었더라"(창 26:34~35).

믿음의 부모들이 자녀의 결혼에 왜 이렇게 나섰을까요?

15 너는 삼가 그 땅의 주민과 언약을 세우지 말지니 이는 그들이 모든 신을 음란하게 섬기며 그들의 신들에게 제물을 드리고 너를 청하면 네가 그 제물을 먹을까 함이며 16 또 네가 그들의 딸들을 네 아들들의 아내로 삼음으로 그들의 딸들이 그들의 신들을 음란하게 섬기며 네 아들에게 **그들의 신들을 음란하게 섬기게 할까** 함이니라
_출 34:15~16

14 **너희는 믿지 않는 자와 멍에를 함께 메지 말라** 의와 불법이 어찌 함께 하며 빛과 어둠이 어찌 사귀며 15 그리스도와 벨리알이 어찌 조화되며 믿는 자와 믿지 않는 자가 어찌 상관하며 16 하나님의 성전과 우상이 어찌 일치가 되리요 우리는 살아 계신 하나님의 성전이

라 이와 같이 하나님께서 이르시되 내가 그들 가운데 거하며 두루 행하여 나는 그들의 하나님이 되고 그들은 나의 백성이 되리라
_고후 6:14~16

그렇다면 믿음 안에서 결혼하지 않고, 내 소견대로 결혼한 사람은 어떻게 해야 합니까?
① 이참에 헤어진다.
② 눈먼 연애한 것을 후회하며 눈을 뽑는다.
③ 믿음 없이 결혼한 자녀들을 헤어지게 한다.
④ 믿지 않는 배우자의 영혼 구원을 위해 기도한다.

4번이 맞을 겁니다. 믿지 않는 배우자와 결혼했다고 이참에 헤어지라는 말이 아닙니다. 자녀가 믿음 밖에서 결혼했다고 해서 이번 기회에 "부모가 나서서 결혼을 깨세요"라고 말하는 목사는 없을 것입니다. 그렇다면 성경은 어떻게 이야기합니까?

13 어떤 여자에게 믿지 아니하는 남편이 있어 아내와 함께 살기를 좋아하거든 그 남편을 버리지 말라 14 믿지 아니하는 남편이 아내로 말미암아 거룩하게 되고 믿지 아니하는 아내가 남편으로 말미암아 거룩하게 되나니 그렇지 아니하면 너희 자녀도 깨끗하지 못하니라 그러나 이제 거룩하니라_고전 7:13~14

부모로서 자녀에게 믿음의 결혼을 미처 가르치지 못했다면 부모

가 회개해야 합니다. 그리고 자녀들이 결혼 적령기에 이르기 전에, 믿음 안에서 결혼해야 하는 성경적인 이유를 꼭 가르쳐야 합니다. 결혼을 둘이 좋아서 함께 사는 정도로 생각하면 안 됩니다. 부부란 한 방향으로 함께 가는 존재입니다. 인생의 가치관과 목표, 그리고 살아가는 이유가 믿음 안에서 같은 방향이어야 행복한 가정을 이룰 수 있습니다. 예수님을 믿지 않는 사람이라면, 다른 방향으로 가는 사람이라고 생각해도 틀리지 않습니다. 추구하는 방향이 다르기 때문입니다. 그래서 갈등이 생길 수밖에 없습니다. 그러므로 반드시 기도하셔야 합니다. 사랑에 눈이 멀어 지금은 그 눈을 뽑아 버리고 싶은 심정일지라도, 포기해서는 안 됩니다. 거룩한 가정이 되게 해 달라고 기도하고, 특별히 자녀들을 위해 기도해야 합니다. 믿음에서 떠난 자녀들, 결혼하면서 예수님을 떠난 자녀들이 있다면 더욱 간절히 기도해야 합니다.

눈먼 결과

삼손이 어떤 사람입니까? 잉태되기도 전에 블레셋에 압제당하는 이스라엘 백성을 구원하기 위해 하나님께서 그를 나실인으로 준비시키셨습니다. 태어나기도 전에 부모가 나실인의 서약을 지키면서 삼손이 등장했습니다. 블레셋 문화와 가치관에 빠져 하나님을 믿는 백성인지 아닌지 구별도 안 되는 그 백성을 건져 내시기 위해 준비된 나실인이 삼손이었습니다. 그렇게 태어난 삼손의 마음을 13장 마지막 절에서 성령께서 움직이기 시작하셨다고 합니다. 드디어 "이 백성을 구원해야 한다"는 성령의 강권적인 역사가 시작되는데, 이게 웬일입니까. 바로 다음 장에서 딤나의 여인과 눈먼 사랑에 빠지는 나실인의 모습을 보게 됩니다. 이 눈먼 사랑의 결과가 14장에 계속 나옵니다.

삼손이 이처럼 자기 소견에 옳은 대로 눈먼 사랑에 빠진 이유가 무엇일까요? 그 이유는 세 가지입니다.

첫째, 나실인의 서약을 어깁니다.

6b ……그가 손에 아무것도 없이 그 사자를 염소 새끼를 찢는 것 같이 찢었으나 그는 자기가 행한 일을 부모에게 알리지 아니하였더라 …… 8 얼마 후에 삼손이 그 여자를 맞이하려고 다시 가다가 돌이켜 그 사자의 주검을 본즉 사자의 몸에 벌 떼와 꿀이 있는지라 9 손으로 그 꿀을 떠서 걸어가며 먹고 그의 부모에게 이르러 그들에게 그것을 드려서 먹게 하였으나 그 꿀을 사자의 몸에서 떠왔다고는 알리지 아니하였더라_삿 14:6b, 8~9

삼손은 사자를 보고 염소 새끼 찢듯이 찢습니다. 사자를 맨손으로 찢어 죽였으니 사체를 만졌다는 것입니다. 시신을 만지면 안 되는 나실인의 서약을 어기고 맙니다. 그러고 나서 어떻게 합니까? 나실인으로 구별되어 살아야 하는데, 이 사실을 부모에게 알리지 않고 몰래 숨깁니다. 8절을 보면, 삼손이 딤나 여인을 맞이하려고 다시 가다가 돌이켜 자신이 찢어 죽인 그 사자를 보았는데, 사자의 몸에 벌 떼가 꿀을 만들어 놓은 것을 발견합니다. 그래서 그 꿀을 손으로 떠서 먹고, 부모에게도 갖다줍니다. 그러므로 부모도 아무것도 모른 채 부정하게 됩니다. 자신도 모르게 그 죄에 동참하게 되었습니다. 하나님에 대한 서약을 어긴 것입니다. 이것이 바로 눈먼 사랑이며, 자기 소견에 옳은 대로 행하면서 하나님 앞에서 한 서약을 잊어버린 결과입니다. 목사 안수를 받을 때, 장로나 권사로 취임할 때, 심지어 새신자도 마지막에 서약합니다.

"나는 우리 교회 교인으로서 교회의 질서에 순종하며 교회의 순결을 지키기 위해 최선을 다하고, 목회 철학에 동의합니다."

이는 단순한 요식행위가 아니라 분명한 서약입니다. 그런데 어느 순간, 눈먼 자기 소견에 옳은 대로 행하기 시작하면 그 서약을 잃어버립니다. 자기도 모르게 그 서약을 깨뜨리고 자기 마음대로 행하게 됩니다.

둘째, 살인과 포악 행위를 일삼습니다.

……삼손이 아스글론에 내려가서 그 곳 사람 삼십 명을 쳐죽이고 노략하여 수수께끼 푼 자들에게 옷을 주고 심히 노하여 그의 아버지의 집으로 올라갔고_삿 14:19b

삼손은 아스글론에 내려가서 그곳 사람 30명을 쳐 죽입니다. 삼손이 사자 사체에 있던 벌꿀을 소재로 수수께끼를 냈고, 딤나 여인이 삼손을 꾀어내어 그 비밀을 알아낸 후, 블레셋 사람들이 그 수수께끼를 맞히게 됩니다. 그 결과 삼손은 약속대로 수수께끼를 맞힌 사람에게 옷을 주어야 했습니다(삿 14:11~19). 그런데 이 일로 삼손은 30명의 아스글론 사람을 쳐 죽였습니다. 이것은 살인 행위입니다. 정당방위가 아니라 명백한 살인입니다. 그뿐만 아니라 포악하게 그들을 해치는 악행을 저지릅니다. 이 장면을 통해 우리는 눈먼 사랑과 자기 소견대로 행한 결과가 포악과 살인이라는 사실을 깨닫게 됩니다.

예수님을 믿는 사람도 은혜의 경계선을 넘고, 자신의 혈기와 성격, 분노를 제어하지 못해 욕설이 튀어나오고, 깜짝 놀랄 만한 일들을 종종 벌입니다. 우리가 흔히 말하는 '뚜껑이 열린다'는 표현이 그런 상황입니다. 자기 눈에 옳은 대로 행하면 이런 일이 벌어집니다. 이것이 눈먼 결과입니다. 눈을 뜬 것 같지만 실제로는 눈이 먼 것입니다. 삼손을 통해 보여 주는 교훈입니다. 하나님은 그를 통해 이스라엘을 구원하겠다고 하셨지만, 지금 나타나는 결과는 눈먼 사랑과 그로 인한 포악과 살인입니다.

셋째, 거룩을 지키지 못합니다.

삼손의 아내는 삼손의 친구였던 그의 친구에게 준 바 되었더라
_삿 14:20

삼손의 아내가 그의 친구와 동침하게 됩니다. 15장을 보면 나중에 삼손이 이 사실을 알고 격분합니다. 가정의 순결이 깨지고 무너져 내렸습니다. 이것이 눈먼 행위의 결과입니다. 우리는 가정을 지켜야 합니다. 그러나 가정을 깨뜨리고, 거룩을 지키지 못하며, 예수를 믿는다면서 욕하고 포악을 부리고, 나아가 하나님과 한 약속조차 어기는 일이 벌어집니다. 이 장면을 보며 너무 속상하고 울분이 터져 나옵니다. 왜냐하면 하나님께서 삼손을 통해 이스라엘을 구원하려고 하셨기 때문입니다.

하나님이 삼손을 통해 역사하신다는데, 그는 구원자의 모습이 아닙니다. '이런 사람이 어떻게 이스라엘을 구원할까?' 의문이 들 수밖에 없습니다. 아니, '떡잎부터' 구별된 삼손인데 뭔가 남다른 모습이 있어야 하지 않습니까? 그렇잖아요. 자녀들이 어릴 때부터 교회에 나와 기도하는 모습을 보면 '쟤는 뭐든 잘 해낼 것 같다'는 생각이 들지 않습니까?

하지만 이와 반대로, 하나님께서 이스라엘을 구원하시기 위해 태중에서부터 구별하신 삼손이 자라며 보이는 모습은 눈먼 행태 그 자체입니다. 이런 상태로 어떻게 이스라엘 백성을 구원하겠습니까? 우리 가정도 마찬가지입니다. 풍비박산이 난 이 가정에 과연 소망이 있습니까? 하나님을 믿는다고 열심히 살았는데, 전에는 중고등부 회장도 하고, 기도하려고 산에도 자주 다녔는데, 지금 돌아보니 세상과 다른 점이 하나도 없습니다. 이것이 도대체 무엇입니까?

과연 이 일에 소망이 있습니까? 그렇게 믿고 따랐던 목사님이 스캔들에 휘말리고, 존경했던 장로님이 사기를 쳤습니다. 함께 교회를 섬기자고 마음을 모았던 친구들이 집사가 되어 열심히 헌신했지만, 결국 의견 충돌로 원수가 되었습니다. 이런 일이 일어났을 때 우리는 묻게 됩니다. "진정 소망이 있는가?" 쉽게 말해, "이런 상황에서 우리가 신앙을 지킬 수 있을까?"라는 질문과 맞닥뜨리게 됩니다. 그리고 결국 이렇게 말하게 됩니다. "역시 그렇지, 그만두자. 포기하자. 인간이란 다 이런 존재지." 그렇게 내버려 두겠습니까? 여기서 끝내시겠습니까?

'믿은 게 잘못이지, 그때 눈먼 사랑을 한 게 잘못이지.'

'내 남편에게, 내 아내에게 무엇을 기대할까? 지금도 속 썩이는 자녀에게 뭘 더 바라겠어?'

'이쯤 되면 그냥 포기하자. 죽는 게 낫겠다. 그만 살자.'

그런 절망의 순간이 우리 인생에도 찾아오게 마련입니다.

하나님의 플랜B

하나님은 삼손이 태에서부터 하나님께 바쳐진 나실인이 되게 하셨습니다. 그리고 그를 통해 이스라엘을 구원하려고 하셨습니다. 그런데 지금 그 계획이 완전히 틀어질 지경입니다.

하나님께서 삼손을 통해 블레셋을 쳐서 이스라엘을 구원하려고 하셨는데, 딤나의 여인과 사랑에 빠져 눈이 멀었습니다. 그는 블레셋 사람과 함께 사는 것에 전혀 문제의식이 없습니다. 자기 소견에 옳은 대로 행하는 것을 당연히 여깁니다.

여기에 우리가 반드시 풀어야 할 말씀이 있습니다. 4절 말씀을 다시 봅니다.

> 그 때에 블레셋 사람이 이스라엘을 다스린 까닭에 삼손이 틈을 타서 블레셋 사람을 치려 함이었으나 그의 부모는 이 일이 여호와께로부터 나온 것인 줄은 알지 못하였더라 _삿 14:4

블레셋 사람이 이스라엘을 '다스렸다'는 것은 평화롭게 통치했다는 뜻이 아니라 '압제'를 의미합니다. 블레셋은 이스라엘을 노예처럼 부렸고, 이스라엘은 여전히 그 압제 아래 있었습니다. 바로 그때 삼손이 틈을 타서 블레셋 사람을 치려 했습니다. 이것이 하나님의 목적이었습니다. 하나님은 바로 이 일을 위해 삼손이라는 나실인을 준비하셨습니다. 블레셋을 치기 위해 삼손을 예비하신 것입니다.

그런데 성경은 이 일, 즉 삼손이 딤나의 여인과 눈먼 연애에 빠진 일을 가리켜 "이 일이 여호와께로부터 나온 것인 줄은 알지 못하였더라"고 기록합니다. 이 말이 무슨 뜻입니까? 삼손이 딤나 여인과 눈먼 사랑에 빠져 결혼까지 하는 걸 하나님이 허락하셨다는 뜻입니까? 부모님은 몰랐지만 사실 하나님께서 이 일을 주도하고 계셨다는 의미입니까? 이 구절을 잘못 해석하면 이렇게 될 수 있습니다.

'우리 아이가 지금 믿지 않는 사람을 만나고 결혼하려고 하는데,

이것도 하나님이 허락하신 일인가?'

'내가 지금 믿지 않는 배우자와 사는데, 이것도 하나님이 준비하신 일이었나?'

이런 식으로 우리의 행동에 정당성을 부여하거나, 하나님의 승인처럼 해석한다면 이 말씀의 본뜻은 풀리지 않습니다. 이렇게 해석하는 것은 잘못입니다. 이 말씀의 의미는 이렇습니다.

원래 삼손은 믿음 안에서 결혼해야 했습니다. 그러나 그는 믿음 밖에 있는 딤나 여인과 사랑에 빠져서 결혼합니다. 하지만 하나님은 이 잘못된 선택마저 사용하셔서, 그 속에서 또 다른 계획을 준비하고 계셨다는 것입니다. 그러므로 이 말씀은 곧 삼손의 실패와 어긋난 선택 속에서도 하나님이 구원 계획을 이루기 위해 일하고 계셨음을 의미합니다.

하나님의 플랜A는 분명합니다. 그것은 우리가 믿음 안에서 결혼하는 것입니다. 우리가 믿음 안에서 살아가며 하나님의 뜻에 따라 결혼하고 가정을 이루는 것이 하나님의 본래 계획입니다.

그러나 삼손은 지금 딤나 여인과 믿음 밖에서 눈먼 사랑을 하고 있습니다. 그럼에도 하나님은 "삼손, 안 되겠다. 그러나 너를 포기하지는 않겠다"라고 하신 것입니다.

사람의 관점에서는 모든 것이 틀어져 보이고, 이제는 포기해야 할 것처럼 느껴지는 바로 그 순간에도 하나님은 포기하지 않으시고, '하나님의 플랜B'를 작동하십니다. 우리로 하여금 하나님의 사랑에 눈뜨게 하시려는 계획입니다. 하지만 그 누구도 이것을 알지 못합니다. 이런 사례들이 성경에 많이 등장하는데, 대표적인 두 가지를 소개합니다.

첫째, 요셉입니다.

요셉이 형들에게 배신당하고, 노예로 팔려가 애굽에서 종살이하며 '죽도록' 고생합니다. 그러나 하나님은 결코 여기서 끝내지 않으십니다. 끝까지 요셉과 함께하셔서 또 다른 플랜B를 계획하고 추진하십니다. 요셉을 애굽의 국무총리로 세우시고, 요셉을 통해 가뭄에 허덕이던 야곱의 가족까지 구원하십니다. 아버지 야곱이 죽은 후에도 형들은 여전히 요셉의 보복을 두려워합니다. 이때 요셉은 말합니다.

"당신들은 나를 해하려 하였으나 하나님은 그것을 선으로 바꾸사 오늘과 같이 많은 백성의 생명을 구원하게 하시려 하셨나니"(창 50:20).

하나님의 플랜B가 승리한 것입니다.

둘째, 하나님의 플랜B는 십자가입니다.

"그가 하나님께서 정하신 뜻과 미리 아신 대로 내준 바 되었거늘……"(행 2:23). 이것이 하나님의 플랜A입니다. 그러나 "너희가 법 없는 자들의 손을 빌려 못 박아 죽였"습니다(행 2:23). 사탄은 그 순간 자신의 승리를 확신했습니다. 예수님을 잡아 죽이며 드디어 자신들이 이겼다고 외쳤습니다. 그러나 바로 그때 하나님의 플랜B가 시작되었습니다.

"이 예수를 하나님이 살리신지라 우리가 다 이 일에 증인이로다

…… 그런즉 이스라엘 온 집은 확실히 알지니 너희가 십자가에 못 박은 이 예수를 하나님이 주와 그리스도가 되게 하셨느니라 하니라"
(행 2:32, 36).

"우리가 알거니와 하나님을 사랑하는 자 곧 그의 뜻대로 부르심을 입은 자들에게는 모든 것이 합력하여 선을 이루느니라"는 로마서 8장 28절 말씀은 우리가 미리 생각하고 계획한 것뿐만 아니라, 전혀 예상하지 못했던 일들, 심지어 안 좋아 보이는 일들까지 하나님이 사용하셔서 결국 선으로 이끄신다는 의미입니다. 하나님은 그런 상황에서도 쉬지 않고 바쁘게 일하고 계십니다. 우리 삶에서도 이런 일들이 수없이 일어납니다. 하나님은 실패와 돌발 상황 속에서도 절대로 손을 놓지 않으시고, 플랜B를 통해 여전히 선을 이루십니다.

크로스포인트교회(Cross Point Church)를 담임했던 피트 윌슨(Pete Wilson) 목사의 책 『다시 일어서는 힘 플랜B』에 나오는 글입니다.

"살다 보면 생각지도 못한 때에 인생 계획이 확 틀어져 버리는 날이 있다. 아직 그런 날이 찾아오지 않았는가? 그렇다고 안심할 수는 없는 일이다. 그런 날은 누구에게나 찾아오게 마련인 것이 우리가 사는 인생이다. 이런저런 이유로 가슴 깊이 간직해 온 꿈은 산산이 흩어지고, 목표는 무너지고, 순간순간 거는 기대는 남김없이 깨져 버린다. 계획은 수포로 돌아가고, 믿었던 사람은 뒤통수를 친다. 그런가 하면 단 한 번도 실수를 모르고 살던 자기 자신에게 처절하게 실망한다. 하루라도 안 아픈 날이 없고, 심지어 죽음이 앞길을 가로막는다. 혹은 교회에서 충격적인 경험을 하면서 삶 전체가 엉망이 된다. 갑자기 직장을 잃거나 빚보증을 잘못 서는 통에 재정 파탄에 이른다. 검은 머리 파 뿌리 될 때까지 백년해로하려고 했건만 이혼 서류와 함께 인생의 달콤한 꿈이 깨지고, 한 몸은 둘로 갈라져 서로에게 씻을 수 없는 상처만 남긴다.

얼마 전에 25년 가까이 행복한 결혼생활을 해 오던 우리 교회 한 여자 성도를 만났다. 그 성도는 나를 만나기 사흘 전에 이상한 이메일 한 통을 발견하고 나서 남편을 의심하기 시작했다. 남편이 지난 20년 세월을 섹스와 포르노에 중독되어 수차례 불륜을 저지른 것을 알게 되었다. 그 후 내 사무실로 들어오던 그 성도의 얼굴을 지금도 잊을 수가 없다. 남편의 배신에 눈물 흘리며 치를 떠는 모습이 너무도 어두웠기 때문이다……."

우리 주변에는 믿지 않던 남편이 하나님의 플랜B 때문에 예수님을 믿게 된 경우가 많습니다. 저는 이민자들의 삶을 가만히 살펴보며 우리 교회를 생각해 보았습니다. 우리 교회에는 자기 전공을 살려 일하는 분이 많은 편입니다. 그러나 제가 지금까지 섬겼던 다른 교회들을 돌아보면, 자신의 전공을 그대로 살려 커리어를 이어 가는 분은 10%도 되지 않았습니다. 전 세계적으로 통계를 봐도 자기 전공을 살려 커리어를 쌓아 가는 사람은 약 27% 정도에 불과하다고 합니다.

그렇다면 나머지 73%는 무엇입니까? 자신의 미래를 계획하며 전공과는 전혀 다른 길을 선택해 살아가는 것입니다. 그러나 전공을 살리지 못했다고 해도 일단 생계를 위해 시작한 사업, 혹은 자녀 교육을 위해 눈에 보이는 대로 뛰어들어 시작한 그 일이 오히려 예상치 못한 성공을 가져오는 경우도 많습니다. 우리 식으로 표현하면 '대박이 난' 경우입니다.

자신의 전공을 살린 것보다 훨씬 나은 인생을 사는 분들이 계시고, 그런 간증도 분명히 있을 것입니다. 저는 이것이 하나님의 플랜B라고 믿습니다. 어떤 사람은 다리가 부러진 사고로 병원에 갔다가 암을 조기 발견하고, 그 덕분에 건강을 되찾기도 합니다. 망했다고 생각했던 절망의 자리에서 오히려 하나님을 인격적으로 만나게 되는 경험이 있습니다. 그 지점에서 하나님의 플랜B가 시작된 것입니다. 그래서 지금의 내가 존재하고, 우리 가정이 오늘 이 자리에 있음을 고백하지 않을 수 없습니다. 하나님의 플랜B가 없었다면 지금 이 자리에 있을 수 없다고 고백할 분이 많을 것입니다.

우리는 실패와 삶의 가장 어두운 끝자락에서, 하나님께서 나를 향한 눈먼 사랑으로 여전히 일하고 계심을 깨닫게 됩니다. 하나님이 나를 향해 눈먼 사랑을 하고 계신다는 사실을 비로소 알게 됩니다. 그 눈먼 사랑의 결과로 하나님은 그분의 아들을 십자가에 못 박으셨습니다. 그걸 깨닫는 순간, 내가 죽어야 할 자리에 예수님이 대신 못 박히심을 알고 진정한 사랑에 눈뜨게 됩니다. 거짓 사랑에 눈이 멀어 살아가던 우리가 하나님의 플랜B 덕분에 비로소 참된 사랑에 눈뜨는 것입니다.

우리는 눈먼 사랑 때문에 낭패를 보고, 절망에 빠지고, 아무 소망도 없고, 모든 것을 놓고 싶을 만큼 벼랑 끝에 몰리기도 합니다. 그러나 바로 그 자리에서 하나님의 플랜B가 시작되고, 그 덕분에 다시 믿음의 눈을 뜨게 됩니다. 그래서 절망의 끝에서 좌절하지 않고, 하나님을 포기하지 않고, 우리의 믿음을 붙들고 그 믿음으로 나아가게 됩니다. 가망 없어 보이는 가정과 자녀를 포기하지 않고, 믿음 없는 배우자를 포기하지 않고, 꿋꿋이 기도하며 나아갈 수 있는 이유는 바로 하나님의 플랜B를 믿기 때문입니다. 그리고 이 플랜B는 단지 플랜A보다 낮은 차선책이 아니라, 우리를 위한 최선의 계획(The Best Plan B), 곧 하나님의 최고 계획이 될 줄 믿습니다. 플랜B의 B는 'Best(최선)'의 B입니다.

우리는 실패와 삶의 가장 어두운 끝자락에서,
하나님께서 나를 향한 눈먼 사랑으로
여전히 일하고 계심을 깨닫게 됩니다.
하나님이 나를 향해 눈먼 사랑을 하고 계신다는 사실을
비로소 알게 됩니다. 그 눈먼 사랑의 결과로 하나님은
그분의 아들을 십자가에 못 박으셨습니다.
그걸 깨닫는 순간, 내가 죽어야 할 자리에 예수님이 대신
못 박히심을 알고 진정한 사랑에 눈뜨게 됩니다.

적용질문

† 누군가에게 한눈에 반한 경험이 있습니까?

† 삼손의 성격은 다분히 충동적이었습니다. 다짜고짜 부모에게 블레셋 사람의 딸을 아내로 삼겠다고 합니다. 그때 삼손의 부모는 어떻게 말합니까(삿 14:1~3; 창 24:4, 26:34~35, 38:6)? 결혼 적령기에 있는 자녀에게 부모가 다해야 할 책임은 무엇입니까?

† 기독교인은 기독교인과 결혼해야 한다는 원칙을 성경은 가르칩니다. 다음 참고 구절을 읽고, 그 원리를 정리해 봅시다(출 34:15~16; 고후 6:14~16; 고전 7:13~14).

† 삼손이 결혼하기 위해 나실인의 어떤 서약을 위배하고 죄를 지었는지 나열해 봅시다.
  - 삿 14:6~9
  - 삿 14:19
  - 삿 14:20

† 사사기 14장 4절 말씀은 어떤 의미입니까? 하나님이 우리 죄 가운데 어떻게 역사하셨는지 나누어 봅시다(롬 8:28; 행 2:23).

Chapter
18

스캔들 같은 은혜
(Scandalous Grace)

사사기 15장 1~20절

30세에 목사 안수를 받고 처음으로 담임 목회를 시작한 곳이 매사추세츠 애머스트(Amherst)입니다. 그곳에서 유학생들과 한인 2세대를 위한 사역을 감당하기 위해 뛰어들었는데, 지금도 그때 기억이 생생합니다. 성도들이 모여 사는 아파트 근처로 이삿짐 트럭을 몰고 온 날, 담임목사가 왔다고 학생 성도들이 나와서 짐도 나르고 도와주었습니다. 그런데 그중에 박사학위 과정을 밟고 있던 한 부부가 있었습니다. 그날 그 남편분이 저에게 와서 말했습니다.

"목사님, 저는 오늘 짐을 나르지 못할 것 같습니다."

그분은 허리가 아픈지 보호대를 하고 있었습니다. 저는 괜찮다고 인사를 나누고 넘어갔는데, 얼마 후 그분이 췌장암을 앓고 있다는 것을 알게 되었습니다. 허리가 아팠던 이유가 단순한 디스크가 아니라, 이미 췌장암이 몸 안에서 자라고 있던 것입니다. 정기 검진에서는 발견되지 않았지만, 통증이라는 형태로 드러나기 시작했던 것입니다.

제가 이 말씀을 드리는 이유는 삼손 때문입니다. 삼손의 이야기에서 드러나는 어처구니없는 사건들, 우리가 보기에는 막장 드라마 같고 도무지 묵상하고 싶지 않은 이야기들이 왜 성경에 기록되어 있는지를 말하고 싶습니다. 사실 이스라엘 공동체에는 심각한 문제가 있었습니다. 겉으로는 멀쩡해 보였지만, 췌장암처럼 깊이 감춰진 문제가 안에서 자라고 있었습니다. 그리고 그 문제가 삼손을 통해 드러나기 시작한 것입니다. 삼손이 우리 눈에는 엉망처럼 보입니다. '이런

스캔들 같은 은혜(Scandalous Grace)

인간이 사사가 될 수 있나?', '이런 사람이 목사나 장로가 될 수 있나?'라고 생각하게 되는 것이죠. 그런데 성경은 그런 삼손에게 '하나님의 영'이 임했다고 말합니다. 스캔들처럼 느껴지는 이 장면은 우리를 당혹스럽게 만듭니다.

지난 14장 6절을 보면 "**여호와의 영이 삼손에게 강하게 임하니 그가 손에 아무것도 없이 그 사자를 염소 새끼를 찢는 것 같이 찢었으나**······Then **the Spirit of the LORD** rushed upon him······ [ESV]"라고 했습니다. 19절에서도 "**여호와의 영이 삼손에게 갑자기 임하시매 삼손이 아스글론에 내려가서 그 곳 사람 삼십 명을 쳐죽이고**······Then **the Spirit of the LORD** came upon him in power······[NIV]"라고 했습니다.

이토록 문제 많은 삼손에게 하나님은 대단한 능력을 주셨습니다. 그런데 왜 이것이 추문(醜聞)이 될 수 있을까요? "하나님이 왜 경건한 자가 아닌, 타락한 삼손에게 슈퍼파워를 주시느냐?"는 것입니다. 우리도 이런 비슷한 질문을 할 때가 있지 않습니까? 하나님이 다 알아서 하시니까 슈퍼 능력이든 슈퍼 은혜든 받는 사람은 그저 감사만 하면 되는데, 왜 곁에서 지켜보는 사람들이 시비를 걸까요?

저런 자격 없는 인간에게 하나님께서 은혜를 베푸셨다는 사실이 공정하지 않게 느껴지기 때문입니다. '왜 저런 자가 나와 같은 은혜를 받았지?'라고 생각하게 됩니다. 이 순간 우리가 쉽게 빠지는 함정은, 내가 받은 은혜는 진짜이고 고귀한 것이며, 저 사람이 받은 은혜는 가짜이거나 싸구려일 거라는 판단입니다. 그렇게 하나님께서 베푸신 은혜를 은혜로 여기지 않고, 평가절하(平價切下) 해 버리는 일이 벌어지는 것입니다. 이러한 태도는 우리가 받은 은혜를 망각할 때 나타나는 증상입니다. 우리가 받은 은혜를 기억하지 못하면, 다른 사람이 받은 은혜를 보고 불공정하다고 말하게 됩니다. 그리고 그 은혜를 조롱하고 폄하합니다. 하나님의 은혜를 받은 순간의 감격을 잊어버렸기 때문입니다.

삼손 이야기는 우리에게 많은 것을 시사합니다. 하나님은 우리가 보기에 자격 없어 보이는 사람에게도 역사하시며, 때로는 그를 통해 공동체의 깊은 병을 드러내고 치유해 가십니다. 이스라엘의 깊은 병이 삼손을 통해 드러난 것처럼, 우리 안에 감춰진 문제들도 하나님은 반드시 드러내셔서 회복으로 이끄십니다. 이것이 하나님의 방식이며, 은혜의 신비입니다.

성경에서 은혜를 가장 잘 설명해 주는 본문은 마태복음 20장에 나오는 포도원 일꾼 이야기입니다. 한 사람이 하루 품삯 한 데나리온을 벌기 위해 새벽 시장에 나왔습니다. 그리고 일손이 필요한 포도밭 주인이 나와서 그를 데려갑니다. 주인은 그 후에도 일손이 더 필요해서 낮 12시, 오후 3시, 그리고 문 닫을 즈음인 5시에도 시장에 가서 그때까지 일자리를 얻지 못해 서성거리던 사람을 데리고 밭으로 가서 일을 맡깁니다. 그러고는 일과를 마친 후 품삯을 나눠 주는데, 오후 5시에 와서 잠깐 일한 사람에게 먼저 한 데나리온을 줍니다. 당연히 아침 9시, 낮 12시에 온 사람들은 '어? 우린 더 받겠다' 생각했습니다. 그런데 받고 보니 똑같은 한 데나리온입니다.

당시 하루 품삯이 한 데나리온이니 당연합니다. 누구도 불평할 이유가 없습니다. 그런데 먼저 밭에 온 자들이 불평하기 시작합니다.

"이건 불공평해(It's not fair)……."

이때 주님께서 하신 말씀이 무엇입니까?

"이와 같이 나중 된 자로서 먼저 되고 먼저 된 자로서 나중 되리라"(마 20:16).

한마디로 "은혜를 잊으면 형편없는 자가 된다"는 경고입니다. 이처럼 은혜를 망각하면 제일 먼저 입에서 나오는 말이 "이건 불공평해(It's not fair)"입니다. '선물'은 헬라어로 '도론(δῶρον)'이고, 여기서 파생한 부사가 '도레안(δωρεάν, 공짜)'입니다. 하나님의 은혜는 공짜로 받았는데, 자기가 특별하고 공로가 있어서 선물을 받았다고 착각합니다. 다른 사람이 은혜의 선물을 받으면, "사람 볼 줄 모르네"라고 하거나 혹은 그 사람이 받은 선물을 비하합니다.

"우리는 십자가에 못 박힌 그리스도를 전하니 유대인에게는 **거리끼는 것이요** 이방인에게는 **미련한 것**이로되 오직 부르심을 받은 자들에게는 유대인이나 헬라인이나 그리스도는 하나님의 능력이요 하나님의 지혜니라"(고전 1:23~24)고 합니다.

공짜라고 다 좋아할 것이 아닙니다. 아무리 좋은 것도 거저 준다고 하면 폄하하고 자존심 상해하며 등 돌리는 분도 많습니다. 복음의 은혜도 그렇습니다. 그래서 거리끼는 사람이 있고, 심지어 미련한 것으로 여기는 사람이 있는 것입니다.

또한 잘나고, 거룩하고, 성경 공부 열심히 하고, 믿음생활 잘하는 사람에게만 하나님, 여호와의 영이 임한다면, 그것은 '은혜'가 아니라, 우리가 노력해서 번(earn) 것이 아니겠습니까?

우리가 지금 누리는 은혜도 마찬가지입니다. 내가 마땅히 누리는 것이 아닙니다. 삼손에게 그랬듯이 하나님의 **'은혜의 스캔들'에는 원칙**이 있습니다.

첫째, 하나님의 영이 일하시는 범위를 제한하지 말아야 합니다.

엉망으로 사는 삼손에게도 여호와의 영이 임하는 것을 보면서, '우리도 막살아도 되겠다'고 생각하면 곤란합니다. 그것은 하나님의 의도가 아닙니다. 하나님의 뜻을 우리의 생각으로 제한해서는 안 됩니다. '하나님은 언제까지, 어디까지 일하실 수 있다' 하며 우리의 틀 안에 넣지 말아야 합니다. 하나님은 우리가 실패해도 성공을 위해 '합력하여 선을 이루는' 작업을 시작하시는 분임을 인정해야 합니다.

이스라엘의 구원도 마찬가지입니다. 블레셋과 문제의식 없이 지내는 이스라엘을 블레셋과 결별하게 하시려고 하나님은 삼손에게 큰 사건을 허락하십니다. 장인이 삼손의 아내를 빼앗아 그의 친구에게 준 것입니다(삿 15:1~2). 그리고 이 사실을 알게 된 삼손이 복수극을 펼칩니다. 그러나 이것은 하나님의 의도였습니다. 이 일로 이스라엘을 구원하기 시작하십니다.

4 삼손이 가서 여우 삼백 마리를 붙들어서 그 꼬리와 꼬리를 매고 홰를 가지고 그 두 꼬리 사이에 한 홰를 달고 5 홰에 불을 붙이고 그것을 블레셋 사람들의 곡식밭으로 몰아 들여서 곡식 단과 아직 베지 아니한 곡식과 포도원과 감람나무들을 사른지라 6 블레셋 사람들이 이르되 누가 이 일을 행하였느냐 하니 사람들이 대답하되 딤나 사람의 사위 삿손이니 장인이 삿손의 아내를 빼앗아 그의 친구에게 준 까닭이라 하였더라 블레셋 사람들이 올라가서 그 여인과 그의 아버지를 불사르니라 7 삼손이 그들에게 이르되 너희가 이같이 행하였은즉 내가 너희에게 원수를 갚고야 말리라 하고 8 블레셋 사람들의 정강이와 넓적다리를 크게 쳐서 죽이고 내려가서 에담 바위 틈에 머물렀더라_삿 15:4~8

하지만 유다 사람들은 여전히 블레셋과 문제없이 살기를 원합니다. 삼손의 복수로 블레셋이 쳐들어오자 3,000명이나 되는 유다 사람들이 삼손에게 몰려갑니다. 그러고는 "우리는 너에게 뭐라고 안 할 테니, 가서 해결하라"며 삼손을 결박해 블레셋에게 넘겨주는 바보 같은 짓을 합니다(삿 15:9~13).

그런데 이때 '여호와의 영(Spirit of the LORD)'이 다시 등장합니다.

14 삼손이 레히에 이르매 블레셋 사람들이 그에게로 마주 나가며 소리 지를 때 **여호와의 영이 삼손에게 갑자기 임하시매** 그의 팔 위의 밧줄이 불탄 삼과 같이 그의 결박되었던 손에서 떨어진지라 15 삼손

> 이 나귀의 새 턱뼈를 보고 손을 내밀어 집어들고 그것으로 천 명을 죽이고 16 이르되 나귀의 턱뼈로 한 더미, 두 더미를 쌓았음이여 나귀의 턱뼈로 내가 천 명을 죽였도다 하니라_삿 15:14~16

하나님이 이스라엘을 구원하기 위해 삼손을 일으키셨지만, 백성은 알지 못합니다. 하나님의 의도는 분명합니다. 내 백성을 블레셋에서 구별해 내겠다는 의지가 확고하십니다. 오늘 나의 삶에서 일어나는 갈등도 그렇습니다. 나를 구원하시기 위한 하나님의 작업입니다.

둘째, 기도의 범위를 제한하지 말아야 합니다.

> 삼손이 심히 목이 말라 여호와께 부르짖어 이르되 주께서 종의 손을 통하여 이 큰 구원을 베푸셨사오나 내가 이제 목말라 죽어서 할례 받지 못한 자들의 손에 떨어지겠나이다 하니_삿 15:18

삼손이 비로소 여호와께 부르짖으며 기도합니다. 어쩌면 우리의 기도도 이런 것 같습니다. 삶에 갈등의 현장에서 비롯되는 것을 봅니다. 하지만 삼손의 이 기도는 '기도 아닌 기도'입니다. 왜 그렇습니까? 그의 기도는 불평 그 자체입니다. 그리고 이후 16장에서 그의 눈이 뽑힐 때까지 삼손이 하나님과 다시 대화(기도)했다는 기록이 없습니다. 문제가 있을 때만 기도하는 것이야말로 자기 믿음이 짝퉁이라는 방증입니다. 그럼에도 하나님은 우물을 열어 그의 소망을 이루어 주십니다.

> 하나님이 레히에서 한 우묵한 곳을 **터뜨리시니** 거기서 물이 솟아나오는지라 삼손이 그것을 마시고 정신이 회복되어 소생하니 그러므로 그 샘 이름을 엔학고레라 불렀으며 그 샘이 오늘까지 레히에 있더라
> _삿 15:19

이른바 또 하나의 '은혜의 스캔들'이 터진 것입니다. 그리고 이후 20절에 삼손이 20년 동안 이스라엘을 다스렸다고 합니다. 앞서 16절에서 보았지만, 어떻게 나귀의 턱뼈로 1,000명의 군대를 무찌를 수 있었을까요? 이 정도면 하나님의 능력을 자랑하고, 겸손하게 하나님께 나올 법하지 않습니까?

그런데 삼손은 그러지 않았습니다. 자기가 잘났습니다. '뭐 이런 싸가지가 있나?' 싶습니다. '싸가지'는 사람에 대한 예의나 배려를 속되게 이르는 싹수의 방언입니다. 우스갯소리로는 '식사하고 싸 가지고 갈 것이 없는 것'을 '싸가지가 없다'라고 한답니다. 정말 삼손은 싸가지가 있어야 할 나실인이었는데, 아예 싹수가 없습니다.

그런데 성경은 "너희도 그렇다" 하며 우리를 고발합니다.

> 이 복음을 위하여 그의 능력이 역사하시는 대로 내게 주신 하나님의 은혜의 선물을 따라 내가 일꾼이 되었노라 _엡 3:7

> 23 모든 사람이 죄를 범하였으매 하나님의 영광에 이르지 못하더니
> 24 그리스도 예수 안에 있는 속량으로 말미암아 하나님의 은혜로 값 없이 의롭다 하심을 얻은 자 되었느니라 _롬 3:23~24

넉넉하지 못한 형편에도 자식을 미국으로 유학 보낸 한 아버지 이야기입니다. 힘든 환경 가운데 자식이 공부는 잘하고 있는지 궁금해서 미국에 오셨다가 그만 입원하게 되셨답니다.

아버지는 돈이 넉넉지 못하고 아들도 학생 신분인지라 병원의 사회복지사(social worker)에게 가서 도움을 청했습니다. 그런데 "부친이 미국에 어떻게 입국했느냐?"라고 물어서 "정식으로 비자를 받고 입국했다"라고 하니, "보조받을 자격이 없다"라고 했답니다. 합법적으로 입국했기에 불법 체류자에게만 제공하는 인도주의적(humanitarian) 차원의 보조를 받을 자격이 없다는 것입니다. 즉, 자격이 없어야 지원받을 자격이 있다는 논리입니다.

이 아버지에게는 참으로 안타까운 일이지만, 우리가 받은 은혜가 그렇습니다. 자격이 있어서 받은 것이 아닙니다. 자녀도, 물질도, 안녕도, 가정도, 교회도, 믿음도, 자격 없는 나에게 주신 하나님의 은혜입니다.

"어떻게 당신 같은 사람이 은혜를 받아 구원을 받습니까? 아니, 당신이 뭘 했기에 이런 축복을 받습니까? 내가 보기에 당신은 저주를 받아 마땅한데, 왜 이 복을 받는 것입니까?" 이런 말을 들을 만한 이가 바로 우리 자신이 아닙니까? 그런데도 우리가 이 은혜를 받은 것입니

스캔들 같은 은혜(Scandalous Grace)

다. 삼손이 은혜를 받았듯이 우리도 그에 못지않은 자들입니다.

"너도 삼손과 똑같다"는 말이 우리에게 해당합니다. 사도 바울이 위대한 하나님의 종으로 쓰임받았습니다. 그래서 많은 사람이 자신의 이름을 바울(Paul, 폴)로 짓습니다. 왜냐하면 바울처럼 살고 싶기 때문입니다. 그런데 사도 바울이 어떻게 예수님을 믿게 되었습니까? 착한 일을 하다가 "이 사람은 은혜받을 만하구나" 싶어 하나님이 부르신 것입니까? 부흥회에 참석하다가 은혜를 받은 것입니까? 아니면 성경 공부를 하다가 부르심을 받은 것입니까? 아닙니다. 예수 믿는 사람들을 잡아 죽이러 가던 길에 주님을 만났습니다. "삼손 같은 망나니에게 어떻게 여호와의 영이 임해 하나님의 일을 하게 되었을까?"라고 질문할 때, 그와 동일한 인물이 바로 사도 바울이라는 말입니다. 그래서 바울이 이렇게 말하지 않습니까?

"이 복음을 위하여 그의 능력이 역사하시는 대로 내게 주신 하나님의 은혜의 선물을 따라 내가 일꾼이 되었노라"(엡 3:7).

정확히 그 말 아닙니까? 내가 은혜받을 만해서가 아니라, 철야 기도나 금식 기도를 열심히 해서가 아니라, 사람을 죽이려 하던 중에 하나님을 만난 것입니다. "나 같은 자에게도 하나님의 영이 임하셨습니다. 하나님의 능력이 역사하심을 따라 내가 그 은혜의 선물(Free, I don't deserve this, but given to me free)을 받아 일꾼이 되었습니다" 이것이 바울의 고백이며, 바로 우리의 고백이라고 믿습니다.

한웅재 목사님의 〈소원〉이라는 찬양을 좋아해서 한동안 계속 들었습니다. 그런데 예전에는 스쳐 지나갔던 가사 한 구절이 이번에는 가슴에 박혔습니다.

"나의 작음을 알고 그분의 크심을 알며 소망 그 깊은 길로 가기 원하네……."

이 부분이 마음 깊이 와닿았습니다. '아, 이거구나.' 나의 작음을 아는 것이 곧 소망이고, 그것이 감사라는 사실을 깨달았습니다. 나의 작음을 알아야 내가 받은 은혜가 진짜 은혜입니다. 그런데 어느 순간 내가 '받을 만한 사람'이라고 여기고, 내 존재가 커져 버리면 상대적으로 하나님은 작아집니다. 내가 받은 은혜는 자격 없는 나에게 주신 하나님의 은혜이며, 나의 작음을 아는 나에게 주신 하나님의 소망임을 반드시 기억해야 합니다. 이것이야말로 이 시간 우리가 드려야 할 참된 감사의 제목이라고 믿습니다.

이 소망이야말로 답답한 상황에서 감사할 수 있는 능력이 아니겠습니까?

"삶의 작은 일에도 그 맘을 알기 원하네……, 삶의 한 절이라도 그분을 닮길 원하네……."

자격 없는 내가 은혜를 받은 것처럼, 나를 아프게 하는 그 상대를 사랑하고, 그 높은 길로 가는 자들이 됩시다.

적용질문

† 삼손의 영적 건강과 상관없이 하나님이 은혜를 베푸신 현장을 찾아봅시다(삿 14:6, 19).

† 삼손에게 다시 '여호와의 영'이 임하는 사건이 일어난 배경은 무엇입니까(삿 15:9~16)?

† 하나님의 스캔들 같은 은혜는 삼손의 경건하지 못한 '기도'에도 응답하는 것으로 나타납니다. 어떤 상황입니까?

† 다음 성경 구절을 읽으면서 우리가 은혜받을 자격이 있는지 나눠 봅시다.

- "이 복음을 위하여 그의 능력이 역사하시는 대로 내게 주신 하나님의 은혜의 선물을 따라 내가 일꾼이 되었노라"(엡 3:7).
- "모든 사람이 죄를 범하였으매 하나님의 영광에 이르지 못하더니 그리스도 예수 안에 있는 속량으로 말미암아 하나님의 은혜로 값 없이 의롭다 하심을 얻은 자 되었느니라"(롬 3:23-24).

† 찬양 <소원>의 가사, "나의 작음을 알고 그분의 크심을 아는 것"을 어떻게 적용할 수 있을까요?

Chapter
19

여자에게 넘어진 남자

사사기 16장 1~22절

우리는 종종 신앙적으로 시험에 빠져 영적으로 후퇴하고 넘어집니다. 그런데 우리가 '넘어지는' 이유를 보면, 그리 다양하지 않습니다. 지난번에는 이런 문제로, 그전에는 다른 문제로, 이번에는 또 다른 문제로 넘어지는 것이 아닙니다. 늘 내가 약한 그 부분, 다시는 그러지 않겠다고 결심한 바로 그 약점에 또다시 넘어지고 맙니다. 술에 넘어졌던 사람은 또 술에 넘어지고, 도박에 무너진 사람은 다시 도박에 넘어집니다. 물질 욕심에 넘어진 사람도 다시는 욕심부리지 않겠다고 다짐하지만, 결국 또 물질에 욕심내는 모습을 보게 됩니다. 자기중심성이 강해서 늘 자신이 중심에 있어야 한다고 여기는 사람은, 중심에서 벗어나는 순간 또다시 문제가 생기는 것을 보게 됩니다. 삼손도 넘어졌습니다. 삼손이 또 여자에게 넘어지고 말았습니다.

> **1** 삼손이 가사에 가서 거기서 한 기생을 보고 그에게로 들어갔더니 **2** 가사 사람들에게 삼손이 왔다고 알려지매 그들이 곧 그를 에워싸고 **밤**새도록 성문에 매복하고 **밤**새도록 조용히 하며 이르기를 새벽이 되거든 그를 죽이리라 하였더라 **3** 삼손이 **밤**중까지 누워 있다가 그 **밤**중에 일어나 성 문짝들과 두 문설주와 문빗장을 빼어 가지고 그것을 모두 어깨에 메고 헤브론 앞산 꼭대기로 가니라 _삿 16:1~3

삼손이 또다시 넘어지는 이유는 한마디로 '여자' 때문이었습니다. 그가 가사(Gaza)로 내려가서 기생집에 들어갔다고 합니다. 첫 세 절에 '밤'이라는 단어가 4번이나 반복됩니다. 이는 삼손이 밤의 유혹에 또 넘어갔다고 할 수 있습니다.

그런데 하나님이 삼손에게 그 누구도 건드릴 수 없는 힘을 주신 증거가 여전히 나타납니다. 삼손을 죽이려고 밤새 성문에 매복해 있던 블레셋의 수도 가사 사람들이 어쩌면 잠시 졸았는지 모르지만, 삼손은 마치 아무 일도 없었던 것처럼 그 밤에 성문을 뜯어서 헤브론까지 가져갑니다.

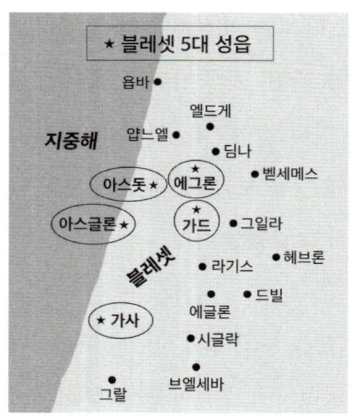

저는 이런 장면이 잘 이해되지 않습니다. 지도를 참고해서 보면 꽤 먼 거리입니다. 그런데 성문(city gate)까지 들고 그 먼 길을 걸어갔다는 것이 잘 믿기지 않습니다. 하나님이 삼손에게 사사의 역할을 감당하도록 끝까지 은혜를 베푸셨기에 가능한 모습이라 생각됩니다.

들릴라의 착각과 유혹

4 이 후에 삼손이 소렉 골짜기의 들릴라라 이름하는 여인을 사랑하매 5 블레셋 사람의 방백들이 the lords of the Philistines…… [ESV]

그 여인에게로 올라가서 그에게 이르되 삼손을 꾀어서 무엇으로 말미암아 그 큰 힘이 생기는지 그리고 우리가 어떻게 하면 능히 그를 결박하여 굴복하게 할 수 있을는지 알아보라 그리하면 우리가 각각 **은 천백 개씩**을 네게 주리라 하니 6 들릴라가 삼손에게 말하되 청하건대 당신의 큰 힘이 무엇으로 말미암아 생기며 어떻게 하면 능히 당신을 결박하여 굴복하게 할 수 있을는지 내게 말하라 하니

_삿 16:4~6

결국 들릴라가 등장합니다. 어쩌면 만나지 말아야 했을 여자, 들릴라……. 삼손의 이름 뜻이 '햇살(sunshine)'인데, 들릴라의 이름에는 '밤'이라는 의미가 있습니다. 첫음절 '들'(성경 원어로는 '델'로 읽음)에는 '연약하다'는 뜻이 있습니다. 한마디로 이 여인은 '선샤인을 무력화시키는, 약한 척하는 유혹의 밤' 같은 여인이라 할 수 있습니다. 밤의 유혹에 약한 삼손이 제대로 임자를 만난 것입니다.

남자들은 약한 척하는 여자를 조심해야 합니다. 자기 집에 와서 못 좀 박아 달라는 여자를 조심하십시오. 아내가 액자를 걸겠다고 벽에 못을 박아 달라는 거면 괜찮습니다. 그런데 아내들은 대부분 그런 부탁을 잘 안 합니다. 입이 아파서 그냥 자기가 합니다. 망치를 꺼내 못을 박고, 사다리를 놓고 전구를 갈고, "병뚜껑 열어 달라"는 소리도 잘 안 합니다. 자기가 이로 따고 맙니다. 대부분 아내가 이렇습니다. 그러니 남자들의 과시하고 싶은 약점을 이용해서 연약한 척하는 여인들을 조심해야 합니다. 이 밤에 유혹하면 다 넘어가고 마는 것입니다.

들릴라는 은 1,100개에 삼손의 약점을 캐 오도록 매수당합니다 (삿 16:5). 여자가 은, 보석에 약한 것이 맞는 것 같습니다. 이런 모습을 보면 저는 들릴라가 정말 삼손을 사랑했을지 의심됩니다. 사랑은 사랑이고, 보석은 보석입니까? 진짜 삼손을 사랑한다면, 은 1,100개 아니라 10,000개를 줘도 흔들림이 없어야 하지 않습니까? 그런데 들릴라는 은 1,100개에 홀랑 넘어갑니다. 들릴라는 보석은 보석대로 챙기고, 사랑도 할 수 있다고 착각한 것 같습니다. 보석을 준다고 하니까 일단 받아 두고, 사랑하는 사람에게 해가 될 수 있는데도 둘 다 가질 수 있다고 착각한다는 것입니다.

그리고 들릴라에게 또 다른 유혹이 있었습니다. 은 1,100개를 제시하는 사람들이 누군가 봤더니, '블레셋의 방백들(the lords of Philistine)'이라고 합니다. 들릴라가 받은 유혹은 삼손의 약점을 찾아 방백들에게 그 정보를 알리는 것, 즉 그녀로서는 조국을 구하는 일입니다. 다시 말해, 나라의 국무총리, 국방부 장관, 내무부 장관, 경제부 장관 이런 사람들이 와서 그녀를 은으로 매수하며 흥정하는 것입니다. 나라를 위한 일이라는 것입니다. 그 공로를 세우면 일약 나라의 영웅(heroin)이 되고, 스타덤에 오릅니다. '한탕'으로 소위 팔자를 고칠 수도 있습니다.

삼손의 착각과 유혹

삼손에게도 착각과 유혹이 있었습니다. 삼손은 들릴라의 유혹을 이기지 못하고 결국 자기 비밀을 이야기합니다. 그런데 그에 앞서 세 번의 거짓말을 합니다. 첫 번째 거짓말은 '마르지 아니한 새 활줄 일곱으로 결박하면'(삿 16:7), 두 번째는 '쓰지 아니한 새 밧줄들로 나를 결박하면'(삿 16:11), 세 번째는 '나의 머리털 일곱 가닥을 베틀의 날실에 섞어 짜면'(삿 16:13) 다른 사람처럼 약해진다는 것입니다. 그리고 이 거짓말로 말미암아 들릴라의 불순한 의도가 드러납니다.

그런데도 삼손은 정말 사랑에 눈이 멀었는지 제정신이 아닙니다. 아무리 여자를 사랑해도 이렇게 자기를 넘어뜨리려는 의도가 분명한 여자를 사랑한다는 게 말이 됩니까?

마치 원수의 나라와 하나가 되면서도 하나님의 백성답게 살 수 있다고 착각하는 것과 같습니다. 그것은 불가능한 일인데도 삼손은 잘못된 사랑이 의로운 선택이 될 수 있다고 스스로 속입니다.

> 16 날마다 그 말로 그를 재촉하여 조르매 **삼손의 마음이 번뇌하여 죽을 지경이라** 17 삼손이 진심을 드러내어 그에게 이르되 내 머리 위에는 삭도를 대지 아니하였나니 이는 내가 모태에서부터 하나님의 나실인이 되었음이라 만일 내 머리가 밀리면 내 힘이 내게서 떠나고 나는 약해져서 **다른 사람과 같으리라** 하니라 _삿 16:16~17

'사랑'이라는 이름으로 날마다 바가지 긁는 들릴라의 재촉에 삼손이 죽을 지경이 됩니다. 그런데도 삼손은 들릴라를 내치지 않습니다. 들릴라와 함께 밤을 보내는 것이 황홀했던 것입니다. 남자들이 이

유혹에 쉽게 넘어가는 것 같습니다. 결국 삼손도 "다른 사람과 같으리라"에 넘어갔습니다. 당시 시대 정신이 '자기 소견에 옳은 대로 행하는 것'이었습니다. 그런데 "나도 다른 사람과 같이 되리라(I would be like any other men)"에 넘어가 버린 것입니다.

삼손은 앞서 들릴라에게 거짓말할 때도 다른 사람과 같아질 것이라고 했습니다(삿 16:7~8). '태에서부터 죽는 날까지 하나님께 바쳐진 나실인'(삿 13:7) 삼손이 세상에 속한 사람과 다를 바 없이 되었다는 것입니다.

삼손과 들릴라의 관계는 서로를 이용한 극단의 예입니다. 인간관계가 이 정도라면 정말 살고 싶지 않을 것 같습니다. "내가 당신과 함께 있는 것은 당신을 사랑하기 때문이다"라고 해야 하는데, "당신이 나에게 아직 이용 가치가 있기 때문이다"라고 말합니다. 잔인하고 비인간적이고, 전혀 신앙적이지 않은 모습입니다.

언뜻 보기에 사랑과 로맨스가 있는 이야기 같지만, 그 안에는 자기 유익을 위한 음모만 있습니다. 남을 섬기고, 자기 자신을 내려놓는 것은 하나도 없습니다. 자기 욕심을 채우고, 자기 소견에 옳은 것만 주장하는 비정한 죄악의 세계만 표출할 뿐입니다.

C. S. 루이스는 "인간끼리의 사랑은 배고픔, 목마름과 같은 필요에 의한 사랑"이라고 말합니다. 서로 이용 가치가 있어서 서로를 필요로 한다는 것입니다. 지극히 이기적입니다. 삼손과 들릴라의 사랑에서 들켜 버린 우리의 모습 같습니다.

영화나 드라마에 나오는 "당신 없이 못 살아"라는 대사가 사랑

고백 같지만, 이처럼 이기적인 말이 없습니다. 그렇다면 이 말의 반대 말이 무엇일까요? "당신이 있으니 살 것 같다"가 아닙니다. "당신에게 뭘 주고 싶어. 당신에게 행복이 되고 싶어, 당신을 기쁘게 해 주고 싶어"가 맞습니다. "당신 없이 못 살아"는 내가 죽게 되었으니 여기 있으라는 것입니다. "날 버리지 말라"는 철저하게 이기적인 고백입니다.

그렇다면 근본적으로 이기적인(죄인인) 우리가 어떻게 진실한 사랑을 할 수 있을까요? 20절 말씀을 주목해 볼 필요가 있습니다.

> 들릴라가 이르되 삼손이여 블레셋 사람이 당신에게 들이닥쳤느니라 하니 삼손이 잠을 깨며 이르기를 내가 전과 같이 나가서 몸을 떨치리라 하였으나 여호와께서 이미 자기를 떠나신 줄을 깨닫지 못하였더라 _삿 16:20

삼손은 진실을 이야기하고도 달아나지 않고, 들릴라의 무릎에서 잠을 잤습니다. 그 이유가 무엇일까요? 블레셋 사람들이 들이닥쳤는데도 그는 "내가 전과 같이 나가서 몸을 떨치리라"고 말합니다. 이전처럼 힘을 발휘해서 저 블레셋을 무찌르겠다는 것입니다. 그러나 성경은 그에 덧붙여 삼손이 "여호와께서 이미 자기를 떠나신 줄을 깨닫지 못하였더라"고 기록합니다.

삼손은 자기가 얼마나 하나님의 은혜 안에 있는지 알아야 했습니다. 그는 자기 힘이 자기에게서 나온다고 착각하며 살았습니다. 나실인의 서약을 잊은 채 시체에 손을 대고, 술 파티를 했습니다. 그래도 힘이 있으니 '하나님이 봐주시는구나' 생각했어야 합니다. 그런데 '내가 원래 힘이 있나 보다' 여겼습니다. 착각 중의 착각입니다.

삼손이 힘의 근원을 잃어버린 이유는 머리카락이 잘려서가 아닙니다. 하나님께서 삼손을 떠나셨기 때문입니다. 그러면 다시 능력을 받을 수 있을까요? 사도행전 1장에 이런 말씀이 있습니다.

"오직 성령이 너희에게 임하시면 너희가 권능(power)을 받고 예루살렘과 온 유대와 사마리아와 땅 끝까지 이르러 내 증인이 되리라 하시니라"(행 1:8).

성령의 권능은 예수 그리스도의 약속을 붙들 때 임합니다. 성령이 임하면 지력이나 체력이 아닌 영적 능력(spiritual power)을 얻으며, 그 능력은 사람을 담대하게 만듭니다. 이 능력은 "내가 세상 끝날까지 너희와 항상 함께 있으리라"는 예수님의 약속을 믿고 모일 때 작동합니다(마 28:20). 오순절 다락방에 모인 초대교회 성도들도 이 약속을 붙들고 성령을 받았습니다.

그러나 이 약속을 당연하게 여기며 자신의 힘을 과신할 때, 어느 순간 주님이 떠나시는 경험을 하게 됩니다. 이때 우리에게 필요한 것은 다시 그 약속을 붙드는 것입니다. "내가 너를 떠나지 않고 너와 함께하겠다"는 주님의 말씀을 신뢰할 때, 성령께서 우리를 붙드시고 끝까지 함께하십니다.

베드로는 예수님을 세 번 부인하고 떠났지만, 부활하신 주님이 다시 찾아오셔서 아침 식사를 준비해 주시며, 숯불 앞에서 그에게 세 번 물으셨습니다. "네가 나를 사랑하느냐?" 그때 베드로가 말합니다.

"주님, 내가 주님을 사랑하는 줄 주께서 아십니다." 주님은 그 고백을 받으시고 "내 양을 먹이라"고 다시 사명을 주셨습니다.

저 또한 사역 중 수많은 위기 가운데 주님의 그 약속에 힘입어 다시 일어났습니다. "나는 너를 떠나지 않았다. 나는 너와 함께 있다. 너는 나를 사랑하느냐?" 이 음성이 다시 저를 일으켜 세웠습니다. 지금 무엇에 넘어졌습니까? 물질입니까, 이기심입니까, 출세욕입니까, 자기중심성입니까?

그러나 기억하시기 바랍니다. 하나님은 여러분을 이 시대의 사사로 부르셨으며, 세상 끝날까지 항상 함께하시겠다고 약속하셨습니다. 그러므로 포기하지 말고, 하나님의 부르심에 "내가 여기 있습니다"라고 응답하시기 바랍니다. 우리는 하나님의 교회를 위해, 주님의 뜻을 위해 헌신하고 섬기는 하나님의 자녀가 되어야 합니다.

적용질문

† 사사기 16장 1~3절을 읽고, 가장 많이 반복된 단어가 무엇인지 찾아보십시오. 그리고 그 의미를 생각해 봅시다.

† 삼손이 들릴라와 사랑에 빠진 것을 알고, 누가 들릴라를 찾아와 무엇으로 흥정(유혹)합니까(삿 16:4~5)?

† 들릴라의 유혹에 삼손은 자신을 결박할 방법이라며 세 번 거짓말을 합니다. 어떤 내용입니까(삿 16:7~11)?
    1) _____
    2) _____
    3) _____

† '삼손을 결박한다'는 의미는 결국 무엇일까요? 삼손이 거짓말할 때, 머리에 삭도를 대면 힘을 잃는다는 진실을 밝힐 때 반복된 표현을 생각해 봅시다(삿 16:7, 11, 17).

† 삼손이 더는 힘을 발휘하지 못한 이유를 성경은 어떻게 밝힙니까? 참고 구절을 읽고 묵상해 볼 때, 우리에게 주시는 교훈은 무엇입니까 (삿 16:20; 행 1:8; 마 28:20)?

Chapter
20

인간 기준을 깨는
은혜의 떡밥

사사기 16장 22~31절

'후속작 떡밥(sequel bait)'이라는 말을 들어보셨습니까? 흔히 영화에서 이 뒤에 또 다른 이야기가 이어질 거라고 기대하게 만드는 장면을 일컫는 말입니다. 그렇다면 바로 앞 장의 마지막에는 어떤 장면이 있었습니까? 머리가 밀리고 힘이 빠진 삼손은 결국 두 눈이 뽑히고 가사의 감옥에 끌려가 맷돌을 돌리는 노새 같은 신세, 짐승과도 같은 신세가 됩니다. 그런데 그 뒤에 어떤 '후속작 떡밥'이 이어졌나요?

> 그의 머리털이 밀린 후에 다시 자라기 시작하니라 _삿 16:22

이번 장은 이렇게 시작됩니다. 머리털은 보통 다시 자라기 마련이지만, 사사기 저자는 왜 굳이 이 말을 언급했을까요? 삼손의 이야기가 아직 끝나지 않았다는 뜻이 아닐까요?

나실인의 맹세를 깨고 머리에 칼을 댔기에 삼손에게는 하나님의 힘이 없었습니다. 머리가 밀려서가 아니라, '하나님이 그를 떠나셨기에(The Lord left him)' 힘을 잃어버린 것입니다. 그러나 "그의 머리털이 밀린 후에 다시 자라기 시작하니라"는 이 떡밥은 하나님이 다시 일에 착수하시는, 후속편을 기대하게 합니다.

박스(box) 밖에서 일하시는 하나님

"될성부른 나무는 떡잎부터 알아본다"라는 속담이 있습니다. 처음부터 싹수가 노랗던 삼손이 비극적 결말을 맞는 것은 너무나 당연해 보입니다. 그러나 삼손의 머리카락이 다시 나기 시작하는 장면을 통해 고정관념의 테두리, **박스(box) 밖**에서 일하시는 하나님을 보게 됩니다. 하나님을 모르는 사람들은 '조건'에 딱 맞게 움직이는 신(神)에 익숙합니다. 하지만 하나님은 사람이 정해 놓은 틀이나 조건 속에서 일하시는 분이 아닙니다.

한 성도님에게 매우 절박한 상황이 닥쳤습니다. 발등에 불이 떨어진 위기의 상황에서 저에게 "목사님, 어떻게 해야 할까요?"라고 물으셨습니다. 그래서 저는 늘 하던 대로 말씀드렸습니다. "그럼 이번 한 주 동안 새벽기도에 나오세요. 제가 같이 기도해 드리겠습니다." 그때 그분이 이렇게 말씀하셨습니다. "목사님, 제가 새벽기도를 나가면요…… 벼룩도 낯짝이 있지, 평소에 기도도 안 하다가 문제 생겼다고 새벽기도에 나와서 '하나님, 도와주세요' 하면, 하나님이 안 들어주실 것 같아요."

혹시 이런 마음이 이해가 안 됩니까? 그렇지 않을 겁니다. 어느 정도 이해할 수 있습니다. 왜냐하면 우리 안에 '하나님의 응답을 받으려면, 뭔가 내가 쌓아 놓은 공력(功力)이 있어야 하지 않나?', '내가 뭔가를 해야 하나님께 기댈 언덕이라도 있지 않을까?' 하는 생각을 하기 때문입니다.

삼손 편에서 한번 생각해 보십시오. 삼손은 나실인의 서약을 가볍게 여겼습니다. 하나님 앞에서 한 약속을 전혀 지키지 않았습니다. '나에게 힘이 있는데, 굳이 하나님의 도움이 필요하겠어?' 하며, 자기 멋대로 살아온 사람입니다.

어떤 자수성가한 사람은 이렇게 말합니다. "나는 IQ가 130이 넘습니다. 내가 하겠다면 해냈고, 원하는 대학에도 다 붙었습니다. 좋은 회사에도 들어갔고, 미국까지 왔습니다. 부족한 게 뭐가 있습니까?" 그는 자기가 옳은 대로, 자기 능력으로 모든 일을 해왔을 것입니다. 차근차근 실력을 쌓고, 결국 원하는 결과를 손에 넣었습니다.

그의 기준에서 보면, 아무것도 준비되지 않은 삼손이 비극으로 끝난 것은 당연해 보입니다. 우리의 인간적인 조건과 상식, 우리가 만든 생각의 상자(box), 인간적인 조건에 딱 들어맞는 결론처럼 느껴집니다.

자업자득, 인과응보(cause and effect)…… 과거의 행실이나 인연에 따라 훗날 길흉화복이 정해진다는 말입니다. 예쁜 아내를 얻은 남자더러 "전생에 나라를 구했다"고 하지 않습니까? 과거가 '아니올시다'라면, 미래에 벌을 받기 마련이라는 것입니다. '과거가 좋지 않으면 미래가 잘될 수 없다'는 틀, 박스(box)에 갇힌 말입니다. 성도에게 맞지 않는 불교의 윤회사상이 그 바탕에 깔린 말들입니다.

그러나 삼손은 처음부터 될성부른 나무가 아니었습니다. 떡잎부터 시들시들한 자였습니다. 게다가 여자에 눈이 멀어 신세가 야박하게 되었는데, 계속 나라를 구합니다. 하나님은 이처럼 우리 인간이 생각하는 박스 안에 갇혀 있지 않으십니다. 나실인의 서약에 묶여 있지도 않으십니다. 삼손의 머리카락에도 매이지 않으십니다.

자존심: 하나님과 다곤

23 블레셋 사람의 방백들이 이르되 우리의 신이 우리 원수 삼손을 우리 손에 넘겨 주었다 하고 다 모여 그들의 신 다곤에게 큰 제사를 드리고 즐거워하고 24 백성들도 삼손을 보았으므로 이르되 우리의 땅을 망쳐 놓고 우리의 많은 사람을 죽인 원수를 우리의 신이 우리 손에 넘겨 주었다 하고 자기들의 신을 찬양하며 _삿 16:23~24

삼손의 삶이 결국 비참하게 마무리되는 모습을 보면서 마음이 아픕니다. 삼손이 누구입니까? 그는 사사입니다. 자기 소견에 옳은 대로 행하던 영적 어둠의 시대에 세워진 사사입니다. 그래서 우리는 이 말씀을 통해 오늘날 어둠의 시대를 어떻게 살아가야 하는지, 교회는 어떤 모습이어야 하는지 살펴보아야 합니다.

블레셋 방백들이 삼손을 끌어내 그를 조롱거리로 삼습니다. 블레셋의 방백들, 즉 정치 지도자들이자 당시로 치면 상·하원 의원, 고위 인사들, 유지들이 무려 3,000명이나 모여 삼손을 구경하며 조롱했습니다. 블레셋 방백들이 삼손을 잡아 "우리의 신이 우리 원수 삼손을 우리 손에 넘겨주었다"며, 자기들의 신에게 소위 감사의 제를 올립니다. 블레셋 백성들도 "우리 땅, 우리 많은 사람, 우리의 신이, 우리 손에" 하며 자기들의 신을 찬양합니다. 그곳에는 하나님이 계시지 않습니다. 오직 블레셋의 신 다곤만이 있습니다. 다곤만이 승리자요, 통치자입니다.

> 그들의 마음이 즐거울 때에 이르되 삼손을 불러다가 우리를 위하여 재주를 부리게 하자 하고 옥에서 삼손을 불러내매 삼손이 그들을 위하여 재주를 부리니라 그들이 삼손을 두 기둥 사이에 세웠더니
> _삿 16:25

삼손은 블레셋 사람들의 조롱거리가 됩니다. 상상해 보십시오. 두 눈은 뽑혔고, 능력은 다 잃어버렸습니다. 게다가 동족에게조차 버림받고 자신을 조롱하는 거대한 원수의 무리 가운데 홀로 서 있습니다. 지금의 그는 그저 두 눈이 뽑힌 채 재주나 부리는 힘없는 한 남자에 불과합니다. 하나님을 왕으로 인정하지 않는 자들의 흥겨운 노랫소리가 가득한 곳에서 하나님의 백성이 힘없이 조롱받고 있는 현장입니다. 아마도 그의 머릿속에는 지난 시간이 파노라마처럼 스쳐 갔을 것입니다. 사사로 바르게 살지 않은 후회와 거룩한 백성답게 살지 못한 아쉬움이 있었을 것입니다.

이것이 어쩌면 지금 교회의 현주소 같지 않습니까? 이런 세상에서 그리스도인으로 살아간다는 것은 참으로 외롭고 힘든 싸움일 수밖에 없습니다. 우리가 어떻게 이런 세상을 이길 수 있겠습니까? 자존심

이 상하지 않습니까? 어떻게 하나님이 다곤과 비교가 됩니까? 어떻게 교회가 세상과 비교가 됩니까?

삼손은 아직 끝나지 않았습니다. 왜요? 머리카락이 자라고 있기 때문입니다. 마침내 그의 마음속에 어떤 변화가 일어납니다. 사사로서 잘못 살아온 삶을 회개하고, 거룩을 회복하는 회개 기도가 시작됩니다. 삼손의 기도를 들어 보십시오.

> 26 삼손이 자기 손을 붙든 소년에게 이르되 나에게 이 집을 버틴 기둥을 찾아 그것을 의지하게 하라 하니라 27 그 집에는 남녀가 가득하니 블레셋 모든 방백들도 거기에 있고 지붕에 있는 남녀도 삼천 명 가량이라 다 삼손이 재주 부리는 것을 보더라 28 삼손이 여호와께 부르짖어 이르되 주 여호와여 구하옵나니 나를 생각하옵소서 하나님이여 구하옵나니 이번만 나를 강하게 하사 나의 두 눈을 뺀 블레셋 사람에게 원수를 단번에 갚게 하옵소서 하고 _삿 16:26~28

삼손이 자기 손을 붙든 소년에게 부탁하여 기둥을 찾았는데, 그곳에는 남녀가 가득했고 방백들과 함께 3,000명 정도가 모였다고 합니다. 모두의 비웃음을 사는 상황에서 삼손이 기도를 시작합니다. 삼손이 기도했다는 기록이 딱 두 군데 나오는데, 자신이 목말라서 기도한 것(삿 15:18)과 눈이 뽑힌 후 한 두 번째 기도가 바로 본문입니다. 낮아질 대로 낮아진 삼손이 하나님께 부르짖습니다. 어쩌면 하나님을 향한 믿음이 처음으로 작동하는 순간입니다.

겸손한 삼손

여기서 삼손이 어떻게 기도하는지 보십시오. 삼손은 "**주 여호와여 구하옵나니 나를 생각하옵소서**" 하며 이스라엘의 하나님이 절대주권의 아도나이(adonai) 하나님이심을 고백합니다(삿 16:28). 그저 "하나님, 기도합니다"라고 할 수 있는데, 앞에 '주(主)'를 붙여 '주 여호와여'라고 했습니다. 저는 이 부분에서 좀 울컥했습니다. 하나님을 '주', '아도나이'라 부르는 삼손의 마음을 알 것 같습니다.

우리는 어떻게 기도합니까? "하나님, 아버지." 그 크신 우주 만물의 하나님을 우리가 '아버지'라고 부를 때 마음이 가난해집니다. 여기서 삼손이 그 하나님을 '아도나이'라고 부르는데, 눈물이 쏟아졌습니다. 삼손이 드디어 마음이 가난해지고 겸손해졌습니다. 자기 힘으로 모든 일이 가능하다고 자만하며 모든 것을 내 힘으로 하겠다고, 다 할 수 있다고 생각했습니다. "무슨 문제? 내가 해결할게. 그 일? 내가 처리할게"라고 말하며 자기 인생을 살았습니다.

그러다 결국 삼손은 눈이 뽑히고 감옥에서 기름 짜는 신세가 되었고, 이제는 사람들 앞에서 조롱거리가 되었습니다. 사람들이 너무 잔인합니다. 아무리 그래도 그렇지, 눈먼 사람에게 우리를 즐겁게 하라고 광대짓을 시키는 법이 어디 있습니까? 사람들이 얼마나 잔인한지 사자 밥이 되는 것을 오락으로 즐기던 로마 시민들처럼, 아무리 유대인이 싫어도, 하나님 믿는 사람이 싫어도, 어떻게 그런 걸 즐길 수 있습니까? 멀쩡하게 예수를 믿는다고 하면서도 결정적인 순간에 보면 잔인합니다. 정말 죄인입니다. 이야기가 그냥 여기서 끝났으면 좋겠다 싶은 순간입니다.

그런데 그 순간 하나님께서 은혜의 떡밥을 던지십니다. 아직 끝나지 않았다고 하십니다. 삼손이 드디어 겸손한 기도를 드립니다. 나귀 턱뼈로 1,000명을 무찌르게 해 주신 하나님께 감사도 하지 않은, '싸가지' 없던 삼손 아닙니까? 그랬던 사람이 달라졌습니다. 그가 겸손해졌습니다.

믿음의 삼손

사사기 속 삼손의 믿음의 행적을 찾을 수 있는 부분이 바로 히브리서 11장 말씀입니다. 믿음의 거장들을 열거한 히브리서 11장에 삼손이 들어가 있습니다.

"내가 무슨 말을 더 하리요 기드온, 바락, **삼손**, 입다, 다윗 및 사무엘과 선지자들의 일을 말하려면 내게 시간이 부족하리로다 그들은 믿음으로 나라들을 이기기도 하며 의를 행하기도 하며 약속을 받기도 하며 사자들의 입을 막기도 하며 불의 세력을 멸하기도 하며 칼날을 피하기도 하며 **연약한 가운데서 강하게 되기도 하며** 전쟁에 용감하게 되어 이방 사람들의 진을 물리치기도 하며"(히 11:32~34).

하나님 편에서 삼손은 잊어도 할 말이 없는 인물입니다. 이런 표현이 가능하다면, 하나님이 충분히 무시하셔도 괜찮은 사람입니다.

그런데 그런 삼손의 이름을 믿음의 후손들이 기억하기 원하셔서 히브리서 11장에 적어 두셨습니다. 히브리서 기자가 믿음의 인물로 삼손의 이름을 기록하게 된 결정적인 근거가 무엇입니까? 바로 삼손이 자신의 연약함을 자각한 뒤에 올려 드린 겸손한 기도 때문입니다.

삼손은 "하나님이여 구하옵나니 이번만 나를 강하게 하사······ strengthen me just once more······ [NIV]"(삿 16:28) 하고 하나님께 철저히 매달립니다. 야곱이 환도뼈를 얻어맞고 하나님께 매달렸듯이 간구했습니다.

삼손의 유혹은 '나에게 뭔가가 있어야 하나님이 쓰신다'는 착각에서 비롯되었습니다. 나를 망하게 한 것은 들릴라가 아니라, 내 안의 교만이었다는 것을 뒤늦게나마 철저히 깨달은 것입니다. 그러므로 그는 마지막에 "블레셋과 함께 죽기를 원하노라" 하며 기도합니다.

> 29 삼손이 집을 버틴 두 기둥 가운데 하나는 왼손으로 하나는 오른손으로 껴 의지하고 30 삼손이 이르되 블레셋 사람과 함께 죽기를 원하노라 하고 힘을 다하여 몸을 굽히매 그 집이 곧 무너져 그 안에 있는 모든 방백들과 온 백성에게 덮이니 삼손이 죽을 때에 죽인 자가 살았을 때에 죽인 자보다 더욱 많았더라 _삿 16:29~30

삼손의 인생에서 가장 빛나는 순간은 그가 죽음을 맞이할 때였습니다. 남들로부터 '루저'라는 평가를 받을 수밖에 없는 그 죽음의 순간에 가장 믿음 있는 모습을 보입니다. 그의 삶에서 가장 위대한 승리는 그의 죽음과 함께 이루어졌습니다. 나면서부터 하나님의 백성을 구하는 사명을 받은 나실인 삼손은 그 사명을 죽음과 함께 이룹니다. 그가 태어난 목적, "……그가 블레셋 사람의 손에서 이스라엘을 구원하기 시작하리라"(삿 13:5)가 완성되는 순간입니다.

이 삼손의 죽음은 예수님의 죽음과는 두 가지 다른 점이 있습니다. 첫째, 삼손은 다곤 신전에서 무능하게 살았습니다. 그의 불순종의 결과였습니다. 그러나 예수님은 항상 아버지의 전에 계셨습니다. 둘째, 삼손은 그 죽음으로 하나님이 그를 세우신 제한된 목적만 이루었습니다. 그러나 우리 주님은 단번에 우리를 구원하시는 모든 일을 완성하셨습니다.

> **그리스도**께서도 **단번**에 죄를 위하여 죽으사 의인으로서 불의한 자를 대신하셨으니 이는 우리를 하나님 앞으로 인도하려 하심이라 육체로는 죽임을 당하시고 영으로는 살리심을 받으셨으니 _벧전 3:18

> 이 뜻을 따라 예수 **그리스도**의 몸을 **단번**에 드리심으로 말미암아 우리가 거룩함을 얻었노라 _히 10:10

그렇지만 삼손의 죽음은 예수님의 죽음과 많이 겹쳐 보입니다. 주님이 우리의 구원을 위해 십자가에 못 박히셨듯이 삼손의 죽음도 이스라엘의 구원을 위함이었습니다. 삼손은 들릴라에게 배신당하고, 예수님은 가룟 유다에게 배신당하셨습니다. 물론 삼손이 당한 배신은 '당연하다' 할 수 있지만, 우리 주님은 아니었습니다. 그리고 주님이 두 팔을 벌리고 돌아가셨듯이 삼손도 마지막 순간에 팔을 벌린 채 죽었습니다. 삼손의 죽음으로 다곤 신전과 블레셋 방백들이 죽었듯이, 예수님의 죽음과 함께 사탄과 그 원수들에게 궁극적 승리를 얻으셨습니다. 십자가에서 주님은 사탄의 능력을 무용지물로 만드셨습니다.

> 통치자들과 권세들을 무력화하여 드러내어 구경거리로 삼으시고 십자가로 그들을 이기셨느니라 _골 2:15

이는 곧 '승리를 향한 패배', '승리의 패배(victorious defeat)'라 할 수 있을 것입니다. "짓밟힌 장미꽃처럼(like a rose tremble on the ground)……"이라는 찬양의 가사처럼 우리를 위해 채찍질당하시며, 맞으시며, 거절당하시며, 묶이시며, 결국 죽으셨습니다. 우리의 구원자, 예수 한 사람의 순종으로 우리가 구원을 얻었습니다.

우리의 믿음은 때로 실패하지만, 우리가 여전히 구원받은 성도인 이유는 예수 그리스도의 은혜의 떡밥, 즉 십자가가 있기 때문입니다. 약해진 삼손이 그 어느 때보다 강했듯이, 우리의 연약함을 인정하고 하나님을 의지한다면 그때 나에게도 가장 강한 순간이 찾아옵니다. 가장 겸손한 마음으로 나에게 맡기신 사명을 감당하면 반드시 그 사명의 현장, 가정, 공동체에서 구원을 이루어 낼 줄 믿습니다.

적용질문

† '후속작 떡밥(sequel bait)'이란 무엇이고, 본문의 어떤 부분이 그 점을 시사한다고 생각합니까(삿 16:22)?

† 삼손을 보면서, 하나님은 내가 만든 '박스(box)' 안에 갇혀 있는 분이 아님을 확인할 수 있습니다. 나도 모르게 하나님을 제한하는 박스, 조건은 무엇이 있는지 살펴봅시다.

† 원수 앞에서 재주를 부리는 삼손은 조롱의 대상이 되었습니다. 현재 기독교가 받는 조롱이라는 생각이 듭니다. 블레셋이 삼손을 잡고 이 구동성으로 한 말이 무엇입니까(삿 16:23-24)?

† 삼손의 기도문을 적어 봅시다. 그리고 그 기도문에서 달라진 삼손의
  모습을 나누어 봅시다.
  - _____ (삿 16:28)
  - _____ (히 11:32~34)

† 삼손의 죽음이 예수님의 죽음과 비교되는 이유는 무엇입니까(삿 16:29~30;
  벧전 3:18; 히 10:10; 골 2:15)?

Chapter
21

반전의 베들레헴 스토리

사사기 17~18장

어머니 재산을 훔친 아들 미가

2024년 12월 21일, 크리스마스를 불과 며칠 앞두고 "예멘에서 발사된 미사일이 욥바 남쪽, 이스라엘의 텔아비브에 떨어져 주민 10여 명이 다쳤다"는 뉴스를 접했습니다. 그 며칠 전에는 13년간 내전을 겪던 시리아에서 반정부 반군이 승리하고 알아사드 53년 독재정권이 무너졌습니다. 트럼프 대통령이 하루 만에 끝내겠다고 호언장담했던 러시아-우크라이나 전쟁은 3년이 넘도록 끝나지 않고 있습니다. 이 전쟁으로 100만 명 이상의 사상자가 발생했으며, 우크라이나 난민만 650만 명입니다.

독일의 한 크리스마스 마켓에서는 사우디아라비아 출신 의사가 독일의 사우디 난민에 대한 처우에 불만을 품고 차를 몰고 시장 안으로 질주했다가 200명의 사상자를 냈다고 합니다. 당시 미국은 어땠습니까? 아마존닷컴(Amazon.com)에서 일하는 직원들이 "우리도 휴일에 집에 가게 해 달라(worker's rights are home for the holiday)"는 피켓을 들고 시위하는 것을 제 눈으로 직접 보았습니다. 같은 날에는 "실리콘밸리에 사는 한 남자가 어린 자녀 둘과 아내를 쏴 죽이고, 자신도 자살했다"는 기사를 읽었습니다. 그리고 그해 크리스마스 장식을 하다가 16,000명이 다쳐서 병원 치료를 받았다고 합니다.

또 그 무렵에는 트럼프 대통령이 취임 첫날부터 원정 출산을 막겠다고 한 기사가 나왔습니다. 남가주만 해도 원정 출산을 위한 사업이 있는데, 한 명당 2~5만 달러를 받는다고 합니다. 법이 정한 속지주의를 악용하는 예라 할 수 있습니다. 이 밖에도 트럼프 대통령의 불법 이민 추방 정책과 하버드 대학의 반유대주의 이슈 등으로 미국 사회는 몸살을 앓고 있습니다.

사사기 17장도 이토록 답답한 요즘 세상만큼이나 답답한 이야기로 시작합니다.

> 1 에브라임 산지에 미가מִיכָיְהוּ라 이름하는 사람이 있더니 2 그의 어머니에게 이르되 어머니께서 은 천백을 잃어버리셨으므로 저주하시고 내 귀에도 말씀하셨더니 보소서 그 은이 내게 있나이다 내가 그것을 가졌나이다 하니 그의 어머니가 이르되 내 아들이 여호와께 복 받기를 원하노라 하니라 3 미가가 은 천백을 그의 어머니에게 도로 주매 그의 어머니가 이르되 내가 내 아들을 위하여 한 신상을 새기며 한 신상을 부어 만들기 위해 내 손에서 이 은을 여호와께 거룩히 드리노라 그러므로 내가 이제 이 은을 네게 도로 주리라 4 미가가 그 은을 그의 어머니에게 도로 주었으므로 어머니가 그 은 이백을 가져다 은장색에게 주어 한 신상을 새기고 한 신상을 부어 만들었더니 그 신상이 미가의 집에 있더라 5 그 사람 미가מִיכָה에게 신당בֵּית אֱלֹהִים이 있으므로 그가 에봇과 드라빔을 만들고 한 아들을 세워 그의 제사장으로 삼았더라 _삿 17:1~5

그리고 사사기 저자는 이 답답한 사사 시대를 한 문장으로 표현합니다.

그 때에는 이스라엘에 왕이 없었으므로 사람마다 자기 소견에 옳은 대로 행하였더라_삿 17:6

그렇다면 본문의 미가와 그의 어머니가 자기 소견에 옳은 대로 행한 결과가 무엇입니까? 이야기는 어머니의 재산인 은 1,100개를 훔친 아들 미가의 이야기로 시작합니다. 그는 "네 부모를 공경하라"는 제5계명을 어겼습니다. 그런데 불현듯 어머니에게 훔친 은을 돌려줍니다. 어머니가 훔쳐 간 자를 여호와의 이름으로 저주하자 겁이 나서 돌려준 것입니다. 이들은 "하나님의 이름을 망령되이 일컫지 말라"는 제3계명도 어겼습니다.

그뿐만이 아닙니다. 미가는 자기 집에 에봇과 드라빔을 만들어 두고 자기 아들을 제사장으로 삼습니다. 어떻게 자기 마음대로 제사장을 세울 수 있습니까? 하나님이 분명히 하지 말라고 명하신 말씀을 어긴 것입니다. "새긴 우상을 만들지 말고 어떤 형상도 만들지 말라"는 제2계명까지 어겼습니다.

미가나 그의 어머니나 하나님의 율법인 십계명을 거리낌도 없이 어기고 있습니다. 나중엔 지나가는 사람까지 데려다가 제사장으로 삼습니다(삿 17:7~13). 신상을 부어 만든 행위는, 어떻게 보면 자기 소견에 옳은 대로 행하는 시대의 극치를 보여 주는 예라고 할 수 있습니다.

형상의 문제

저는 여기에 더해 '형상화'하는 것이 왜 문제인지 분명히 짚고 넘어가고자 합니다. 하나님은 왜 어떤 형상도 만들지 말라는 계명을 주셨을까요? 각자 자기 소견대로 '하나님은 이런 모양이야. 이런 분이야' 형상화하다 보면 각자가 생각하는 면만 부각시킬 수밖에 없습니다. 그러면 하나님을 제한하게 되고, 자기 맘대로 하나님을 만들어 가는 위험이 따르기 때문에 그 어떤 형상도 만들지 말라는 것입니다.

그런데도 이 계명을 어긴다면 하나님의 하나님 되심을 거절하는 죄를 짓는 것입니다. 예를 들어, 출애굽기 32장의 금송아지 숭배 사건은 하나님을 믿는 출애굽 백성이 갑자기 힌두교도가 되어 소를 섬기는 배교자가 된 것이 아닙니다. 자기들이 믿는 하나님을 송아지로 형상화하여 제2계명을 어긴 것입니다. 그들이 생각한 하나님의 이미지는 힘센 하나님이었습니다. 그 안에 은혜와 사랑의 하나님이 빠져 있습니다.

지금도 예외가 아닙니다. 우리는 성경에 계시된 하나님만으로는 부족해서 저마다 자기가 원하는 하나님을 만들어 섬깁니다. 광야의 백성, 자기 소견에 옳은 대로 행한 백성과 다를 바 없습니다. "사랑하라, 용서하라"는 하나님의 말씀을 들었어도 상대가 탐탁지 않거나 내 맘이 불편하면 사랑의 하나님, 용서의 하나님을 거부합니다. 주일 강단에서 때마침 "사랑하라, 용서하라"는 말씀을 들어도 무시합니다. 못 들은 척하고 적용을 안 합니다. 말씀으로 나누는 소그룹 모임에 일부러 나가지 않습니다. 그리고 계속 그 대상을 미워하고, 증오합니다. 더 나아가 의도적으로 그 사람에게 해가 되는 거짓과 과장을 일삼습니다. 그러면서도 자신이 이상한 하나님을 섬기고 있다는 것을 의식하지 않습니다. 말씀대로 행하지도 않고, 돌이킴도 없이 계속 그 길을 가는 것이 지금 미가와 그 가정의 모습입니다.

하지만 이처럼 하나님의 말씀을 의식하지 않고, 자기 소견과 다르면 하나님 말씀을 듣는 둥 마는 둥하며 교회를 다닌다면, 결코 하나님과 가까이 지낼 수 없습니다. 하나님과의 관계에 문제가 생깁니다. 당연하지 않습니까? 남편이 "이렇게 하라 저렇게 하라" 했는데, 아내가 무시한다면, 그 부부 관계가 어찌 되겠습니까? 절대로 부부가 가까워질 수 없지 않겠습니까?

더구나 어머니는 아들에게 은 1,100개를 돌려받았습니다. 그리고 은 200을 은장색에게 주었다고 합니다. 그렇다면 나머지 은 900은 어디로 갔을까요? 하나님을 섬긴다고 하면서도 꼬불친 것입니다. 우리가 대부분 그렇지 않습니까?

예배의 사유화? 신당(בֵּית אֱלֹהִים)

17장 5절에 보면 "그 사람 미가(מִיכָה)에게 신당(בֵּית אֱלֹהִים)이 있으므로"라고 합니다. 이 신당을 어떻게 봐야 할까요? 어찌 보면 이동식 예배 장소(portable worship place)라 해도 틀리지 않을 것입니다. 들고 다니지는 않았지만, 자기 맘대로, 자기 편하게, 자기에게 맞추어 예배하는 장소였습니다.

하지만 하나님께서는 "너희는 내가 처음으로 내 이름을 둔 처소 실로에 가서……"(렘 7:12)라고 하셨습니다. 하나님은 이스라엘 백성에게 아무 데서나 예배드리지 말라고 하셨습니다. 나중에 예수님이 오시고 나서는 이 산, 저 산도 아니고 영과 진리로 예배드리라고 하셨습니다(요 4:20~24). 예수 그리스도 안에서만 예배드려야 한다고 복음 안에서 자유함을 주신 것입니다. 그 전까지는 복음 안에서 예배드리라는 의미에서 예배 장소를 정해 놓으셨습니다. 광야에서는 성막에서 예배드리고, 가나안 땅에서는 실로에서 예배를 드렸습니다. 그래서 18장 마지막 말씀이 의미심장하게 다가옵니다.

> 하나님의 집이 실로에 있을 동안에 미가가 만든 바 새긴 신상이 단 자손에게 있었더라 _삿 18:31

예수님도 "두세 사람이 내 이름으로 모인 곳에는 나도 그들 중에 있느니라"(마 18:20)고 하셨습니다. 이 말씀은 하나님이 정한 장소에서 예배드리지 않으면 그곳에 하나님이 안 계신다는 의미이기도 합니다. 그런 의미에서 실로에서 예배를 드려야 하는데, 불편합니다. 거기까지 가는 것이 일입니다. 그래서 '이동식으로(portable), 편하게, 자기 소견에, 자기 시간에, 자기 환경에 맞는 대로, 자기 마음대로' 드리는 예배 장소가 미가의 신당이었다고 생각합니다. 하나님의 집이 실로에 있을 동안, 미가가 만든 바 새긴 신상이 단 자손에게 있었다고 합니다. 자기가 만든 신상이 미가의 신당에 있었다는 뜻입니다. 이것이 무엇을 의미합니까? 자기 소견에 옳은 대로 행했던 그 시대의 극단적 상황을 말해 줍니다. 자기 마음대로, 편의에 따라 예배드리는 모습입니다.

이 말씀을 묵상하면서 괴로운 마음이 들었습니다. 우리가 이 죄를 짓고 있다는 생각이 들었기 때문입니다. 코로나19 팬데믹 때 교회에 모이지 못하니 온라인 예배를 시작했습니다. 지금도 온라인 예배가 계속되고 있고, 장소가 멀어 다른 지역이나 한국에 있는 분들이 실시간 스트리밍(live streaming)으로 예배를 드리고 있습니다. 그러나 지역 교회에 소속된 분들에게는 이 온라인 예배가 미가의 신당이 되어 가는 건 아닌가 하는 걱정이 듭니다.

"이번 주말에 어디 가자", "예배드려야 되는데, 온라인 예배 있잖아"라며 주말여행을 쉽게 떠난다는 이야기를 들었습니다. 우리의 마음이 점점 예배를 '내가 편한 대로, 내 마음대로, 내가 원하는 시간에' 드리는 것으로 흘러가고 있습니다. 실시간이 안 되면 녹화된 예배(recorded worship)를 나중에, 내가 원하는 시간에 보는 방식입니다. 마치 미가의 신당과 같습니다. 이제는 스마트폰을 들고 다니는 곳이 나의 신당이 되어 버렸습니다. 내 편의대로, 내 소견에 옳은 대로 예배를 드리는 것은 아닌지 심히 걱정됩니다.

우리 모두 가슴에 손을 얹고 마음의 소리를 들어야 합니다. 하나님께 예배드릴 때, 교회 예배 시간에 맞춰 30분 혹은 1시간이 걸리더라도 하나님의 집, 벧엘(House of God)에서 예배드리기 위해 최선을 다

하고 있는지 점검해야 합니다. 우리는 이 장소와 시간을 지키며 영과 진리로(in spirit and in truth) 하나님 앞에 예배드리는 것이 마땅합니다. 그런데 어느 순간부터 그런 결단과 최선은 사라지고, 편의에 따라 예배드리며 우리 마음이 희석되는(diluted) 건 아닌지 걱정됩니다.

지난번 미국 동부(East Coast)에서 가장 큰 교회의 집회에 갔다가, 이런 이야기를 들었습니다. "목사님, 우리는 실시간 온라인 예배를 안 하기로 결정했습니다." 그래서 저는 "왜요?"라고 물었습니다. "성도들이 핑계(excuses)가 너무 많아졌습니다. 왜 안 나오셨어요? 하면 '실시간으로 예배드리고 있어요', '몸이 좀 찌뿌둥해서 온라인으로 대체했어요'라고 대답하는 성도들이 너무 많아졌습니다. 갑자기 일이 생겨 차 안에서 스마트폰(cellphone)으로 예배를 드리기도 합니다." 그래서 그 교회는 실시간 예배를 중단했다고 말했습니다.

그 말을 듣고 '그래, 나도 돌아가서 온라인 예배를 그만둬야지' 하고 생각했습니다. 그러나 아직도 온라인 예배를 유지하고 있습니다. 지금도 실시간으로 예배를 드리는 분들이 계시며, 저는 기도 중에 있습니다. 성도들이 미가의 신당처럼 자기 마음대로, 자기 원하는 대로, 자기 소견에 옳은 대로 예배드리는 이 버릇을 어떻게 하면 고칠 수 있을까 고민하고 있습니다.

이것이 사사 시대 타락의 극치이며, 오늘날 우리가 빠져 있는 모습이기도 합니다. 예배를 자기 편의에 따라 드리고, 하나님 앞에 최선을 드리지 않고 실로에 가지 않으며, 자기 집에 신상을 놓고 예배드리는 것과 같습니다.

베들레헴 출신 한 청년

7 유다 가족에 속한 유다 **베들레헴에 한 청년이** 있었으니 그는 레위인으로서 거기서 거류하였더라 8 그 사람이 거주할 곳을 찾고자 하여 **그 성읍 유다 베들레헴**을 떠나 가다가 에브라임 산지로 가서 미가의 집에 이르매_삿 17:7~8

이 답답한 상황에 갑자기 한 청년이 등장해 이야기를 더 심각하게 만듭니다. 그는 유다 베들레헴 출신의 청년 레위인이었습니다. 그는 거처를 찾다가 미가의 집에 이르게 됩니다. 살펴보니 미가의 집에는 벧엘로힘(House of gods)이 있었고, 예배당이 있었습니다.

미가 입장에서는 눈이 번쩍 뜨이지 않았을까요? 미가는 그의 신당에서 자격도 없는 그의 아들에게 제사장 노릇(역할)을 하게 했습니다. 그런데 알고 보니 우리 집에 찾아온 청년이 레위인입니다. 레위인은 제사장이 될 수 있는 사람입니다. 우리 식으로 이야기하면 예배당 장소는 있는데, 거기에 목사 안수를 받은 사람이 갑자기 나타나서 "어디 좀 지낼 때 없을까요?"라고 묻는 상황과 비슷합니다. 그러자 미가는 연봉을 제시합니다. 연봉이 얼마였을까요? 은 10개와 의복 한 벌, 그리고 먹을 것을 주겠다고 제안합니다. 거처할 곳 없는 베들레헴 출신의 레위인은 덥석 제안을 받아들입니다.

뭔가 석연치 않은 냄새가 납니다. 예배의 사유화가 이제는 종교의 사유화, 신앙의 사유화로 이어지고, 아주 고약한 냄새가 진동하는 것 같습니다. '이렇게 해도 되는 건가?' 하는 의문이 듭니다. 여러분은 목회자를 이런 식으로 고용해도(hire) 된다고 생각하십니까? 게다가 그 목회자는 거처할 곳이 없어서 여기저기 기웃대다가 월급을 준다는 이유만으로 가기로 결정합니다.

요즘 신문을 보면 "담임목사 찾습니다"라는 청빙 광고를 자주 보게 됩니다. 우리 교회 목사님들도 여러 교회에 청빙 서류를 제출하고 있습니다. 저도 우리 교회 목사님들뿐만 아니라 다른 교회 목사님들의 추천서 요청도 많이 받아서 써 드리고 있습니다. 그러면서 관심을 갖고 기도하다가 연락을 드려 보면 "어떻게 되셨어요?"라고 묻게 됩니다. 그러면 "목사님, 인터뷰했습니다"라고 대답합니다. "아, 그렇군요. 결과는 어떠셨습니까?"라고 물으면 "떨어졌습니다"라는 말을 자주 듣게 됩니다. 왜 떨어졌는지 물으면 이유는 다양합니다.

그런데 제가 놀란 이유는 따로 있습니다. 인터뷰에서 떨어진 한 목사님은 "성격이 너무 강한 것 같아서 떨어뜨렸습니다"라는 말을 들었답니다. 강해서 떨어졌다는 것입니다. 그래서 "그렇군요. 강하지 말아야겠네요. 약하게 하셔야겠네요"라고 말했습니다. 그런데 또 다른 목사님은 "성품이 너무 온유해서 거친 풍파를 어떻게 이겨 낼지 의심된다고 떨어졌습니다"라고 하셨습니다. 강하면 폭군이 될까 봐 떨어뜨리고, 온유하면 리더십이 약할까 봐 떨어뜨립니다. 이런 얘기를 들으며 저는 마음이 착잡했습니다. '왜 이렇게 되어가는가'라는 생각이 듭니다.

10 미가가 그에게 이르되 네가 나와 함께 거주하며 나를 위하여 아버지와 제사장이 되라 내가 해마다 은 열과 의복 한 벌과 먹을 것을 주리라 하므로 그 레위인이 들어갔더라 11 그 레위인이 그 사람과 함께 거주하기를 만족하게 생각했으니 이는 그 청년이 미가의 아들 중 하나 같이 됨이라_삿 17:10~11

영적 지도자에 대해 본문에 "아버지와 제사장이 되라"는 말이 나옵니다. 가톨릭에서는 신부를 '파더(Father)'라고 부릅니다. 신부의 '부'는 아비(父)입니다. 아버지가 되게 해 달라는 기도입니다. 그런데 나중에 어떻게 되었습니까? 은 10개와 의복과 먹을 것을 주고 레위인을 고용했습니다. 그리고 성경은 어떻게 말합니까? "미가의 아들 중 하나 같이 됨이라"고 기록합니다. 아버지가 아니라 아들이 되어 버렸습니다. 이는 그를 자기 마음대로 부리겠다는 의미입니다. 이는 곧 하나님을 믿는 신앙이 '내 주머니 속에(in my pocket)' 있는 것처럼, 사유화되어 버렸다는 것입니다. 하나님의 종을 아버지처럼 섬겨야 하는데 아들로 만들어 버리고 자기 마음대로 수입을 좌우하게 된 것입니다. 담임목사를 모셔놓고 자기 마음대로 조종하겠다는 것과 다름없습니다. "이렇게 하세요, 저렇게 하세요, 설교나 하세요"라는 식입니다. 어떻게 이렇게 되어 갑니까? 정말 기도해야 할 때라고 생각합니다.

소망이 있습니까?

1 그 때에 이스라엘에 왕이 없었고 단 지파는 그 때에 거주할 기업의 땅을 구하는 중이었으니 이는 그들이 이스라엘 지파 중에서 그 때까지 기업을 분배 받지 못하였음이라 2 단 자손이 소라와 에스다올에서부터 그들의 가족 가운데 용맹스런 다섯 사람을 보내어 땅을 정탐하고 살피게 하며 그들에게 이르되 너희는 가서 땅을 살펴보라 하매 그들이 에브라임 산지에 가서 미가의 집에 이르러 거기서 유숙하니라 3 그들이 미가의 집에 있을 때에 그 레위 청년의 음성을 알아듣고 그리로 돌아가서 그에게 이르되 누가 너를 이리로 인도하였으며 네가 여기서 무엇을 하며 여기서 무엇을 얻었느냐 하니 4 그가 그들에게 이르되 미가가 이러이러하게 나를 대접하고 나를 고용하여 나를 자기의 제사장으로 삼았느니라 하니라 5 그들이 그에게 이르되 청하건대 우리를 위하여 하나님께 물어 보아서 우리가 가는 길이 형통할는지 우리에게 알게 하라 하니 6 그 제사장이 그들에게 이르되 평안히 가라 너희가 가는 길은 여호와 앞에 있느니라 하니라 7 이에 다섯 사람이 떠나 라이스에 이르러 거기 있는 백성을 본즉 염려 없이 거주하며 시돈 사람들이 사는 것처럼 평온하며 안전하니 그 땅에는 부족한 것이 없으며 부를 누리며 시돈 사람들과 거리가 멀고 어떤 사람과도 상종하지 아니함이라 _삿 18:1~7

사사 삼손으로 사사기가 끝났다고 생각했는데, 아직 다섯 장이

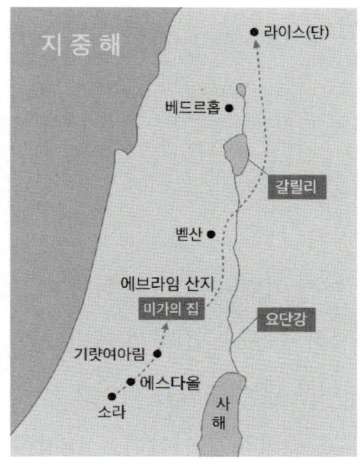

더 남아 있습니다. 이제 끝나려나 했는데 당황스럽습니다.

그런데 18장은 이스라엘에 왕이 없다는 말로 시작합니다. 그 후의 이야기를 미리 말씀드리자면 이렇습니다. 가나안 정복 이후 땅을 분배받지 못했던 단 지파의 다섯 사람이 땅을 정탐하기 위해 소라와 에스다올에서 에브라임 산지로 갔다가 미가의 집에 이릅니다. 그리고 거기서 베들레헴 출신 제사장을 만납니다. 미가 집에서 월급을 받으며 예배드려 주는 자를 만난 것입니다. 그들은 그 제사장에게 "우리가 지금 땅을 정탐하러 가는데, 어찌 될 것 같냐?"라고 묻습니다. 꼭 점집에 간 것 같은 느낌이 들지 않습니까? 그 제사장은 "너희가 가는 길이 여호와 앞에 있느니라" 하며 긍정의 답을 해 줍니다. 단 지파의 다섯 사람은 "괜찮다"는 말을 듣고, '라이스'라는 북쪽 동네를 정탐합니다. 그곳이 살 만해 보이니 자기 지파가 있는 동네로 내려와서 "그 땅은 넓고 그 곳에는 세상에 있는 것이 하나도 부족함이 없느니라"(삿 18:10)라고 보고합니다.

이후 단 자손 600명이 '라이스'를 정복하기 위해 올라가다가 다시 미가 집에 이르러서는 좋은 말을 해 준 베들레헴 출신 청년 제사장에게 "미가 집에 있지 말고 우리 지파의 제사장이 되어 달라"며 흥정을 합니다(삿 18:11~19). 그래서 청년 제사장은 에봇과 드라빔을 새긴 우상을 가지고 단 자손들을 따라갑니다.

> 그 제사장이 마음에 기뻐하여 에봇과 드라빔과 새긴 우상을 받아 가지고 그 백성 가운데로 들어가니라_삿 18:20

그러자 미가는 그들을 쫓아가서 '어찌 이럴 수가……' 하며 따집니다. 하지만 단 자손들이 "너와 네 가족이 죽을 수 있다"며 협박하자, 미가는 결국 자기 집으로 돌아갑니다. 이후 단 자손들은 라이스 지역을 점령하고 그곳에 정착합니다. 그리고 충격적인 이야기로 18장이 마무리됩니다.

> 단 자손이 자기들을 위하여 그 새긴 신상을 세웠고 모세의 손자요 게르솜의 아들인 요나단과 그의 자손은 단 지파의 제사장이 되어 그 땅 백성이 사로잡히는 날까지 이르렀더라_삿 18:30

미가 집에 있던 베들레헴 출신 청년 레위인이 '모세의 손자'라고 합니다. 아뿔사! 출애굽을 이끈 모세 이후 3세대 만에 이 꼴이 되어버렸습니다.

미가서 5장에 이런 말씀이 나옵니다.

"베들레헴 에브라다야 너는 유다 족속 중에 작을지라도 이스라엘을 다스릴 자가 네게서 내게로 나올 것이라 그의 근본은 상고에, 영원에 있느니라"(미 5:2).

"너 베들레헴 에브라다야, 비록 네가 유다 족속 중 아주 작지만 이스라엘을 다스릴 사람이 너로부터 나올 것이다. 그의 근본은 먼 옛날, 아주 오랜 옛날로 거슬러 올라간다"라는 것입니다. 그 예언대로 베들레헴에서 한 아기가 태어납니다. 우연이 아니라 이미 약속한 말씀대로, 호적 신고를 하고자 요셉과 마리아가 다윗의 고향 베들레헴에 갔다가 예수님을 낳게 됩니다.

> 이는 한 아기가 우리에게 났고 한 아들을 우리에게 주신 바 되었는데 그의 어깨에는 정사를 메었고 그의 이름은 기묘자라, 모사라, 전능하신 하나님이라, 영존하시는 아버지라, 평강의 왕이라 할 것임이라_사 9:6

어떤 의미에서는 미국에 유학을 왔다가 이곳에서 아이를 낳은, 원정 출산(birth tourism)과 비슷합니다. 그래서 미국 시민권을 얻게 된 아이들처럼, 예수님이야말로 원정 출산의 효시입니다. 예수님은 베들레헴에서 태어나셨습니다. 그런데 왜 굳이 로마에서 그 당시 호적 조사를 하라며 고향으로 내려가라는 명령을 내렸습니까? 만삭인 마리아가 왜 그 명령을 따라 그 먼 베들레헴까지 내려가야 했습니까? 이유가 무엇입니까? 나사렛에서 낳으면 될 텐데, 왜 굳이 베들레헴까지 내려갔습니까? 왜 하필 베들레헴입니까? 성경은 왜 베들레헴을 자꾸 강조합니까?

베들레헴 출신의 이 레위인은 절망적인 인물입니다. 희망이 없습니다. 그러나 자기 소견에 옳은 대로 행했던 절망의 시대, 사사 시대의 끝판왕 같은 그 시점에, 하나님께서는 원정 출산으로, 곧 베들레헴 출생(Bethlehem-born)의 예수 그리스도, 메시아를 우리에게 허락하십니다. 베들레헴에서 나온 모세의 손자가 아니라 하나님의 아들이신 예수 그리스도를 통해 이 세상에 구원의 빛을, 소망의 빛을 비추셨습니다.

예수님은 단 지파의 제사장이 아니라 우리의 대제사장으로 오셨습니다. 연봉을 보고 오신 분이 아니라, 자기 생명을 대속물로 주시기 위해 오신 분이십니다. 사사기는 소망 없는 세상의 이야기이며, 지금은 소망 없는 원정 출산의 시대입니다. 심지어 트럼프 대통령도 이 원정 출산 제도를 고치겠다고 말하는 막막한 시대에, 베들레헴에서 오신 예수 그리스도께서 크리스마스의 참된 주인공이 되셨습니다. 아무리 세상이 힘들고 어려워도, 우리는 베들레헴에서 태어나신 예수 그리스도로 인해 소망이 있습니다.

〈오 베들레헴 작은 골(O Little Town of Bethlehem)〉이라는 찬양을 작사한 필립 브룩스(Phillip Brooks) 목사님은 하버드대학교를 졸업한 후, 필라델피아에서 소명을 받고 목회를 시작하셨습니다. 남북전쟁 시기에 미국 북부에서 흑인 인권을 위해 애쓰며 노예제도가 성경적으로 잘못되었다고 강하게 주장하기도 하셨습니다. 그러나 그 와중에 동생이 병으로 세상을 떠나고, 링컨 대통령이 암살당하는 사건까지 겪으며 깊은 슬픔에 빠졌습니다. 남북전쟁이 끝난 후 지친 브룩스 목사님은 잠시 안식년을 갖기 위해 유럽과 이스라엘을 방문했고, 이스라엘 베들레헴에서 이 찬송시를 쓰셨습니다. 그중 4절 가사를 소개하고 싶습니다.

> 오 베들레헴 예수님 내 맘에 오셔서
> 내 죄를 모두 사하고 늘 함께하소서
> 저 천사들의 소식 나 기뻐 들으니
> 오 임마누엘 주 예수 내 맘에 오소서!
> O holy Child of Bethlehem, descend to us, we pray;
> Cast out our sin, and enter in, be born in us today.
> We hear the Christmas angels the great glad tidings tell;
> Oh, come to us, abide with us, our Lord Emmanuel!

전쟁과 인간의 사악함 속에 지쳐 있던 필립 브룩스 목사님이, 베들레헴에서 이 찬송을 통해 다시 소망을 회복하셨습니다. 저는 이보다 더 근사한 크리스마스 찬양이 또 있을까 싶습니다. 아무리 이 세상이 어둡고, 사람들이 자기 소견에 옳은 대로만 행하며, 자기주장에 빠져 있는 시대일지라도, 우리는 이 찬송을 부를 수 있습니다. 우리가 시간을 내어 예배드릴 수 있는 이유는 바로 베들레헴에 오신 예수 그리스도 때문입니다. 그분이 바로 우리의 소망이시기 때문입니다. 이 소망을 품고 예배하는 모든 분이 되시길 주님의 이름으로 축복합니다.

적용질문

† 미가와 그의 어머니는 어떤 관계였을지 상상해 봅시다. 혹시 부모님과 나의 관계와 비슷한 점이 있습니까?

† 사사 시대를 삼손의 이야기로 마무리했지만, 남은 장에서 우리에게 전하려는 메시지가 있습니다. 사사기 18장 6절 말씀을 읽고 어떤 면에서 여전히 그런지, 십계명 말씀에 비추어 그 죄악을 정리해 봅시다 (삿 18:1~13; 출 32장).

† 십계명의 제2계명을 어기는 면이 우리에게 있다면 무엇입니까?

† 단 자손들이 라이스를 점령하고 그곳에 정착합니다. 그들에게 고용된 미가 집에 있던 레위인은 결국 누구였나요(삿 18:30)? 이 점이 우리에게 시사하는 바는 무엇입니까?

† 베들레헴에서 나온 또 다른 제사장은 어떤 분입니까? 우리에게 소망이 있습니까(미 5:2; 슥 9:9; 사 7:14, 9:6)?

Chapter
22

결론,
토막 시체 배달 사건

사사기 19~21장

미국의 듀크대학교 심리학 및 행동경제학부 댄 애리얼리(Dan Ariely) 교수가 『거짓말하는 착한 사람들(The Honest Truths About Dishonesty)』이라는 책에서 다양한 실험과 연구 내용을 밝힙니다. 예를 들어, 사람이 신용카드로 물건을 살 때와 현금으로 살 때 어느 방법이 더 절약되는지, 현금을 쓸 때 왜 더 아깝게 느껴지는지 설명합니다. 또 제가 흥미롭게 읽은 부분 중 하나는, 택시 기사가 시각장애인 손님과 비장애인 중 누구를 더 속이고 싶어 하는가에 대한 실험입니다. 보통 우리는 시각장애인을 더 속일 것 같다고 생각하지만, 실제로는 비장애인을 더 속이려는 경향이 크다고 합니다. 장애인에게는 오히려 긍휼한 마음이 생겨서 그렇게 하지 않는다는 것입니다.

이 책을 읽으면서 저도 많은 생각을 했습니다. 이 책이 성경적 인간 이해와도 상당히 맞닿아 있다고 느꼈습니다. 제가 특히 도전받은 부분은, 사람들이 부정행위를 할 때 자신이 나쁜 사람이 아니라는 것을 합리화하는 능력이 매우 탁월하다는 점입니다. 예를 들어, 어떤 사람이 거짓말을 하고 나서 가장 흔한 합리화는 "다 그렇게 해. 나만 그런 것도 아니고, 나는 그래도 덜 하는 편이야"라는 식입니다. 이렇게 스스로 도덕적으로 괜찮은 사람으로 여기는 심리가 작동하는 것입니다.

애리얼리 교수는 이와 관련해 "퍼지 요인(Fudge Factor)"이라는 개념을 소개합니다. 이 개념은 자신이 부정행위를 하면서도 도덕적인 사람으로 남고자 하는 심리적 여지를 뜻합니다. 예를 들어, 커닝하거나 바람을 피우는 등의 부정행위를 할 때, 그 결정적인 요인은 개인의 양심뿐 아니라, 그 사회가 해당 부정행위를 얼마나 용인하는가에 달려 있다고 말합니다. 사회가 그 죄를 죄로 보지 않고, 별일 아닌 것처럼 받아들일 때 사람들은 거리낌 없이 부정행위를 하게 됩니다. 크리스천의 경우, 죄에 대한 유혹이 있을지라도 내면의 갈등을 겪고, 결국 죄를 짓지 않도록 자제할 수 있습니다. 하지만 사회가 죄를 죄로 여기지 않고 용인하게 되면 누구나 죄를 짓게 된다는 것이 애리얼리 교수의 설명입니다.

사사기의 마지막 다섯 장은 삼손의 이야기가 끝난 후 등장합니다. 앞서 미가 집에 고용된 제사장, 단 지파를 따라간 베들레헴 출신 레위인의 이야기를 살펴보았습니다. 그런데 19장부터 21장까지 남은 세 장의 이야기는 막장 드라마보다 더 충격적인 내용을 담고 있습니다. 그 핵심은 바로 "이 시대에 사람마다 자기 소견에 옳은 대로 행했다"는 것입니다. 본문에 나오는 '토막, 시체, 배달'이라는 끔찍한 사건을 통해 그 시대의 혼란과 도덕적 붕괴를 고발합니다.

베들레헴 커넥션

이스라엘에 왕이 없을 그 때에 에브라임 산지 구석에 거류하는 어떤 레위 사람이 유다 베들레헴에서 첩을 맞이하였더니 _삿 19:1

이번에는 에브라임 산지에 거하는 '레위 사람'이 등장합니다. 레위인의 주요 임무는 여호와의 제단에서 제사 업무를 감당하는 것이고, 그들은 땅을 기업으로 받지 않습니다. 레위인은 성도들의 십일조로 살아가는 존재이기 때문입니다. 여호수아서 21장을 보면, 레위 사람은 땅을 분배받지 못하고, 백성의 십일조로 살아가야 했습니다. 대신 각 지파별로 평균 4곳의 도읍을 레위인에게 정해 주어 그들은 총 48개 도읍에 흩어져 살았습니다.

그중에서도 에브라임 지파는 에브라임 산간지방에 있는 살인자의 도피성인 세겜을 비롯해 게셀, 깁사임, 벧호론, 이렇게 네 성읍과 그 주변의 목초지를 레위 지파에게 주었습니다(수 21:21~22). 제 생각에 19장에 등장하는 레위 사람이 살던 도읍이 베들레헴에서 가까운 세겜이 아닐까 추측해 봅니다.

그리고 잠시 레위 사람들의 임무를 살펴보면 크게 두 가지로 나눌 수 있습니다. 하나는 여호와의 제단에서 제사 업무를 관장하는 일이고, 다른 하나는 하나님의 율법을 백성에게 가르치는 일입니다(신 33:10; 대하 17:7~9, 35:3; 말 2:6~9). 전자가 성막이 있던 실로를 중심으로 이루어진 중앙 집권적 역할이라고 한다면, 후자는 각지에 흩어져 살고 있는 이스라엘의 모든 지파에게 적용되는 지방분권적 역할이라고 할 수 있습니다. 어떻든 그들은 이스라엘 사람들에게 하나님의 백성으로서 '세상의 소금과 빛'이 무엇인지 보여 주는 신앙의 선도자 역할을 했던 것입니다. 그들은 단순히 제단에서 일하는 것이 아니라, 여호와의 율법을 연구하고 성도들에게 가르치는 책임이 있었습니다. 오늘

날로 말하면, 목회자 같은 역할입니다. 세상일에 종사하지 않고, 하나님의 말씀을 전적으로 연구하며 가르치는 종교 지도자라 할 수 있습니다.

그런데 그 레위 사람이 '유다' 베들레헴에서 첩을 맞이합니다! 당시 사회는 일부다처제를 어느 정도 용인하는 분위기였지만, 성경은 일관되게 일부일처제를 가르칩니다. 그런 의미에서 레위인과 같은 종교 지도자는 시대적 분위기와 상관없이 그런 삶을 살아서는 안 됩니다. 아무리 세상이 타락해도 목회자는 그러면 안 된다는 말처럼, 레위인이 첩을 두었다는 것은 심각한 문제입니다. 성도들은 각자 자기 방식대로 살아간다 해도, 지도자인 레위인이 그래서는 안 되는 것입니다. 그가 첩을 맞았다는 사실은, 지도자의 타락을 보여 주는 심각한 사례입니다. 하나님의 말씀을 가르치고, 매사에 모범이 되어야 할 레위 사람이 첩이라뇨. 말세 아닙니까? 첩이란, 결혼하지 않고 그냥 같이 사는 사람을 말합니다.

> 그 첩이 행음하고 남편(레위 사람)을 떠나…… _삿 19:2a

레위 사람의 첩이 '행음(unfaithful)'했다고 합니다. 레위인 남편과도 행음하여 첩이 되었는데 이 첩이 또다시 다른 남자와 행음했다는 것입니다. 더구나 그 남편은 행음하고 자기 아버지의 집으로 떠나 버린 첩을 잊지 못해 4달 만에 다시 데려오고자 합니다(삿 19:3). 그녀가 남자들의 성 노리갯감(sex object)에 지나지 않았음을 알 수 있습니다.

그야말로 막장 드라마의 끝판왕 아닙니까?

본문을 읽으며 좀 헷갈리셨을 텐데, 레위 사람 '남편'이 11절 이후부터는 갑자기 '주인'으로 언급됩니다. 그 이유는 첩이 아내이기도 하고, 물건 취급당하는 종이기도 하기 때문입니다. 아무튼 첩을 다시 데려오기 위해 장인 집에 갔던 레위 사람 남편은 장인으로부터 대접도 잘 받고, 일주일 만에 첩을 데리고 그 집을 나섭니다(삿 19:4~10).

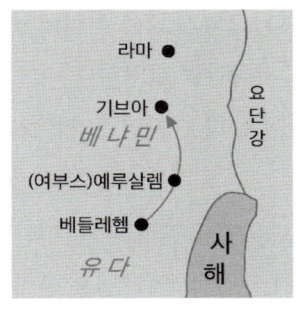

그리고 해질 무렵 여부스(지금의 예루살렘)에 다가왔을 때 "여부스 사람의 성읍에 들어가서 유숙하자" 하는 종의 간청을 듣지 않고, 굳이 기브아 성읍으로 갑니다(삿 19:11~14). 이유가 무엇입니까? 여부스는 이방인의 성읍이고 기브아는 베냐민 지파에 속한 성읍이기 때문입니다. 이 레위인은 "나는 이방인이 거주하는 이 지역에 머물고 싶지 않습니다. 더 가 봅시다"라고 한 것입니다. 그리하여 이스라엘 12지파 중 하나인 베냐민 지파가 거주하는 기브아로 향해, 그곳에서 밤을 지내기로 하고 기브아까지 갑니다. 그런데 이게 웬일입니까?

기브아에 가서 유숙하려고 그리로 돌아 들어가서 성읍 넓은 거리에 앉아 있으나 그를 집으로 영접하여 유숙하게 하는 자가 없었더라

_삿 19:15

옛날에는 여관이나 호텔 같은 숙박시설이 없었습니다. 그래서 중동 지역에서는 지나가는 손님을 자기 집으로 모시는 것이 예의였습니다. 그것은 그 마을 사람들이 지켜야 할 기본적인 도리였습니다. 낯선 손님을 그냥 보내지 않는 것이 당시의 상식이었습니다.

이방인 지역에서는 정말 머물 곳이 없을 수도 있고, 괜히 해코지를 당할 수도 있어서 이 레위인은 "차라리 우리 이스라엘 백성이 사는 지역으로 가서 밤을 보내자"고 한 것입니다. 그렇게 넓은 거리에서 배회하다 보면 누군가 "어디서 오셨어요?", "지나가는 길입니다"라고 말하게 되고, "그러시다면 우리 집에서 주무세요"라는 자연스러운 초대를 받을 수 있으리라 기대한 것입니다.

그런데 기브아에 도착했는데도, 아무도 그들을 집으로 들이는 사람이 없었다고 합니다. 이것은 무엇을 말해 줍니까? 하나님을 믿지 않는 이방인이나, 하나님의 백성인 이스라엘이나 다를 바 없다는 것입니다. 이방인과 이스라엘이 동일하다는 것을 사사기는 계속해서 보여 주고 있습니다. 이런 삶의 방식에 대해 전혀 문제를 느끼지 못하고 살아가는 이스라엘의 모습이 그대로 드러나고 있습니다.

그때 한 노인이 등장해 사정을 묻고는 "우리 집으로 오십시오"라고 말합니다. 레위인과 그의 첩은 노인의 집에 머물게 됩니다. 그런데 그 동네, 곧 기브아에 살고 있던 불량배들이 그 집에 찾아옵니다.

……그런데 성읍의 불량배들이 그 집을 에워싸고 문을 두들기며 집주인 노인에게 말하여 이르되 네 집에 들어온 사람을 끌어내라 우리

가 그와 관계(sex)하리라 하니 _삿 19:22b

이들이 요구한 관계가 어떤 것인지 분명히 알 수 있도록, 어떤 영어 성경에서는 아예 'rape(강간)'이라는 단어로 번역되어 있습니다. "그와 관계하리라"는 말은 누구와 관계하겠다는 것입니까? 바로 레위인, 그 남자와 성관계를 하겠다는 요청이었습니다. 이것은 명백한 성폭력을 의미합니다. 그러자 집주인인 노인이 "그러면 안 된다"고 말리면서 제안을 합니다(삿 19:23). 그런데 저는 그 제안이 더 경악스럽습니다.

보라 여기 내 처녀 딸과 이 사람(레위 사람)의 첩이 있은즉 내가 그들을 끌어내리니 너희가 그들을 욕보이든지 너희 눈에 좋은 대로 행하되 오직 이 사람(레위 사람)에게는 이런 망령된 일을 행하지 말라 하나 _삿 19:24

그 집주인은 이렇게 말하며 불량배들을 말렸습니다. "여기 내 딸, 아직 시집가지 않은 처녀가 있습니다. 그리고 이 사람, 레위인의 첩도 있습니다. 내가 그들을 끌어내 줄 테니 너희는 그들을 욕보이든지, 너희 눈에 좋을 대로 행하되, 다만 이 사람, 곧 내 집에 들어온 레위인에게는 함부로 하지 말고 망령된 일을 저지르지 마십시오." 그러나 불량배들이 그 말을 들었겠습니까? 듣지 않았습니다. "안 된다. 레위인을 내놔라!"라고 고집합니다. 창세기 19장에도 이와 비슷한 일이 일어납니다. 소돔의 무리가 롯의 집을 방문한 자들과 상관하겠다고 협박하자, 롯은 남자를 가까이하지 않은 자기 두 딸을 이끌어 내서 "너희 눈에 좋을 대로 행하라" 하지 않았습니까? 그때도 그랬듯이 한 번 눈이 뒤집힌 불량배들에게는 이런 제안이 소용없습니다. 결국 레위 사람이 자기 첩을 끌어내어 불량배들에게 넘깁니다.

> 25b ······그들이(불량배들이) 그 여자와 관계하였고 밤새도록 그 여자를 능욕하다가 새벽 미명에 놓은지라 26 동틀 때에 여인이 자기의 주인(레위 사람)이 있는 그 사람의 집 문에 이르러 엎드러져 밝기까지 거기 엎드러져 있더라 _삿 19:25b~26

결국 어떻게 되었습니까? 레위인은 자기와 동행하던 그 첩을 불량배들에게 내어 주고 맙니다. 그러자 그 불량배들은 그 여자, 곧 레위인의 첩을 데려다가 성폭행합니다. 밤새도록 그 여자를 능욕하고 윤간한 것입니다. 그리고 새벽녘에야 그녀를 풀어 줍니다. 여인은 동틀 무렵, 자기의 주인이 있는(여기서 '주인'은 남편인 레위인을 가리킵니다) 그 노인의 집 문까지 겨우 걸어갑니다. 그리고 그 문 앞에 엎드러진 채로 밤을 새우고, 아침이 되었을 때 죽은 채로 발견됩니다.

정말 기가 막히지 않습니까? 속이 상하고, 어처구니가 없고, 어떻게 이런 일이 있을 수 있을까 싶습니다. 우리는 종종 "옛날은 낭만이 있었고, 사람들은 착하고 순수했다"고 말하지만, 그것은 사실과 다릅니다. 죄인은 옛날에도 죄인이었고, 지금도 죄인이며, 앞으로도 죄인입니다. 하나님께서는 사사기의 결말을 통해 인간의 죄성을 이토록 적나라하게 고발하십니다. 특히 더 경건해야 할 존재였던 종교 지도자, 레위인이 이 사건의 중심인물로 등장했다는 사실은 매우 충격적이며, 마음을 아프게 합니다.

익명 처리의 의미

여기서 한 가지 짚고 넘어갈 것이 있습니다. 이 본문에서 중요한 메시지 하나가 발견되는데, 그것은 '익명성'입니다. 19장부터 21장에 이르기까지 등장인물의 이름이 나오지 않습니다. 엘리에셀의 아들 비느하스를 제외하고는 이름이 다 익명 처리됩니다. 앞선 17~18장에도 미가의 이름만 나올 뿐입니다. 그 이유가 무엇일까요? 저는 **익명성에 숨어 꿈틀거리는 인간의 죄성을 적나라하게 고발하기 위함**이라고 생각합니다. 그래서 사사기야말로 굉장한 문학작품이 아닐까 싶습니다.

인터넷 댓글을 보아도 그렇습니다. 익명으로 쓰는 댓글에는 악의적이고 지저분한 말들을 서슴없이 남깁니다. 실명으로 올린다면 결코 쓰지 못할 글입니다. 사람은 자신의 얼굴과 이름을 드러내면 조심하게 되지만, 익명이라는 가면을 쓰면 마음껏 악을 드러냅니다. 익명 속에 숨어 꿈틀거리는 죄성을 드러냅니다. 사사기의 결말이 그렇습니다. 인간의 내면 깊숙이 자리한 죄성이 익명성 안에서 얼마나 더 자유롭고 노골적으로 드러나는지 강하게 보여 줍니다.

노르웨이 극작가 헨리크 입센의 『인형의 집』이라는 희곡이 있습니다. 제목이 소설의 주제를 말해 주는데, 주인공 노라는 '아버지의 귀여운 딸, 남편의 사랑스러운 아내, 세 아이의 엄마라는 '인형 같은 현모양처의 프레임'에서 벗어나고자 집을 떠납니다. 또 영국의 소설가 버지니아 울프는 『자기만의 방』에서 "여성이 사회적으로 열등한 존재라는 생각에 매몰되어 창의력을 발휘하는 일을 포기하지 말고 계속 그 상황을 극복하기 위해 지적·재정적 독립을 달성해야 한다"라고 주장했습니다.

그럼에도 우리는 익명에 숨어서 이름 없는 여인을 막 대하고 있지는 않은지요? 여자는 공부하지 말고 시집만 잘 가면 된다고 생각하시는지요?

번듯한 신사복을 입고 품위를 지키던 남자들이 예비군 훈련에만 가면 돌변한다고 합니다. 획일화된 제복의 익명성에 자기를 숨기기 때문입니다. 사회심리학자 르봉(G. Lebon)은 "익명성이 인간 안에 있는 충동적·비정상적 죄악의 행동을 '군중심리'로 나타낸다"고 말합니다.

그러므로 이것은 남의 이야기가 아닙니다. 레위 사람이나 우리나 마찬가지입니다. 익명에 숨어 있지만, 우리의 이름이 거기에 있기 때문입니다. 우리가 바로 그 레위인입니다. 우리가 바로 그 첩입니다. 우리가 바로 그 노인이며, 자기 딸을 내어 주는 기막힌 아버지입니다. 그리고 우리가 바로 그 불량배입니다. 이 모든 역할에 우리의 이름을 넣을 수 있기에, 하나님께서는 인물의 이름을 익명으로 처리하셨습니다.

"너희가 이런 자들과 다를 바 없다. 너희도 이들과 정확히 똑같다. 너희가 이들보다 나은 게 없다(You are like this. You are exactly like this. You are no better than these people)."

하나님께서 지금 우리에게 그 말씀을 하고 계신 것입니다.

아침에 일어나 보니, 문 앞에 자기 첩이 죽어 있습니다. 얼마나 기가 막혔겠습니까? 그 여인이 얼마나 두들겨 맞았을지 상상조차 하기 싫습니다. 그 장면을 그려보고 싶지도 않습니다. 그러니 첩이 죽은 것을 알게 된 레위 사람이 한 짓을 보십시오.

> **28b** ……이에 그의 시체를 **나귀**에 싣고 행하여 자기 곳에 돌아가서 **29** 그 집에 이르러서는 칼을 가지고 자기 첩의 시체를 거두어 그 마디를 찍어 열두 덩이에 나누고 그것을 **이스라엘** 사방에 **두루** 보내매_삿 19:28b~29

시신을 12조각으로 토막 낸 이유는 이스라엘의 12지파에게 보내기 위함이었습니다. 이 끔찍한 조각을 받아든 열한 지파는 크게 분노했습니다. 결국 이 일로 이스라엘 지파들이 미스바에 모입니다(삿 20:1). 옷니엘이 첫 사사였을 때 이후로 이렇게 모든 지파가 모인 적이 없었습니다. 그들은 "베냐민이 속한 기브아에서 어찌 이렇게 악한 일이 일어났느냐!" 분개합니다. 기브아를 치려고 40만 명 보병이 자원합니다(삿 20:2).

그러나 사실과 다른 점이 있습니다. 어릴 적 〈수사반장〉이라는 드라마를 열심히 본 경험을 살려 하나씩 짚어보면 이렇습니다.

레위인은 토막 살인 사건의 피해자 코스프레를 하고 나타났습니다. 20장 5절에 보면 레위인이 "기브아 사람들이 나를 죽이려 했다"고 말합니다. 그러나 그가 말한 내용은 사실과 다릅니다. 실제로는 성읍의 불량배들이 와서 그와 관계하려고 이런 일을 저질렀습니다(삿 19:22). "그 레위인을 끌어내라"는 요구는 그 목적을 분명히 보여 줍니다. 이처럼 그의 말은 왜곡되어 있습니다. 어느 동네든 불량배는 있을 수 있습니다. 제가 사는 미국 어바인에도 불량배가 있지 않겠습니까? 그렇다고 해서 어바인 전체 주민을 도둑이라고 할 수는 없습니다. 지금 레위인은 사건을 과장하고 있습니다.

그리고 그는 "나를 죽이려 하고 내 첩을 욕보여 그를 죽게 한지라"(삿 20:5)고 말합니다. 하지만 당시 집주인이 먼저 말했습니다. "집주인 그 사람이 그들에게로 나와서 이르되 아니라 내 형제들아 청하노니 이같은 악행을 저지르지 말라 이 사람이 내 집에 들어왔으니 이런 망령된 일을 행하지 말라"(삿 19:23). 불량배가 듣지 않자 결국 레위인은 첩을 직접 내어 주었습니다. 19장 25절을 보면, 레위인이 첩을 밖으로 끌어냈다고 기록되어 있습니다. 자기 첩을 버린 것입니다.

그런데도 자신이 마치 피해자인 것처럼 거짓으로 말하고 있습니다. 사실과 다릅니다. 말 한마디가 진실을 왜곡할 수 있습니다. 어떻게 저런 말을 할 수 있습니까? 정말 비겁하기 짝이 없습니다.

저는 레위인의 이런 모습을 보며 속이 메스꺼워졌습니다. 어떻게 하나님의 일을 맡은 레위인이 이렇게까지 거짓말을 할 수 있단 말입니까? 저는 불량배보다 레위인이 더 악하다고 생각합니다. 밖에서 깡패질을 일삼는 자들은 그럴 수 있다고 치더라도, 교회에 다니고 직분까지 맡은 사람들이 이런 식으로 거짓을 말하며 자기 합리화를 한다면, 그야말로 더 악한 일 아닙니까? 그러므로 이런 레위인의 죄에 분노하는 것은 옳은 감정입니다. 우리도 분노해야 합니다. 또 우리에게도 그와 같은 모습이 있음을 인정해야 합니다. 우리는 레위인보다 더 악할 수도 있습니다.

이 사건은 결국 40만 명의 군대가 동원되는 상황으로 이어졌습니다. 베냐민 지파를 몰살시키겠다는 분위기 속에서 동족 간에 1차 전쟁이 시작되었습니다.

그러나 1차 전쟁에 선발대로 나간 유다 지파가 베냐민 지파에게 크게 패합니다. 그때에 베냐민 자손이 기브아에서 나와 당일에 죽인 이스라엘 사람이 22,000명이나 됩니다(삿 20:15). 이어서 이스라엘이 전열을 가다듬고, 2차 전쟁에 나서지만 역시 대패합니다. 20장 25절에 "이스라엘 자손 만 팔천 명을 땅에 엎드러뜨렸으니 다 칼을 빼는 자였더라"고 합니다. 숫자로만 보면 거뜬히 베냐민을 이기고도 남을 터인데, 이스라엘이 계속 패하니까 야단이 납니다.

그러자 이스라엘 자손들이 아론의 손자 엘르아살의 아들 비느하스가 모시고 있는 언약궤 앞에서 하나님께 기도합니다. 그리고 다시 3차 전쟁에 나서서 매복 작전을 펼친 끝에 이스라엘이 승리합니다.

여호와께서 이스라엘 앞에서 베냐민을 치시매 당일에 이스라엘 자

손이 베냐민 사람 이만 오천백 명을 죽였으니 다 칼을 빼는 자였더라_삿 20:35

이후 "베냐민 사람 육백 명이 돌이켜 광야로 도망하여 림몬 바위에 이르러 거기에서 넉 달 동안을 지냈더라"(삿 20:47)고 합니다. 베냐민 지파는 26,000명이었는데, 3차 전쟁에서 25,100명이 죽었습니다. 약 600명 정도만 살아남았습니다. 이들은 광야로 피신하였고, 전쟁 이야기는 이 600명이 림몬 바위 뒤에 숨어든 장면으로 마무리됩니다.

그런데 그 후, 이스라엘이 내세운 정책을 보면 인간이 얼마나 잔인한 존재인지 알 수 있습니다. 이스라엘 백성은 "앞으로 베냐민 남자에게 우리 딸을 주는 자는 없도록 하자"고 결의했습니다(삿 21:1). 이것은 베냐민 지파를 말살하겠다는 정책, 곧 인종 말살에 해당합니다. 다시 말해, 베냐민 지파의 후손이 끊기도록 하자는 것이었습니다.

하지만 이 정책이 시행된 이후, 21장으로 넘어가면서 이스라엘 백성의 반응이 조금 달라집니다. 여론이라면 "그래, 잘했다. 당연하다. 다 죽여야 한다"는 반응이 나와야 할 것 같은데, 의외의 장면이 펼쳐집니다.

2 백성이 벧엘에 이르러 거기서 저녁까지 하나님 앞에 앉아서 큰 소리로 울며 3 이르되 이스라엘의 하나님 여호와여 어찌하여 이스라엘에 이런 일이 생겨서 오늘 이스라엘 중에 한 지파가 없어지게 하시나이까 하더니 4 이튿날에 백성이 일찍이 일어나 거기에 한 제단

을 쌓고 번제와 화목제를 드렸더라_삿 21:2~4

이렇게 뉘우친 이스라엘 자손은 형제 베냐민 지파의 대를 이어 주고자 방안을 강구합니다. 그런데 그때 이 총회에 야베스 길르앗 사람이 한 명도 참여하지 않은 사실을 알게 되고, 그 야베스 길르앗을 쳐서 그곳의 젊은 처녀 400명을 데려옵니다. '과부 업어 가기'가 아니라, 이른바 '처녀 보쌈'입니다. 그리고 그 처녀들을 베냐민 자손들에게 보내며 평화의 제스처를 취합니다(삿 21:6~13).

당시 이스라엘은 전쟁에 함께 나서지 않은 야베스 길르앗 사람들을 처벌하기 위해 군대를 보냈고, 그들의 부녀자들과 아이들까지 모두 죽였습니다. 다만, 남자를 알지 못한 처녀 400명은 살려 두었습니다. 그리고 이 400명을 림몬 바위에 숨어 있던 베냐민 남자 600명에게 보냈습니다. 하지만 여전히 200명의 남자에게는 아내가 없었습니다. 그래서 또 다른 일이 벌어집니다.

19 또 이르되 보라 벧엘 북쪽 르보나 남쪽 벧엘에서 세겜으로 올라가는 큰 길 동쪽 실로에 매년 여호와의 명절이 있도다 하고 20 베냐민 자손에게 명령하여 이르되 가서 포도원에 숨어 21 보다가 실로의 여자들이 춤을 추러 나오거든 너희는 포도원에서 나와서 실로의 딸 중에서 각각 하나를 붙들어 가지고 자기의 아내로 삼아 베냐민 땅으로 돌아가라_삿 21:19~21

아내가 없던 200명의 베냐민 남자들은 포도원에 숨어 있다가 명절에 춤추러 나온 여인들을 붙잡아 아내로 삼았습니다. 이런 일이 실제로 성경에 기록되어 있습니다. 기가 막히지 않습니까? 귀가 막히고, 코가 막히는 상황입니다. 이어지는 말씀을 보면 "베냐민 자손이 그같이 행하여 춤추는 여자들 중에서 자기들의 숫자대로 붙들어 아내로 삼아 자기 기업에 돌아가서 성읍들을 건축하고 거기에 거주하였더라"(삿 21:23)고 합니다.

이것으로 사사 시대는 막을 내립니다. 그런데 사사기 저자는 맨 마지막 절에서 굳이 한 말씀을 덧붙입니다.

> 그 때에 이스라엘에 왕이 없으므로 사람이 각기 자기의 소견에 옳은 대로 행하였더라 _삿 21:25

이 말씀이 뜻하는 바가 무엇입니까? 이것이 바로 인간의 실상이라는 것입니다. 인간의 결론은 '자기 소견에 옳은 대로 행하는 것'입니다. 시체를 토막 내어 배달한 사건부터 시작해서, 긍휼함이 생기는가 싶더니 결국 처녀 보쌈 사건이 일어나고, 처녀들을 납치해 가는 것이 정책으로 나오는 이 비극적인 현실, 바로 하나님 없는 사람들의 결론입니다. 이것이 죄인이 끝내 도달하는 자리입니다. 로마서 1장 말씀 그대로입니다.

21 하나님을 알되 하나님을 영화롭게도 아니하며 감사하지도 아니

하고 오히려 그 생각이 허망하여지며 미련한 마음이 어두워졌나니 22 스스로 지혜 있다 하나 어리석게 되어 23 썩어지지 아니하는 하나님의 영광을 썩어질 사람과 새와 짐승과 기어다니는 동물 모양의 우상으로 바꾸었느니라 24 그러므로 하나님께서 그들을 마음의 정욕대로 더러움에 내버려 두사 그들의 몸을 서로 욕되게 하게 하셨으니 25 이는 그들이 하나님의 진리를 거짓 것으로 바꾸어 피조물을 조물주보다 더 경배하고 섬김이라 주는 곧 영원히 찬송할 이시로다 아멘 26 이 때문에 하나님께서 그들을 부끄러운 욕심에 내버려 두셨으니 곧 그들의 여자들도 순리대로 쓸 것을 바꾸어 역리로 쓰며 27 그와 같이 남자들도 순리대로 여자 쓰기를 버리고 서로 향하여 음욕이 불 일듯 하매 남자가 남자와 더불어 부끄러운 일을 행하여 그들의 그릇됨에 상당한 보응을 그들 자신이 받았느니라 28 또한 그들이 마음에 하나님 두기를 싫어하매 하나님께서 그들을 그 상실한 마음대로 내버려 두사 합당하지 못한 일을 하게 하셨으니 29 곧 모든 불의, 추악, 탐욕, 악의가 가득한 자요 시기, 살인, 분쟁, 사기, 악독이 가득한 자요 수군수군하는 자요 30 비방하는 자요 하나님께서 미워하시는 자요 능욕하는 자요 교만한 자요 자랑하는 자요 악을 도모하는 자요 부모를 거역하는 자요 31 우매한 자요 배약하는 자요 무정한 자요 무자비한 자라 32 그들이 이같은 일을 행하는 자는 사형에 해당한다고 하나님께서 정하심을 알고도 자기들만 행할 뿐 아니라 또한 그런 일을 행하는 자들을 옳다 하느니라 _롬 1:21~32

이것이 인간의 적나라한 현주소입니다. 사도 바울이 로마서를 쓰던 때나, 수천 년 전 사사 시대나, 지금 21세기 미국 어바인이나 어느 곳에도 예외인 인간은 없습니다. 수긍하기 힘들지만 이것이 우리 자신의 모습입니다. "왕이 없으므로 자기 소견에 옳은 대로 행한 자들의 끝판 샘플"이 바로 우리인 것입니다.

무릇 율법 없이 범죄한 자는 또한 율법 없이 망하고 무릇 율법이 있고 범죄한 자는 율법으로 말미암아 심판을 받으리라_롬 2:12

이 말씀은 우리가 얼굴과 이름만 가리면 그 어떤 죄악도 저지를 수 있는 존재임을 폭로한 사사기의 결론과 같습니다. 그리고 사도 바울은 말합니다.

10 기록된 바 의인은 없나니 하나도 없으며 11 깨닫는 자도 없고 하나님을 찾는 자도 없고 12 다 치우쳐 함께 무익하게 되고 선을 행하는 자는 없나니 하나도 없도다_롬 3:10~12

이 세상에 의인은 하나도 없습니다. 그렇다면 우리는 무엇을 해야 할까요? 저도 마지막을 은혜롭게 마무리하고 싶습니다. 그래서 여러분께 몇 가지를 제안하고 싶습니다.

첫째, 탄식하며 울어야 합니다. 회개해야 합니다.

믿는 우리의 잘못임을 인정합시다. 레위인이 불량배보다 더 악한 존재였고, 교회 밖에 있는 사람보다 교회 안에 있는 사람이 더 악합니다. 왜냐하면 밖에 있는 사람들은 율법을 모르지만, 우리는 알고 있으면서도 범죄했기 때문입니다. 그러므로 우리 죄입니다. 내 죄입니다. 목회자도 죄인입니다. 익명성 아래 꿈틀거리는 죄에 내 이름을 붙일 수 있다면, 그것을 인정하고 회개해야 합니다.

둘째, 부정적 소문에 침묵하지 말고 분명히 거절합시다.

네거티브, 즉 부정적인 소문이나 '카더라' 통신이 얼마나 많습니까? 왜 교회가 늘 소란스럽다는 이야기를 들어야 합니까? 앞서 『거짓말하는 착한 사람들』에서 살펴보았듯이 우리는 착한 척하면서도 자기가 한 거짓말을 합리화합니다. 예를 들어, 누군가가 "목사님이 책 판매대금을 다 챙겼다"는 소문이 돌면, 그 자리에 있던 사람들이 침묵하는 것이 아니라 고개를 끄덕입니다. 그러면 교회가 그런 죄를 용인하는 것으로 받아들입니다. 사회가 그런 죄를 용인하니까, 결국 사람이 다 그렇다고 생각하게 되고, 이것이 사실로 굳어집니다. 우리 교회에서는 그런 용인을 해서는 안 됩니다.

사회가 죄를 용인하고 '사람이 다 그런 것 아니냐' 하는 태도를 보이면, 동성애 같은 죄가 법제화되고 사회에서 용인되는 상황이 펼쳐집니다. 우리는 그런 죄를 결코 용인해서는 안 됩니다. 침묵하지 마십시오. 교회에 말씀을 들으러 가면서 그런 이야기를 하지 마십시오. 침묵하지 말고 분명히 거절해야 합니다.

셋째, 예수님을 마음의 왕으로 모시고 기도합시다.

"왕이 없으므로 이런 일이 일어났다"는 말씀은 어떤 의미입니까? 우리 마음에 예수님이 안 계시기 때문에 우리가 죄에 무감각해진다는 말입니다. 내 마음의 왕좌에 예수님이 자리하지 않으시면 예수님이 나를 다스리지 않으시고, 죄를 다스리는 방법을 가르쳐 주지 않으십니다. 이것이 바로 왕이 없는 상태입니다. 이 사실을 인정하고 예수님을 여러분 마음의 왕으로 영접해야 합니다. 그리고 기도하십시오.

"우리에게 다스림을 주소서. 왕이여, 우리에게 오시옵소서. 우리를 다스리고 깨닫게 하시며, 주님의 통치만 서게 하소서."

예수 그리스도를 나의 주, 나의 주인으로 고백한다면 반드시 이 기도를 드려야 합니다. 이 해가 가기 전에 반드시 해야 할 기도입니다.

"예수님, 우리의 왕으로 오시옵소서. 저를 가르치고 다스리며 통치하여 주시옵소서."

우리는 때로 목사, 성도라는 타이틀 뒤에 숨어 죄를 지을 수 있습니다. '어느 교회 교인'이라는 익명성을 가지고 왕이 없는 삶을 살 수 있습니다. 아침에 기도했으니 앞으로 할 행동도 괜찮을 거라는 착각에 빠져 죄가 부글부글 끓고 있는 모습을 발견할 수 있습니다.

우리에게 예수님의 다스림이 없으면 우리는 망합니다. 우리 가정의 왕이 예수님이 아니라면 가정은 풍비박산 납니다. 교회에 예수님의 가르침이 없으면 그것은 교회가 아닙니다. 교회의 머리는 예수 그리스도이십니다. 교회를 다스리는 분도 예수 그리스도와 그분의 말씀입니다. 예수님의 다스림이 이 땅의 교회 안에 있도록, 우리 모두 함께 회개하며 예수님을 우리의 왕으로 모시기를 소망합니다.

적용 질문

† 요즘 뉴스에서 접한 사건 중, 레위 사람이 첩을 둔 사건과 필적할 만한 인간 타락의 현실을 보여 주는 사건이 있다면 무엇입니까?

† 레위 사람이 이방 땅 여부스가 아니라 베냐민 땅 기브아에서 밤을 지내게 된 이유는 무엇입니까? 기브아가 여부스보다 더 안전했습니까 (삿 19:10~15)?

† 레위 사람의 첩이 기브아의 불량배에게 윤간을 당하고 죽게 버려집니다. 이후 레위 사람의 한 행동은 무엇입니까(삿 19:25-30)?

† 사사기 19~21장에 등장하는 인물은 레위 사람, 노인, 불량배 등 실명이 거론되지 않습니다. 어떤 문학적인 의도가 있다고 생각하십니까?

하나님의 시선으로 ReFocus

초판 발행일 ㅣ 2025년 8월 26일

지은이 ㅣ 김한요

발행인 ㅣ 김양재
편집인 ㅣ 송민창
편집장 ㅣ 정지현
편집 ㅣ 김윤현 진민지 장승영
디자인 ㅣ 정승원

발행처 ㅣ 큐티엠
주소 ㅣ 경기도 성남시 분당구 대왕판교로385번길 26, 2층 단행본 편집부 (우)13543
편집 문의 ㅣ 031-606-3854   **구입 문의** ㅣ 031-707-8781
팩스 ㅣ 031-990-6935
홈페이지 ㅣ www.qtm.or.kr   **이메일** ㅣ books@qtm.or.kr
인쇄 ㅣ ㈜신성토탈시스템
총판 ㅣ ㈳사랑플러스 02-3489-4300

ISBN ㅣ 979-11-94352-16-7

Copyright 2025. QTM. All rights reserved.

이 책은 저작권법에 따라 보호 받는 저작물이므로 무단 전재와 복제를 금합니다.
이 책에 실린 글과 그림, 사진의 모든 저작권은 큐티엠에 있으므로
큐티엠의 사전 서면 동의 없이 복제 내지 전송 등 어떤 형태로도 사용할 수 없습니다.

잘못된 책은 구입하신 곳에서 바꿔드리며, 책값은 뒤표지에 있습니다.

큐티엠(QTM, Question Time Movement)은 '날마다 큐티'하는 말씀묵상 운동을 통해
영혼을 구원하고, 가정을 중수하고, 교회를 새롭게 하는 일에 헌신합니다.